新14版

行政書士法コンメンタール

東京都立大学名誉教授・法学博士

兼子 仁 著

北樹出版

新14版の刊行にあたって

2024年4月吉日

　今般2023年9月に、総務省告示「試験科目」の定めが改正され、2024年度試験から「行政書士法」が新科目に加えられました。

　筆者・兼子は、今世紀初めに試験委員長だった頃より、それを望む記述をしていたので、喜んでおります。

　しかしその結果、本書のコンメンタールは今後、行政書士試験を受けられる方がたをはじめ、5万人超えの現職の皆さんにとっても、注目される位置づけとなりえましょう。

　それだけ本書の法条コメントは重い責任を伴なうわけで、本版を含めて必要な見直しに努めてまいる所存です。

　すでに新13版には、月刊日本行政2021年2月号の拙論「"まちの法律家"行政書士職の繁栄を祝う」を「補論」として掲げていますが、"まちの法律家"行政書士の地域自治的な働きは、兼子の専門研究分野となった"地域自治法学"と深く結びつく次第なのであります。

　なお、本書では、総務省所管の『詳解 行政書士法』(2016年版、ぎょうせい刊)を引用しておりましたが、同書は改訂され『詳解 行政書士法 第5次改訂版』を本版で活用させていただいています。

　こうした新14版の刊行に尽力された北樹出版の木村慎也社長と古屋幾子総務部長に、深謝の意を申し述べます。

東京都立大学名誉教授
法学博士（東京大学、行政法）

兼 子 　 仁

iv

●目　　次●

I　序　説

II　行政書士法の逐条研究

条 文 目 次

行政書士法コンメンタール

I　序　説

1　行政書士とは

1-1　"まちの法律家"として弁護士と並ぶ一般法律専門職

「行政書士」とは何なのか。たしかに、司法書士・税理士・弁理士・公認会計士また社会保険労務士のように業務分野が特定されている専門士業とはちがって、分野不特定な一般法律専門職である「行政書士」のことは、一般の人にとって分かりにくさがあろう。一般法律専門職である点で弁護士に近いわけだが、弁護士のほうは訴訟代理人のイメージがきわめて分かりやすい。

もっとも行政書士も、古くから"代書人"だと知られてきた。この伝統的なイメージも、今日改めて"法的書類・データづくりの専門資格者"として重要なことは次項に述べるとおりである。

しかし、「司法改革」の時代に、行政書士が「法曹」と並ぶ「隣接法律専門職種」の一つに位置づけられたこと（2001・平成13年6月司法制度改革審議会最終意見書）をふまえ、今や行政書士は各地域で、代書業を超え出て、日常の法規相談や法的代理といった「法律事務」に任ずる"まちの法律家"であると評価されている。口頭の相談・代理業務が専門的な報酬源にもなりつつある。

すでに、実力ある行政書士の業務実態はそのようになっているのだが、広い世の中に対しては"まちの法律家"行政書士というPRが大いに必要で、これから登録・開業する行政書士の人びとには、法的専門性の向上とともに営業的努力が求められる（インターネット・メールのやりとりを含めて）。

本来的な「法律事件」代理人である弁護士とは、一般法律専門職の中での役割分担と相互協力とが今後の課題であろう。司法改革において、一定範囲での

出廷陳述権が将来の法改正によって行政書士業務に加えられる見通しすら生じている（司法改革審最終意見書、参照）。

　なお、行政書士法の 2003（平成 15）年改正で、弁護士法と似て、一般人から行政書士に対する「懲戒請求」のしくみが法定されたので、"まちの法律家"である行政書士はいっそう真摯に業務に取りくまなければならないのである。

1-2　「行政手続」専門職とともに法的書類・データづくりの資格者

　のちに論ずるとおり、弁護士による「法律事件」代理と役割分担しながら、法的紛争外の法律事務である「行政手続」代理や契約代理に携ることが、IT 時代における行政書士業務の特徴を成す（2014 年改正の行政不服申立て代理はそれらの延長上）。

　1)　国や地方公共団体（"自治体"と通称）の行政機関に対する許可・免許等の"申請代理"は、古くから「官公署提出書類の作成」を専門にしてきた行政書士が、申請者国民（法人・個人）の"手続的権利保障"のために働く重要な任務にちがいない。広く行政法規に通じていることが、弁護士と比べて行政書士の特色だからである。行政書士会の各部による"業務研修"が、そうした業務に関する行政法規への精通を支えている。が、それに増して、1994（平成 6）年施行の「行政手続法」という一般手続的行政法に通暁していることが、"行政手続代理人"としての行政書士には欠かせない。それに対し、行政書士が行政「不服申立て」代理を業とすることに関しては、2014 年の本法改正を待たなければならなかった。

　ところで、今日の IT 時代に"電子申請"がシステム化されるほどに、行政書士の"申請代理"資格が重きをなすとともに、申請「書類」とみなされる「電磁的記録」の作成が原則的に行政書士の独占業務に属するように法改正されたことがきわめて重要である（2002・平成 14 年 12 月公布、翌年 2 月施行。後述）。"IT 行政書士"をめざす IT 研修が急速に必須となってきている。

　2)　それとともにかねて、「権利義務又は事実証明」に関する法的書類の作成が行政書士の法定業務と規定されてきており、交通事故示談書・遺産分割協

議書をふくむ契約書や会社・法人設立書類などの民事書類づくりが、“まちの法律家”である行政書士の業務としてますます広がりを示しつつある。さらに、2002（平成14）年7月施行の行政書士法改正によって「契約」書類を「代理人として作成する」ことが規定され、今日“契約代理”という行政書士業務が重要視されている（後述、参照）。かくして、行政書士にとって民事書類づくりの専門資格者でもあることが改めて肝要となり、民商法の研修がいっそう求められるところでもある。

1-3　統一国家試験による法的専門性の公証

　1）　行政書士試験はかつては各都道府県ごとの自治事務として行なわれていたのが、行政書士資格の全国的な専門性と通用性を確保する必要から、1983（昭和58）年の行政書士法改正によって、「自治大臣が行う」国家試験となり、実際の「施行」は都道府県知事の「機関委任事務」として運営されていた。それが1999（平成11）年の“地方分権一括法”に含まれた行政書士法改正で、国の定める制度の「施行」が再び各都道府県の自治事務に戻される次第となり、それに統一国家試験としての実体を保障するために、「指定試験機関」（実際には“行政書士試験研究センター”）への委任制が法定されるところとなった。

　2）　2000（平成12）年度から始まったこのいわゆる“センター試験”は、国の告示が決める科目（法令等・一般教養、択一式・記述式）について法定の試験委員会が出題採点の責任を担い、都道府県行政書士会が試験場設営協力しているもので、21世紀における行政書士の法的専門性を底支えしている。

　これからの行政書士「業務に関し必要な知識及び能力」（法3条1項）をテストすべく、「法令」の択一式問題にあっても、たんに法規条項の文理レベルにとどまらず、関連法規による法制の体系や判例に定着した法解釈の論理に関する知識・把握力・判断力が深く問われ、「記述式」出題においてはそうした面がいっそう強いはずである（行政書士職の故に書き文字の正確さも採点上重視されうるが）。2005年9月に初めて法令・一般教養とも科目編成の改善がなされたことが大いに注目された。なお、「行政書士法」の科目化が切望されていた

ところ、2023 年 9 月の告示改正により 2024 年度から、「行政書士法」科目が
設営されるところとなっている。

　行政書士の専門資格水準に対して社会的信用を得るよすがとして、事後公開
される試験問題のレベルは肝要であるが、センター試験になってからの受験者
数および合格者数の適切な増加は、司法改革下における試験水準の確保ととも
に、社会的評価に値いすると思われる。

　なお、試験合格者その他の行政書士資格者が実際に登録入会し営業をしてい
くに際して、行政書士として登録するが、既存の行政書士・法人の事務所の
「使用人」となって修業する "勤務行政書士" という立場が、2004（平成 16）
年 8 月施行の行政書士法改正で可能となっている。これはとくに若手の試験合
格者にとって、重要なメリットであろう。

2　行政書士法の成立と改正の沿革

2-1　行政書士法の制定まで

2-1-1　行政書士法制の前史

　1）　江戸時代や明治期にさかのぼる「代書人」法制の歴史を研究することは、
日本法制史（近代日本法史）の課題としてきわめて興味深い。また、今日の
「司法改革」時代に行政書士法制のさらなる発展をうらづけるデータとしても、
実際的意義が小さくないと思われる。

　しかし、その史料実証的な法制史研究は、他にゆずるほかはなく、ここでは
行政書士法の前史を略年表的に確かめるのにとどめたい。弁護士・司法書士・
公証人・弁理士・税理士など関連法律職の成立と変遷にも必要に応じてふれて
おく。

　①　江戸時代末期に代言業をなす公事宿および公事師が存在

　②　1872（明治 5）年に太政官達「司法職務定制」が「証書人、代書人、代
　　　言人」の 3 種を設定

　③　1893（明治 26）年の「弁護士法」により代言人（明治 9 年の司法省「代

　言人規則」）が「弁護士」となる

④　1903（明治36）年に大阪府令「代書人取締規則」、翌年に警視庁令「代
　　書業者取締規則」

　⑤　1908（明治41）年の「公証人法」で「公証人規則」（明治19年）を全
　　　面改正

　⑥　1919（大正8）年に「司法代書人法」

⑦　1920（大正9）年に内務省令「代書人規則」

　⑧　1921（大正10）年の「弁理士法」で特許代理業者（明治32年の同登録
　　　規則）が「弁理士」となる

　⑨　1935（昭和10）年「司法書士法」制定（司法代書人法の全面改正）

⑩　1937（昭和12）年"警視庁管内代書人組合"から「行政書士規則」制定
　の内務省請願

⑪　1938（昭和13）年"東京代書人会"等から「行政書士法」制定の請願、
　衆議院で同法案が審議未了廃案

⑫　1941（昭和16）年に大日本行政書士聯合会へ東京行政書士会が加盟

　⑬　1942（昭和17）年に「税務代理士法」制定

⑭　1947（昭和22）年12月の内務省廃止により「代書人規則」失効

⑮　1948（昭和23）年3月に「東京都行政書士条例」公布施行

　⑯　1949（昭和24）年「弁護士法」全面改正

　⑰　1950（昭和25）年「司法書士法」全面改正

⑱　1951（昭和26）年2月「行政書士法」制定、3月施行・東京（都）行政
　書士会設立

　⑲　同年6月「税理士法」制定

　⑳　1968（昭和43）年「社会保険労務士法」制定

　2）　このように行政書士法制は、総括すれば、1920（大正9）年の内務省令
「代書人規則」から第二次大戦後1948（昭和23）年の東京都「行政書士条例」
等にいたり、1951（昭和26）年に「行政書士法」の制定を見たものである。
　そもそも行政書士業は、明治初期の「代書人」の中心に胚胎していながら、

分野不特定の一般法律職であったせいで、「弁理士法」（大正10年）や「司法書士法」（昭和10年）などと比べて、法制的に後進をよぎなくされている。しかも、主に国策的な制度形成にはよらず、諸地方の市町村役場や警察署にかかわる行政代書人として自然普及的に業務を発達させ、明治末期の府県令等から大正期の内務省令「代書人規則」にいたる警察署長許可制は、業務取締り的なしくみにとどまっていた。しかしその後1930年代後半に、東京・大阪等の"代書人組合"運動が「行政書士法」の制定請願を行なうようになったのだが、第二次大戦中の法律制定は結局成らなかった。

2-1-2 「行政書士法」の制定

第二次大戦後、1947（昭和22）年12月の内務省廃止とともに同省令「代書人規則」が失効し、翌1948（昭和23）年に「東京都行政書士条例」をふり出しに、府県条例が地方自治立法として行政書士法制を形づくる情勢となった。しかし同条例を欠く地方も多く（1950年当時、都府県条例は20余）、「業者の不安、公衆の不便は著しいものがあった」（法律案の提案理由）。

そこで全国的な「行政書士法」の制定をめざす立法運動が、1948年中に東京・愛知・京阪・兵庫の行政書士会の協同として始まり、法務省民事行政局との話合いが不調に終ったのち、国会請願から議員立法へと進んだのであった。

行政書士会共同の念願が衆議院地方行政委員会の理解を得、1950年中の議員提案が結実して「行政書士法」は1951（昭和26）年2月22日公布、3月1日施行を迎えている（総理府所管。のち1960年自治省、2001年総務省移管）。そして同法下に、任意加入の東京（都）行政書士会などが新発足している。

なお、行政書士法施行規則（総理府令）は、1951年2月28日公布、3月1日施行であった（その後1960年改正で自治省令、2001年改正で総務省令となる）。

2-2 行政書士法の改正沿革

1)「行政書士法」のその後における改正も、ほとんどが議員立法であって、行政書士団体の政治的立法運動の成果を意味しているが、それは、他士業と比

べても、がんらい行政書士制度が国策的形成によらず、全国各地における地域的業務活動の展開をベースにしていたことに見合っていたのだと見られる。

　次に、行政書士法の改正年表を要点記録することにするが、政府立案・提出は 1999（平成 11）年の「地方分権」改正が目立つのみである。政治的議員立法とはいえ、それら多事にわたる改正は、行政書士法制の形成・確立・発展にとって必要な諸段階を示していると認められよう。

　なお、行政書士法が規定する法定の「日本行政書士会連合会」（略称“日行連”）のほかに、1981 年の“日本行政書士政治連盟”（日政連）が任意団体として結成されているが、折りしも同年からの“第二臨調行革”の時代に対応しており、その後も「規制緩和」や“電子政府づくり・IT 革命”などの国策、および他士業との“業際問題”が、行政書士制度に種々の外圧をもたらしてきているので、改正立法のための政治運動の必要は、その公正さを求められつつも十分に認められるところであろう。もっとも今後、所管の総務省自治行政局行政課が立案する政府提案改正への需要も、事項およびその環境条件に応じて大となりうるように考えられる。

　2)　以下の改正年表は、主要な法改正事項を分かりやすく並べ書きしている。

①　1960（昭和 35）年改正＝都道府県行政書士会と日本行政書士会連合会（日行連）への強制加入制（入会者のみ行政書士業を可とする）、　行政書士会会則の都道府県知事認可、行政書士会への知事監督権、日行連への自治庁長官の監督権

②　1964（昭和 39）年改正＝作成しうる書類に「実地調査に基づく図面類」を法定、　公務員の行政書士資格年数の引上げ（8 年から 12 年・高卒者等 9 年へ）

③　1971（昭和 46）年改正＝都道府県行政書士会と日行連に法人格付与（登記・会則・役員規定も）、　書士「登録」事務を知事権限から行政書士会へ移管、2 年以上業務不実施者の登録抹消、　行政書士事務所の単一化、行政書士の誠実責務、　業務「報酬」を知事認可の行政書士会会則で、その基準を自治大臣認可の日行連会則で定める

④　1980（昭和 55）年改正＝官公署「書類提出手続の代行」と書類作成「相

談」の非独占業務を法定、　社会保険労務士との業務分離、　罰金・過料
の金額引上げ

⑤　1983（昭和58）年改正＝国家試験による全国通用資格化、自治大臣が行
　なう試験の「施行」は都道府県知事の機関委任事務、　公務員の行政書士
　資格年数の引上げ（20年・高卒者等17年へ）、　行政書士会への登録即入
　会制・登録移転制

⑥　1985（昭和60）年改正＝日行連への「登録」制・「資格審査会」制、登
　録拒否の弁明の機会・自治大臣「審査請求」制、同上審査会による登録取
　消し議決、　会則上の最大限報酬規定の削除、　自治大臣による行政書士
　制度の援助

⑦　1986（昭和61）年改正＝会則の軽微変更の認可不要

⑧　1993（平成5）年改正［「行政手続法」関係整備法］＝業務停止処分等の
　「聴聞」規定等の整理

⑨　1997（平成9）年改正＝「目的」規定の創設、　欠格事由に破産非復権者
　を加える、　無資格者虚偽申請登録の罰則、守秘義務違反罰則強化、　業
　務領収書様式の整備

⑩　1999（平成11）年改正＝［地方分権一括法］自治大臣が定める試験の
　「施行」を都道府県事務として知事が行なう、「指定試験機関」制の法定と
　それへの試験施行事務の委任可、受験資格要件の廃止、　会則「報酬」規
　定の削除・統計情報提供責務、　執務場所制限条項の廃止、　電磁的記録
　による帳簿備付け可

　　［民法改正関係］　成年被後見人・被保佐人の欠格条項規定

　　［「独立行政法人通則法」関係］　公務員行政書士資格条項に「特定独立行
　政法人」職員を加える

　　［中央省庁改革法関係］「総務大臣」所管、「総務省令」への委任

⑪　2001（平成13）年改正（2002年7月施行）＝目的規定の一部改正（「あわ
　せて」のそう入）、　非独占業務として官公署「書類提出手続の代理」・「契約」
　書類を「代理人として作成」を明記、　「行政書士証票」の日行連交付制

⑫　2002（平成14）年改正（2003年2月施行）［行政手続オンライン化法関

係]＝「電磁的記録」作成業務の法定、総務省令の定める「定型的」電磁記録は業務独占外

⑬　2003（平成15）年7月16日改正（原則2004年4月施行）［地方独立行政法人法の整備法］＝公務員行政書士資格条項に「特定地方独立行政法人」職員を加える

⑭　2003（平成15）年7月30日改正（2004年8月施行）＝「行政書士法人」制の創設・法人制度規定、　行政書士・法人の「使用人・従業者」制の法定（守秘義務づき）、　一般国民から知事への行政書士の「懲戒請求」制新設

⑮　2004（平成16）年6月2日改正（2005年1月施行）［破産法改正の整備法］＝行政書士欠格事由の語句修正、行政書士法人に準用される破産法等の規定改正

⑯　2004（平成16）年6月9日改正（2005年2月施行）［電子広告導入の商法改正］＝行政書士法人に準用される商法規定の改正等

⑰　2004（平成16）年6月18日改正（2005年3月施行）［不動産登記法の新施行に伴う整備法］＝登記簿謄本から「登記事項証明書」へ

⑱　2004（平成16）年12月1日改正（2005年4月施行）［民間事業者情報通信技術利用法の整備法］＝事務所立入検査対象に「電磁的記録」を追加

⑲　2005（平成17）年7月26日改正（2006年5月施行）［会社法の整備法］＝行政書士法人に準用される会社法等の準用規定の改正

⑳　2006（平成18）年6月2日改正（2008年12月施行）［一般社団法人法（略称）の整備法］＝民法に代る同法の適用

㉑　2008（平成20）年1月17日改正（同年7月施行）＝聴聞・申請代理の法定、欠格条項・懲戒・罰則の一部強化

㉒　2014（平成26）年6月13日改正（2016年4月施行）［行政不服審査法改正関係整備法］＝登録拒否・指定機関試験処分の審査請求と総務大臣の上級庁みなし

㉓　2014（平成26）年6月27日改正（同年12月施行）＝行政不服申立て代理を法定業務に追加

㉔　2019（令和元）年12月4日改正（1年半後施行）＝第1条「目的」改正、

行政書士 1 人の法人是認策、行政書士会による会員への注意勧告の新規定

㉕　2022（令和 4）年 6 月の改正（令和 7 年 6 月 1 日施行）［刑法等改正関係整備法］＝罰則の一部改正（第 20 条の 2〜第 23 条の 2）

㉖　2023（令和 5）年 9 月 28 日改正（令和 6 年度施行）「行政書士試験の施行に関する定め」＝「行政書士法」等の試験出題

3　行政書士法コンメンタールとしての本書の意図

3-1　行政書士法のコンメンタール（逐条研究）の意義

コンメンタールとは、特定法規の内容解説を各条ごとに行なう「逐条解説」をふつう指し、法学者が執筆する場合には「逐条研究」ともなる。筆者が行政法学者である本書のコンメンタールは、客観的な逐条解説の部分とは区別しながら、筆者の法解釈論をそれと明記したり、ときに立法論にも及ぶため、全体として「逐条研究」書にほかならない。

これまで、行政書士法のコンメンタールは、所管の自治省関係者の筆になった『詳解行政書士法』（地方自治制度研究会編集、昭和 62 年初版、平成 12 年改訂版・以下、総務省関係者加筆、平成 22 年新版、平成 28 年第 4 次改訂版、ぎょうせい）が、実証的な逐条解説として好評を得てきた。その現行版は、同上研究会編集の『詳解行政書士法（第 5 次改訂版）』（2024・令和 6 年 3 月発刊）の略称「詳解」である。

ところで、行政書士法のコンメンタールは、前述のように行政書士の制度や業務がいまだ社会一般によく知られていないだけに、ベーシックな法的資料として参照価値（行政書士業にとっての PR 効果をふくめて）が高いと言えよう。

筆者としては、本書の行政法学的コンメンタールが、今世紀における行政書士の制度と業務の発展を法学専門的に支援することを企図している。「行政書士法」はまさに、行政組織法と行政作用法とにまたがる "行政法" の一般法律の一つにほかならないからである。

3-2　本書のコンメンタールにおける法解釈的方針について

3-2-1　法規の現行法的内容を正しく捉え運用する必要

（1）　出発点としての法条の"文理解釈"

たしかに法規の条文は、現行法（現に行なわれるべき法）を組成する基本要素であり、第一の公的目印にちがいない。そこで、現行法の内容を正しく明らかにする"法解釈"としても、第一次的には、法規各条文の言葉と文理に即した"文字解釈・文理解釈"から出発してよい。

a）もっとも、条文上の言葉（"文言"）も、法律用語・立法用語としての約束事があるものは、国語的意味とはちがって読むべきことになる（たとえば、「もの」、刑に「処せられた」など）。条文の文章についても、同じく法条表現として約束があるものは（いわゆる"法制執務"でいう"立法技術"）、それに則した"文理解釈"をしなければならない。

b）法条が立法化された際の「立法者意思」は、立案担当者の考えをふくむ立法機関の公的意思として、議事録や所管省筋の「通知」および解説書などに証拠立てられたそれが、法解釈の重要な実証的資料になる。ただし、後述する理由から、それが直ちに正しい法解釈の決め手になるわけではないことが、現代の法学における常識である。

（2）　現行法の法規範内容を正しく捉える"体系的条理解釈"とその複数可能性

そもそも現行法規は、歴史的文書といったものではなく、司法裁判所および行政機関さらには国民の行動の法的根拠の素材を成しており、とくに現代の法治国家にあっては、"現行法"は、法規の条文を包括した法規範論理（法論理）の体系としてその社会統制的役割を全うしようとしている。

そこで、現行法の法規範内容を正しく捉える法解釈としては、法条の"文理解釈"がいつもそのまま正しいとは限らず、文理解釈を乗りこえていく努力がかなり多く必要である。

文理解釈だけでは、①条文のできぐあいによって現行法の合理的規範内容の究明にならない可能性があり、また、②現行法を制定時の立法者意思に固定して新しい社会要求に応じた法発展を妨げるおそれがありえ、さらに、③

条文表現を欠く事柄についての現行法解釈をなしえない、からである。

　a）正しい現行法解釈は、諸法規条文が一定の法規範体系を成していると見て、"体系的解釈"を行なうことになりやすい。法規の「目的」を重んじた目的論的解釈はその一種であり、憲法原理を活かそうとする法令の憲法適合解釈・合憲的解釈も然りである。

　b）当該の法的事項に関する"物事の筋道"（事物の性質）に基づく「条理」に適った"条理解釈"が正しい法解釈になりうることは、現代の法学で広く認められている（有斐閣『新法律学辞典』1967 年版、636 頁、参照）。

　とりわけ法規条文のない現行法的事柄の解明については、「裁判事務心得」（明治 8 年太政官布告第 103 号）3 条によって「民事ノ裁判ニ成文ノ法律ナキモノハ習慣ニ依リ習慣ナキモノハ条理ヲ推考シテ裁判スヘシ」と、"不文条理法"の解釈が公認されてきている。

　c）もっとも、体系的・条理的法解釈は、立法者意思への評価のしかた、および条理内容や体系の捉え方をめぐって、争いになることも少なくない（たとえば弁護士法 72 条にいう「法律事件」に関する法解釈論争、後述）。

　現行法解釈の争いに公的決着をつけるのは、最高裁判所の確定判例によってである。しかしそれに至るかなり長い年月の間は、法的に複数の法解釈が主張されうる。"実体法"的には、現行法の正しい解釈は唯一つのはずなのだが、紛争解決の"手続法"的には、最高裁の確定判例に至るまで法解釈には複数可能性があることになる。（なお、法学界における法解釈学説は、最高裁の確定判例に対しても法学的批判の意味で存続しうるのであるが。）

　そこにおいて、行政書士の団体は、国民の団体であるとともに法定士業の集団として、行政書士の制度・業務に関する諸法律の法解釈論を独自に唱える立場がある（とくに業際問題等について）。

　また、近時の「地方分権」改革の結果、国と自治体とが法解釈主体として対等になり（国各省の法律解釈「通知」は地方自治法 245 条の 4 第 1 項にいう「助言」にすぎない）、各自治体の"法解釈自治権"が目立つ状況になっている（自治体が合法と解釈する自主条例の執行に、行政書士がいかに接するかという問題も生ずる）。

3-2-2　法規の新立法・改正と法解釈との関係

　現行法の法規範内容を体系的条理解釈で明らかにしようと努めた場合にも、争いはあってもその範囲には限度があり（法解釈の枠）、それを超えて法的しくみを更新・発展させるには、法規の条文を新たに立法化することが必要である（改正をふくめた"創設立法"）。現に行政書士法にはそうした法改正の創設的立法化が有効になされてきた（上記試験制度の改革、行政不服申立て代理など）。

　それと同時に、改正をふくむ立法化には、判例等により承認された条理解釈内容の"確認立法"であることも少なくないのである。実務界における条理解釈論によって現行法内容だと唱えられてきたところを、確認する法規条文を立法化することは、現行法の文理解釈で法的しくみを可視的に明確にできるというメリットを伴う（たとえば、行政書士の申請・聴聞「代理」業務の改正立法化など）。したがってまた、現行法の"条理解釈"には、将来の確認改正立法を地ならし的に準備する意味あいも存することが知られてよいであろう。

3-3　本書のコンメンタールの編成および表記法について

3-3-1　本書のコンメンタールにおける記述の編成

　1)　各法条の内容に関する記述を重んずる立場から、改正沿革の細目は後掲とする（必ずしも網羅的ではない）。

　2)　各条項の内容に関する記述は、条文語句の注記という形ではなく、法解釈的課題を含めて解説・論述に値いする"事項"を見出し標題として掲げて説明する。

　3)　前述したように、法解釈論の研究発表を重んずるが、客観的・実証的な解説の記載部分とは区別を明示するように努める。

　4)　解説ないし論述に当っては、関連法規との体系的関係にも十分配慮し、また、行政書士業務等の実務的実態にも必要に応じてふれることにしたい。

3-3-2　本書のコンメンタールにおける表記法

　1)　冒頭かこみの条文中の重要語句を中ゴチック体としているのだが、読者

のご判断でマーキングなどをされやすいように敢えて目立たない形にしてある。

　　2）　西暦年数を主とし、必要に応じて元号年を併記しまたは単独表示する。

　　3）　日本の最高裁判所の判決文が、1951 年より、一般国民に対して堅苦しさを和らげる意図から、法規条項における「第」を原則的に略している（○○条の 2 第○項は例外）のにならって、原文引用以外は、条文上の「第」を原則として記さないことにする。

　　4）　法条規定語・法令用語は「○○」と記し、法解釈用語その他いわゆるの語は原則として"○○"と表記する。

　　5）　参考文献は、必須と見られるとき文中の割注とし、他は下段の［注］記に必要最小限に掲げる。

　　6）　注記等における略記については、次のごとくとする。

　　　　a）法律等の略語は、初出時にかっこ書きするほか、公知的なものはそのまま記す場合もある（道交法、風営法など）。

　　　　b）判例集は原則として市販のものを挙げ、略記はしない。

　　　　c）多く引用される文献の原則的略記は以下のとおり。

　　　　　　詳解——地方自治制度研究会編集『詳解　行政書士法（第 5 次改訂版）』2024年、ぎょうせい

　　　　　　阿部・未来像——阿部泰隆『行政書士の未来像』2004 年、信山社（著者は当時、神戸大学大学院法学研究科教授・兵庫県行政書士会顧問）

　　　　　　青山・業務必携——青山登志朗『行政書士業務必携』2005 年、大成出版社（著者は東京の行政書士）

　　　　　　清宮・文庫——清宮寿朗『行政書士』日経文庫、1997 年初刷、日本経済新聞社（著者は東京の行政書士）

　　　　　　三木・役割——三木常照『行政書士の役割——行政と市民のインターフェイス』2004 年、西日本法規出版（著者は京都の行政書士）

　　なお、続刊書として次の文献が出されている。

　　　阿部泰隆『行政書士の業務——その拡大と限界』2012 年、信山社

　　　三木常照『行政書士の役割（増補改訂版）』2012 年、ふくろう出版

　　　日本行政書士会連合会『条解行政書士法——第 1 分冊（業務編）』（改訂版）2021 年、ぎょうせい

II　行政書士法の逐条研究

第1章　総　　　則

> **（目　的）**
>
> **第1条**　　この法律は、行政書士の制度を定め、その業務の適正を図ることにより、行政に関する手続の円滑な実施に寄与するとともに国民の利便に資し、もつて国民の権利利益の実現に資することを目的とする。

「目的」規定の意義

1)　行政書士法にはがんらい「目的」規定がなかったが（公証人法などと同様）、1997（平成9）年改正で新設され、その立法理由は、「行政分野の複雑化、高度化に伴い行政書士の業務の重要性が拡大している現状を踏まえ」たものであると説明されている（自治事務次官通知平9・6・27　都道府県知事あて）。そしてその際、他士業法に「目的」ないし「使命」規定が存すること[1]にもかんがみたのだと見られている（詳解25頁）。なお、「行政書士法」は場合により、"行書法"と略記されることありえよう。

2)　士業法の「目的」規定は、その士業の「使命」の要旨を含めて、士業制度を法定することの主旨を示すものであって、「使命」条項よりも広い意味を持つ。行政書士が、その業務の法律一般性の故に、"代書業"イメージを超えると分かりにくさを擁しているため、行政書士法全体の「目的」を規定したPR効果というものが社会的に評価されてよいであろう。

3)　「目的」規定の法規範的効果としては、本法が行政書士に関する制度および「業務」規律を定めた諸条項の解釈・運用に、原理的な（基本的考え方と

［注1］　各法の第1条で、司法書士法・社労士法には「目的」規定が、弁護士法・税理士法には「使命」条項が、存している。

しての）方向性をもたらすことであると解される（いわゆる目的論的解釈ないし上述私見の"体系的条理解釈"の可能性）。とりわけ本条に記された行政書士の使命は、行政書士「業務」の範囲や「行政書士法人」の制度的存在理由に関する解釈に深くかかわるであろう。

行政書士の「制度」とは

「制度」とは、狭義では、"組織機構"（組織法）的しくみを意味し、行政書士の資格・試験・登録・法人・監督・法定士業団体などの定めを指す。それに対し広義では、「業務」規律（作用法）的しくみをも含み、行政書士の法定業務・義務、事務所設営、使用人・従業者、違反罰則などをも指す。

本条の文理にあっては、「制度」は「業務」と書き分けて狭義のみとも読めなくはないが、両者が密接不可分であることにかんがみれば、ここに「行政書士の制度」とは「業務」規律の法定を含む広義に解するのが相当と考えられる。

行政手続への寄与

1997（平成 9）年新設の本条において行政書士業務の使命が「行政に関する手続の円滑な実施に寄与」することに在ると規定されたところには、1994（平成 6）年 10 月施行の「行政手続法」（"行手法"と略称）が明らかに影響している。こうして行政書士の制度と業務が行政手続法とのかかわりで一般行政法的に意味づけられたことは、今後における行政書士職の法的発展にとってきわめて重要である（同旨、三木・役割 23・34・42 頁、清宮・文庫 39 頁）。

"行手法"が具体的に定めていたのは主に、①許可・免許・給付決定など利益的行政処分を求める「申請」に対する審査・諾否処分および窓口行政指導の透明手続（申請処分手続。「届出」制はそれに類する）、ならびに②違反取締り行政指導につながる命令的な「不利益処分」の透明・公正手続、であった（兼子仁『自治体・住民の法律入門』岩波新書、2001 年、110 頁以下・176-7 頁参考）。自治体の条例規定処分と行政指導には「行政手続条例」（行手条例）が適用になる（行手法 3 条 2 項、38 条）。

2006 年度施行の改正行手法は、国の「命令等」（審査基準、行政指導指針をふ

くむ）の案を公示して一般国民からの意見をどう反映させたかを明示する「意見公募手続」を定めるにいたった（39〜43条）。

　本条にいう「行政に関する手続」は文字どおり広く読むべきだが（計画策定のパブリックコメント手続なども含めて）、行政書士の業務にかかわるのが主に、行政処分および行政指導の透明・公正手続であることは確かであろう。

　のちに論ずるとおり、行政書士は事業者国民の依頼を受けて行政手続の代理当事者となることが多いはずで、それは国民の手続的権利行使を支援して「国民の利便」に資するわけであるが、法律専門士業としては国民の公正な権利保障となるように相談指導に努め（行政書士倫理9・14条の不正防止が関連）、行政手続の「円滑な実施に寄与する」ことが求められている。この点は、司法書士・税理士・社労士などの士業法とも共通していると見られる。

国民の権利利益の実現に資する

　これものちに詳論するとおり、行政書士の法定業務は古くから、行政手続書類のみならず民事法的書類の作成にもわたっていたのであって、本条で「行政手続」への寄与が明記されたことが民事書類作成業務をマイナーとする意味あいではない、と解説されていた。しかしそうした誤解的な文理解釈を防ぐという趣旨で、2001（平成13）年改正により「あわせて国民の利便に資する」という文言に修正された（詳解25-6頁）。

　ところが「国民の利便に資する」よりも、本法の「業務」諸規定が行政上および民事法上の権利義務にかかわっていることにかんがみて、「国民の権利利益の実現に資する」を本法の「目的」として明記し、行政書士の責務・社会的役割への期待に応えるのが新改正の主旨であると解される（日行連会長・常住豊・令和元年改正法律の成立について・日本行政2020年1月号3-4頁、矢部祐介「行政書士法の一部を改正する法律について」地方自治2020年3月号8-9頁、参考）。

　なお、前述のとおり告示改正で「行政書士法」が試験科目に加えられたことによって、行政書士法の「目的」に書士試験科目としての働きが含まれるにいたったことは、行政書士法（行書法）の社会的利益実現を法制的に拡充したも

のと解されよう。

【本条の改正沿革】

① 1997（平成9）年6月27日公布・7月18日施行＝本条追加 ② 2001（平成13）年6月29日公布・翌年7月1日施行＝「国民の利便」の前に「あわせて、」をそう入 ③ 2019（令和元）年12月4日公布＝「国民の権利利益の実現」をそう入

（業　務）

第1条の2　行政書士は、他人の依頼を受け報酬を得て、官公署に提出する書類（その作成に代えて**電磁的記録**（電子的方式、磁気的方式その他人の知覚によつては認識することができない方式で作られる記録であつて、電子計算機による情報処理の用に供されるものをいう。以下同じ。）を作成する場合における当該電磁的記録を含む。以下この条及び次条において同じ。）その他権利義務又は事実証明に関する書類（実地調査に基づく図面類を含む。）を作成することを業とする。

2　行政書士は、前項の書類の作成であつても、その業務を行うことが他の法律において制限されているものについては、業務を行うことができない。

【関係条項】

　第19条（第1項）　行政書士又は行政書士法人でない者は、業として第1条の2に規定する業務を行うことができない。ただし、他の法律に別段の定めがある場合及び定型的かつ容易に行えるものとして総務省令で定める手続について、当該手続に関し相当の経験又は能力を有する者として総務省令で定める者が電磁的記録を作成する場合は、この限りでない。

　第21条　次の各号のいずれかに該当する者は、1年以下の懲役又は100万円以下の罰金に処する。

　　一　行政書士となる資格を有しない者で、日本行政書士会連合会に対し、その資格につき虚偽の申請をして行政書士名簿に登録させたもの

　　二　第19条第1項の規定に違反した者

本法上の「行政書士」

1)　本法で規定された制度上で「行政書士」とは、「行政書士試験」（4条）の合格者その他の法定の「資格」者（2条該当で5条の「欠格事由」に該当しない者）で、予定事務所所在地の都道府県行政書士会を経由して日本行政書士会連合会（日行連）に申請して「行政書士名簿」に「登録」され（6条、6条の2）、同時に同上「行政書士会」の「会員」となり（16条の5）、行政書士の独占業務（1条の2第1項、19条1項）を合法に行ないうるもの、である。もっとも、他の行政書士または「行政書士法人」の「使用人」である行政書士は、自ら行政書士として業務を受任することはできないとされる（2003・平成15年改正1条の4）。

2)　もし無資格者が虚偽申請して行政書士登録をしたといった場合は、それが判明すればもとより犯罪者として処罰されうるのだが（21条一号該当）、日行連によって所定手続をへて登録を取り消され抹消される（6条の5、7条1項四号）までは名簿上の行政書士であり、その間に書士業務を行なったときは、業務・名称独占（19条、19条の2）違反の罪（21条二号、22条の4）には当らず、逆に、行政書士としての義務を負い（守秘義務・帳簿備付け・依頼拒否不可・立入検査受忍）、その違反処罰（22条1項、23条）を免れないものと解される（なお、21条一号のコメントを参照）。

3)　2003（平成15）年の法改正で、「行政書士法人」も、所定の「成立届出」手続（13条の10）をへて事務所所在地の行政書士会の「会員」となり（16条の6）、所定の範囲で行政書士業務を行なうことができる（13条の6、19条1項）。

行政書士の独占業務とは

（1）　"独占業務"というしくみ

関係条項に示されるとおり、行政書士・法人でない者（非行政書士）が本条第1項規定の行政書士業務を行なうと、原則的に犯罪として罰則の適用を受ける（19条1項本文、21条二号）というしくみで、行政書士の"独占業務"であることが担保されている（後述13条の6本文により行政書士法人についても同じ）。この"業務独占"制の意味あいについては次項に論ずるが、ここで専門

士業の業務独占とは、その士業者の権益保障を主目的とするのではなく、専門資格をベースにした身分・業務の規律制度の一環なのであって、全体として依頼者「国民の利便」に資するしくみであることは、行政書士法の全体が示すところである。

ただし法制的に次の点に注意を要する。

a) 本条第2項との関係で、他の法律で他士業の独占業務と規定されるものが、行政書士業務から除外される場合のほか、他士業との"共同独占・所管"となる場合とがある。

b) 次の1条の3のコメントで論じられるとおり、行政書士がなしうる「業務」は、本条等に基づく"独占業務"に限られず、次条に書かれた"非独占法定業務"、さらには"法定外業務"というものも有りうると解される。

（2）　行政書士の"業務独占"廃止問題

1990年代における規制緩和・規制改革の流れのなかで、97（平成9）年6月行政改革委員会内の小委員会が突如、「行政書士による書類作成業務独占の廃止」を論点公開の一つに掲げるにいたった。行政書士だけが取りあげられたところには政治力学的傾向が認められた。日行連と日政連は反論の取りくみをし、事態が注目されたが、98年3月の閣議決定では「行政書士の業務独占のあり方については、他の資格制度の業務独占に係る議論の動向を踏まえつつ、具体的な検討をする」というまとめになった。

論議が今後にも残されてはいるが、法制論としては正確を期す必要がある。① 法的書類の作成が行政書士の業務独占とされていても、当該書類を国民自らが作ることは全く自由なのであり、独占の廃止は各種実業関係の無資格者に広く法的書類の作成営業を自由化してしまう結果となって、国民の権利利益の侵害を招きかねない。　② 他の専門士業にあっても同様であるが、業務独占は資格身分・業務規律法制の合理的な一環なのであって、独占制をなくすことはその専門士業法制の存廃にかかわる。　③ ほんらい"規制緩和"は市場の自由のために経済的規制を減らすことで、専門士業の業務独占は国民の生活・事業保障にとって必要な"社会的規制"を意味するのである（兼子仁「士業と規制緩和（1）（2）──規制緩和と行政書士の業務独占」行政書士とうきょう1997年

12 月号・98 年 1 月号参照）。しかしいずれにせよ、行政書士の独占業務が現実にその法的専門水準によって支えられているべきなのは当然のことである。

官公署提出書類の作成

（1）「官公署」とは

a) 所管省筋の解釈では、「国又は地方公共団体の諸機関」を指し、公団・公庫・公社や後述の「独立行政法人」などの特別行政主体法人は当らず、その理由として、行政書士の独占業務を限定的に明確化するため「公権力の行使の主体としての性格を強く持つものに限定してとらえる」べきだと述べられている（詳解 31 頁）。これに対し、行政事務をしだいに分離分担していると見られる公団・公社等は「官公署」に含まれるという解釈も唱えられていた（青山・業務必携 181 頁）。

　私見では、独占業務対象を明確化する必要から、一般行政主体・統治主体である国と自治体の諸機関を原則とし、次に、職員"公務員型"を法定された後述の「行政執行法人」「特定地方独立行政法人」がそれに加わるもの、と解釈する。組織的に国・自治体に準じて法規に基づく行政権限行使をする場合が少なくないからである。さらに、法定行政を受任するのは後述する民間の指定法人も同様であって、とくに行政処分権限を行使する指定法人を個別に「官公署」に該当せしめるという解釈を採る（2008 年改正法 1 条の 3 第 1 項一号にかんがみ新 3 版より改説、結論同説として阿部・未来像 7・96-7 頁）。

　b) つぎに一般に、行政機関には限られず、国会や自治体議会も該当して「請願書」づくりなども行政書士業務に含まれると解されているが、裁判所、検察庁、法務局・地方法務局あての書類作成は司法書士の独占業務となっているため（後述）、本条 2 項により実質上行政書士の業務対象からはずれているのだと説明されている（以上、詳解 36 頁）。

（2）　官公署提出書類とは

　行政書士が全般的な"行政代書人"として業務実績を挙げてきたため、他士業の独占業務と法定されている場合（後述）を除いて、官公署行政機関（官公庁）への提出書類の作成が広く独占業務を成している。

a) 利益的行政処分（行手法 2 条三号にいう「利益を付与する処分」）である許可・免許・登録・認可・承認・確認・認定・指定・検査・免除また補助金交付・貸付など給付決定の「申請書」、あるいは不服申立書・審査請求書（本法 1 条の 3 第 1 項二号）、弁明書（行手法 29 条）

b) 届出書、報告書、同意書（法規または内規「要綱」等に基づく）

c) 上記 a・b に伴う「添付書類」（後述）である事業計画書・図面類、財務経理書類、職員履歴調書、誓約書、点検票など——これは多く「事実証明書類」（後述）にも当る。

d) その他、警察機関あて告訴・告発状、また全般的に請願書・陳情書・上申書など

（3）「電磁的記録」の独占的作成

コンピュータ・ネットワークシステムによる高度情報通信の時代となり、2001 年国の IT 戦略本部の e-japan 計画を中心に"電子政府・電子自治体づくり"が推進され、ペーパーレスの電子申請オンラインシステムの構築が急速に進んだ。そして"行政手続オンライン化法"（「行政手続等における情報通信の技術の利用に関する法律」）およびその関係法律整備法が 2002（平成 14）年 12 月公布され、そこに含まれた行政書士法改正によって本条 1 項中に「電磁的記録」に関する定め（かっこ書き[1] をふくむ）がそう入されたわけである（2003・平成 15 年 2 月 3 日施行）。

ペーパーレスの電子申請・届出システムでは、行政書士の伝統的な書類作成独占業務は成り立たなくなる。しかしながら、電子申請・届出データも内容的にその作成にはいぜんとして法的専門性が必要であり、すでに 2001（平成 13）年に改正公布された次条 1 条の 3 で行政書士の業務と法定された「官公署書類提出手続の代理」を、依頼者国民の利便として現実化するために、行政手続オンライン化法に伴って、申請・届出の「電磁的記録」を原則として書類とみな

[注 1]「電磁的記録」に関する本条 1 項のかっこ書きは、1987（昭和 62）年改正の刑法 7 条の 2、2000（平成 12）年の「電子署名及び認証業務に関する法律」2 条 1 項、翌年の行政手続オンライン化法 2 条五号と同様である。具体的には、光ディスク、磁気ディスク、磁気テープなどの電子媒体に記録され、内容の確認に再生用機器を必要とする情報である。

す趣旨（電磁的記録の作成を法定の業務範囲に含める）の改正は、必然性があったと言えよう（小澤研也「行政手続オンライン化法の整備法（行政書士法関係）について」地方自治 2003 年 3 月号 23 頁参照。同様な改正は税理士法・社労士法等でもなされている）。しかも、全国に分散している行政書士間のネットワーク・システムが国民の利便となる可能性も指摘されている（三木・役割 76 頁など）。

　ところが、コンピュータデータの作成にはシステム上の開放性がありえ、また電子申請・届出の簡略システム化も意図されているので、「定型的かつ容易に行える」申請届出データの作成は、総務省令の定める範囲で行政書士の独占業務からはずされる可能性が生じたが、この点は後出 19 条の改正事項であるので、のちのコメントにゆずりたい。

権利義務・事実証明に関する書類

　行政書士が古くからたんなる行政代書人にとどまらず、標記の民事書類づくりをも独占業務と公認されていたことは、1920（大正 9）年の内務省令「代書人規則」にすでに「権利義務又ハ事実証明ニ関スル書類[2] ノ作製ヲ業トスル者」と違反罰則づきで規定していた（1 条、17 条）ところから知られる。このことは今日、行政書士が"まちの法律家"として働く法的うらづけとして重要であろう。

　下記の「権利義務・事実証明書類」は行政書士の独占業務領域を成すため、その範囲について明確な解釈が必要であるが、「官公署」の前記解釈に比べれば、その性質上から個別具体的な該当範囲を解釈運用にゆだねてよいであろう。

（1）　権利義務書類とその作成例

　「権利義務に関する書類」とは、意思表示その他手続行為等によって権利・義務を発生・変更・消滅させる法効果にかかわる書類であって、財産関係や身分関係の民事書類を含む。直接に確定法効果を生ずる書類（契約書など）に限らず、その法的可能性を持つもの（約款、契約申込書など）も該当する（ほぼ同

[注2]　刑法 159 条が私文書偽造罪の構成要件規定として「権利、義務若しくは事実証明に関する文書若しくは図画」と定めてきている。

旨、詳解 31 頁）。これらの書類づくりは、行政書士にとって伝統的に、いわば
弁護士に近い「法律事務」処理だと言えよう。

　行政書士が作成するその書類例は、

a) 民事法的書類として

①　売買・貸借・抵当権設定・請負、雇用・身元保証、示談などの契約書

②　契約申込書、請求書（内容証明郵便による）、または就業規則などの約款

③　遺産分割協議書や建築工事紛争予防協議書など複数者間の協議書

④　法人・団体の議事録および会議資料

⑤　会社・法人設立の必要書類（発起人会・創立総会・取締役会議事録、定款、
　　株式申込書など）

b) 指定法人・機関に対する申請・届出書類など

「規制改革」時代における現行行政法規は、数多くの登録・検査・審査・認
証・証明等の法定権限を民間の指定法人・機関等に委任するむねを規定してい
る。すなわち法律に基づく民間受任のそれらの行政的措置を受けてはじめて、
① 営業や物件使用の罰則づき制限を解除するという許可制[3]、または② 資格
を表示しうる権利を保障されるという認可制[4] が、指定法人・機関等の権限
行使に多くゆだねられている[5]。

　そこで、それら指定法人・機関等への申請書類は、行政法的効果にかかわり、
官公庁への許認可申請書類に類するものである。指定法人・機関がその限りで
「官公署」に当るという解釈を採ることは前述した。しかしそれとともに、「権
利義務書類」に該当するかどうかを個別具体的に解釈認定することが相当であ

[注3]　行政書士の作成書類としてたとえば、① 日本小型船舶検査機構に対する小型船舶登録申請
　　　書（小型船舶の登録等に関する法律3・21・30・36条）、② 軽自動車検査協会に対する軽自動
　　　車検査申請書（道路運送車両法 58 条 1 項、72 条等、108 条 1 号）。
[注4]　たとえば、① 建設業情報管理センター（2004 年改正法により登録機関）への経営状況分析
　　　申請書（建設業法 27 条の 23 第 1 項、27 条の 24 第 1 項、27 条の 27、施行令 27 条の 13、施行
　　　規則 18 条の 2）、② ソフトウェア情報センターに対するプログラム著作権登録申請書（プログ
　　　ラムの著作物に係る登録の特例に関する法律 5 条 1 項、8 条 1 項、23 条）、③ 製品評価技術基
　　　盤機構等に対する基準認証・調査申請書類（産業標準化法 32 条、39 条、消費生活用製品安全
　　　法 12 条、16 条 1 項、電子署名法 17・18 条）。
[注5]　米丸恒治（神戸大学教授）『私人による行政』日本評論社、1999 年版 325 頁以下参照。

ろう。もっともその場合にかねて、官公庁に対する許可申請書・届出書に関して、それらは意思表示でなく観念の通知なので、権利義務を変動させる「権利義務書類」に当らず「事実証明書類」の一種にすぎないという解釈が存していた（清宮・文庫11・14-5頁）。しかしながらこれは、"実体法"の観点が強すぎ、今日の行政法にあっては、"手続法"的な権利義務が重きを成しているので、"手続法"の見地を加えて考える必要がある。

　すでに行政手続法が、申請の取下げや内容変更を求める行政指導にかかわって「申請者の権利の行使」を妨げてはならない（33条）と、申請に関する国民の手続法的権利と行政機関の手続法的義務を明記している。したがって官公庁のみならず指定法人・機関あての申請・届出書類にあっても、それが登録・審査・認証済などの行政実体法的効果には間接に連なるとしても、それ自体が公正な行政手続的処理を求めるという手続法的効力を有するものとして、行政法上「権利義務書類」にも該当すると解されるのである。それらとしても、注記の事例に見られるごとく、行政書士の独占業務対象とするのにふさわしいはずである。

（2）　事実証明書類とその作成例

　本条1項にいう「事実証明に関する書類」とは、社会的に証明を要する事項について自己を含む適任者が自ら証明するために作成する文書（証明書の類）を指す。刑法159条の私文書偽造罪の定めにおける同一文言について最高裁の判例（昭33・9・16）で、「実生活に交渉を有する事項を証するに足りる文書」とされたのは、その趣旨と解される。

　行政書士が、「実地調査に基づく図面類」（1964年本条の追加改正）を含め、下記のような書類の作成を受任してきたことは、いわば公証人にも似た「事実証明書類」づくりであったと言えよう。

　①　名簿・資格証明、社員履歴調書、会社業歴書、自動車登録事項証明書、交通事故調査報告書など各種の証明書

　②　経営会計書類として、財務諸表（決算書、貸借対照表、損益計算書など）、商業帳簿（総勘定元帳、金銭出納簿など）、営業報告書等

　③　図面類（見取図・平面図、測量図など）——許可申請・届出書の添付書類

が多く、見取図等はげんみつな測量によらないものも行政実務上認められている（他士業法による制限は別論）。

④　前述した指定法人あて提出書類がその内容上、事実証明書類に該当する場合がありうる[6]。たとえば、登録申請用のデータとして工事実績情報を行政書士が入力代行することは、自己証明性が強く事実証明の電磁的記録を作成しているものと解される[7]。

最高裁の新判例（平22・12・20第一小法廷判決）が、「個人の観賞ないし記念のための」家系図は、対外的関係での事実証明書類（本1条の2）に当らないと判示しているが[8]、たしかに、行政書士の独占作成となる「事実証明書類」とは、権利義務の確認や形成を準備する社会的な「証明」資料を意味するものと解される（したがってその範囲は流動的である）。

他士業との共同法定業務

本条2項で確認規定されているとおり、他士業法でその士業者の独占業務と制限的に明記されたと解されるものは、行政書士の独占的な書類作成業務から除外されるが、行政書士にとって共同法定業務と解されるものがある。

a) 非紛争的な契約書・協議書類の作成は、弁護士との共管業務であると解され（後述する弁護士法72条の半面解釈）、行政不服申立書の作成は法定共管である（本法1条の3第1項二号）。

b) 著作権ライセンス契約書の作成は、弁理士との共管業務と解される（弁理士法4条3項、75条。阿部・未来像13-4頁参照）。

[注6]　ちなみに最高判平6・11・29は、私立大学の入試答案を刑法159条にいう事実証明文書と判定している。経営情報分析申請書につき、阿部・未来像98頁参照。

[注7]　日本建設情報総合センター（JACIC）に対する登録申請に先き立つ、工事実績情報サービス（CORINS）への既存工事カルテの入力は、公共工事の入札及び契約の適正化の促進に関する法律の下における建設事業者にとっての事実証明作業にほかならない。

[注8]　本事件では、行政書士から譲渡された職務上請求書を用いて戸籍謄本入手をして、巻物状の「家系図」の作成を営業受任した業者が、本法21条二号・19条1項違反に問われ、1・2審で有罪とされていたのを最高判が破棄・無罪としている。この点、日行連では、行政書士の専門的戸籍調査にかかる親族・相続関係家系図の作成はいぜん独占業務に属すると強調している（日本行政2011年3月号1頁以下参照）。

c) 法務大臣あて帰化許可申請書、検察審査会提出書類の作成は、司法書士との共同独占業務であり（司法書士法73条1項。同旨、詳解36-8頁）、司法警察機関あての告訴・告発状[9]づくりも同じく共同独占業務と解される（次項の記述参照）。

d) 税務書類の作成も、ゴルフ場利用税、自動車税、軽自動車税、自動車取得税、事業所税、石油ガス税、不動産取得税、都道府県たばこ税、市区町村たばこ税、特別土地保有税、入湯税に関する場合は、法定された税理士との共同独占業務である（税理士法51条の2、2条1項二号、同法施行令14条の2）。また、税務に付随する財務諸表等の作成は、税理士との共管業務となる（税理士法2条2項）。

e) 1ヘクタール未満の開発行為の設計図書をふくむ開発許可申請書づくりは、建築士との共同独占業務と解される（都市計画法施行規則19条で1ヘクタール以上の場合は設計図書作成に建築士等の資格要件が定められているため。同旨、詳解47頁）。

f) 登記に関係しない土地・家屋の調査と測量図の作成は、土地家屋調査士ではなく行政書士の専管独占業務と解される（同旨、詳解48頁）。

g) 1980（昭和55）年8月末時点の行政書士は、「当分の間」社会保険労務士法2条1項一・二号の業務（労働・社会保険法令上の申請書等・帳簿書類の作成）を共同独占する（行政書士法1980・昭和55年改正附則2項）ほか、すべての行政書士にとって、就業規則の作成は労基法89条に基づく届出に係る場合も社労士との共同独占であると解される。

h) 不動産登記規則の改正（2017年5月施行の法務省令247条1・2項）により、共同相続の証明手続である「法定相続情報一覧図」の登記所保管・写し交付申出の代理が、行政書士の共同業務と規定されている（同条2項二号。戸籍法10条の2第3項で法定の他士業者とともに）。この一覧図を一部相続

［注9］　検察庁あての告訴・告発状づくりも行政書士の共同独占業務に入るという解釈も唱えられているが（青山・業務必携200頁）、告訴・告発の受理が刑事訴訟法に基づく検察庁の本務の一つである以上、司法書士の独占業務に属し、行政書士が作成できるのは「司法警察員」（刑訴法241条1項）あての告訴・告発状であると解するのが相当であろう。

人の名で申し出ることを、法定資格者代理人である行政書士に委任すると、登記官は内容確認のうえ「認証文」付きの「保管・写し交付」で対応するので（上記省令247条5項。法務省HPで法定相続情報「証明」制度と称する）、行政書士職にとっては初めての登記所申請手続が法令規定されたものと解される（行政処分の申請に当ろう）。

　もっとも、相続人が配偶者と少ない実子のみで司法書士への相続登記申請委任を為しうるようなら、上記の事前証明手続を要しないであろうが、実子・養子等の共同相続人が多数であると、戸籍・附票や住民票による上記一覧図を証明する登記所手続が登記申請前に有用でありえよう。この後者のような場合には、受任行政書士が遺産分割協議書を作成するのに必要な、相続人各人の実在と意思の把握に一覧図の登記所証明が役立ちうるからである。

　しかしながら、近時における相続未登記や所有者不明の空き地・空き家問題対策としては、上記「一覧図」をきっかけに、相続関係者の存否確定の調査が大いに必要視されるにちがいない。そこには、2018年6月公布・11月施行の「所有者不明土地の利用の円滑化等に関する特別措置法」（特措法）が、「所有者不明土地」（2条1項）の公共利用特例手続を新法定したことが、深くかかわっている。同法施行令（政令1条二・五号）および同法施行規則（国土交通省令1条三・四・五号）の定めによって、登記官の「探索」でも土地所有者を「確知」できない場合が特定される。

　ここに、共同相続人である土地所有者の存否を戸籍情報等を超えて調査する行政書士の受任業務として、登記官の「探索」権限に接する相談業務も存するように解されるのである。

行政書士が為しえない他士業の独占業務

　いかに官公署提出書類や権利義務・事実証明書類の作成であっても、他士業法により他の専門士業者の専管独占とされていると、本条2項にいう「他の法律において制限されているもの」に該当し、行政書士として合法には業と為しえない。もっともそれらは、「司法改革」の改正立法によって相当に変動すべ

きところであるが、現行法下にそれらを整理してみると（各士業法人については便宜上省略する）、

a)「法律事件」である訴訟・調停に関して代理人として書類を作成することは、代理人弁護士の原則的な独占業務（弁護士法72条本文、77条）。

b)「裁判所」提出書類（家裁あて調停申立書）、「検察庁」提出書類（告訴・告発状[9]など）、法務局・地方法務局あての提出書類（とくに登記申請書）[10]の作成は、司法書士の専管独占業務（司法書士法73条1項、3条1項一～五号、78条1項、弁護士との一部共管を別として）。

c) 前記の行政書士業務に属する税目および印紙税・登録免許税・関税・法定外地方税等を除く「租税」に関し、申告書等の「税務書類」を作成するのは、税理士の専管独占業務（税理士法52条、2条1項二号、59条1項三号）。

d) 労働・社会保険諸法令に基づく申請・届出書、審査請求書等や帳簿書類を作成することは、社労士の原則的な独占業務である（社労士法27条、2条1項一・二号、32条の2第1項六号、上記労基法上の就業規則の作成が共同独占と解されるなどを別にして）。

e) 特許庁への出願書類・異議申立て等および経済産業大臣への裁定請求書の作成は、弁理士の専管独占業務にほかならない（弁理士法75条、79条）。

f) 国土交通省・法務局等や自治体に対して船舶・港湾・海運関係法令に基づく申請・届出・登記書類を作成するのは、海事代理士の専管独占業務である（海事代理士法1条、17条、27条）。

g) 一定種類・規模の建築設計は一級または二級建築士の専管独占業務とされる（建築士法3条、3条の2・3、38条三号）。

h) 不動産表示登記の申請書・調査測量図書づくりは土地家屋調査士の専管独占業務と解される（土地家屋調査士法68条1項、64条、3条、73条1項）。

【本条の改正沿革】

①　1964（昭和39）年6月2日公布・10月1日施行＝行政書士作成の事実証明書類に「実

［注10］　行政書士が登記申請書を業として作成したことは司法書士法19条1項違反・25条1項該当で罰金有罪（福島地裁郡山支部判平8・4・25判例タイムズ910号68頁、仙台高判平9・5・23判例時報1631号153頁。上告審・後出最高判平12・2・8は結論支持）。

地調査に基づく図面類」を追加規定 ② 1997（平成9）年6月27日公布・7月18日施行＝第1条「目的」規定が起こされたのに伴い、本条は第1条の2とされた ③ 2002（平成14）年12月13日公布・翌年2月3日施行［行政手続オンライン化整備法］＝官公署提出書類の作成に「電磁的記録」の作成を含めた ④ 2004（平成16）年改正［略］

（業　務）

> **第1条の3**　行政書士は、前条に規定する業務のほか、他人の依頼を受け報酬を得て、次に掲げる事務を業とすることができる。ただし、他の法律においてその業務を行うことが制限されている事項については、この限りでない。
>
> 一　前条の規定により行政書士が作成することができる官公署に提出する書類を官公署に提出する手続及び当該官公署に提出する書類に係る許認可等（行政手続法（平成5年法律第88号）第2条第三号に規定する許認可等及び当該書類の受理をいう。次号において同じ。）に関して行われる聴聞又は弁明の機会の付与の手続その他の意見陳述のための手続において当該官公署に対してする行為（弁護士法（昭和24年法律第205号）第72条に規定する法律事件に関する法律事務に該当するものを除く。）について代理すること。
>
> 二　前条の規定により行政書士が作成した官公署に提出する書類に係る許認可等に関する審査請求、再調査の請求、再審査請求等行政庁に対する不服申立ての手続について代理し、及びその手続について官公署に提出する書類を作成すること。
>
> 三　前条の規定により行政書士が作成することができる契約その他に関する書類を代理人として作成すること。
>
> 四　前条の規定により行政書士が作成することができる書類の作成について相談に応ずること。
>
> **2**　前項第二号に掲げる業務は、当該業務について日本行政書士会連合会がその会則で定めるところにより実施する研修の課程を修了し

た行政書士（以下「特定行政書士」という。）に限り、行うことが
できる。

行政書士の非独占法定業務というもの

　本条は前条に引きつづいて行政書士の業務を法定しているが、前条の"独占
業務"とはちがって行政書士・法人でない個人・法人も営業できるような"非
独占業務"を、やはり行政書士・法人の"法定業務"としていること（後述13
条の6本文で行政書士法人につき）の法的意義を十分に摑まなければならない。
加えて2001（平成13）年改正により、行政書士団体の悲願となってきた「代
理」業務を一定範囲で明記するに至ったもので、それをめぐる法解釈が行政書
士制度の発展にとってきわめて重要である。

　そもそも"非独占業務"は他の個人・法人が業と為しうるもので、行政書士
業務として"法定"する意味が少ないのであろうか。いやそうではなく、行政
書士の"法定業務"であることには、次のような法効果が伴うので肝要である。

　のちの条項で定められている行政書士の「業務」規律上の法定義務（一部罰
則づき）が、独占業務に限らず非独占法定業務にも当然適用になる。

　事務所における業務「報酬」額の掲示義務（本法10条の2第1項）、業務
「依頼」に原則的に応ずべき義務（11条）、業務上の「秘密を守る義務」（12
条）、業務「帳簿」の備付け・記帳・保存の義務（9条）、帳簿等の事務所内立
入り検査の受忍義務（13条1項）、業務上の誠実・品行方正責務（10条）、がそ
れである。

　すなわち、依頼者国民は、書類行政手続や契約書づくりの代理をとくに行政
書士に頼めば、一般事業者等とは異なり行政書士法が定める専門士業としての
業務規律の下で行なわれるので、それだけ社会的な信頼性が高く所定の報酬を
支払うに値いするというわけである。

行政書士には法定外業務も存する

　これまでえてして、行政書士が行なえるのは法定業務に限られると思われが

ちであった。しかし以下に論ずるとおり、行政書士は"法定外業務・非法定業務"をも合法的に行なえるのであって、その場合にも行政書士の専門的「業務」であれば、上記本法所定の法定義務が依頼応諾の義務を除いてすべて適用されるものと解されるのである（ほぼ同旨、阿部・未来像16・18頁。なお兼子仁「行政書士制度の発展と展望」『東京都行政書士会五十年史』2001年、141-3頁参考）。

　ほんらい憲法22条1項により「何人も、公共の福祉に反しない限り……職業選択の自由を有する」。この営業の自由は、行政書士の業務にも当然及び、法令や条例の制限に反しない限り行政書士が"法定外業務"をも非独占的に行なう範囲が有りうるのである。この"法定外業務・非法定業務"は、依頼者国民との民法上の委任契約によって個別に設定される業務にほかならない。もっとも、他の士業法の専管独占業務規定は行政書士の"業務範囲"を限定するわけであるが（本条1項ただし書の類推適用と言える）、かくして、本条の"法定業務"規定が行政書士の業務範囲を画しているのではなく（非独占業務規定が行政書士にだけ業務限定効をもつのは背理である）、行政書士の"業務範囲"を法的に限定しうるのは、後述する弁護士法72条をはじめ他士業法の業務独占規定の限定効果なのであることに注意しなければならないのである。

　また、こうして行政書士が"法定外業務"を個別に受任して行ないうることは、本条が「代理」業務等を法定している意味あいを正しく解釈するのに、きわめて重要なかかわりを有している。

官公署書類提出手続および許可申請の「代理」

（1）　本条1項一号の「代理」業務規定の改正

　2001（平成13）年改正で本条が新たに書かれる前の旧1条の3では、行政書士が作成できる「書類を官公署に提出する手続を代わって行い」と書かれていた。そしてこの書類提出手続の「代行」とは、書類提出を任されて「依頼者の決定した意思表示を……伝達する使者の概念に近いもの」と解されていた。それに対して本条旧一号が「書類を官公署に提出する手続について代理すること」と書いたので、たんなる書類提出の使者ではなくなり、行政書士が逐一依頼人に連絡せずに「自ら代理人として提出書類の訂正等を行うことができるこ

と」を意味するものと公的に解されている（詳解 54-5 頁、総務省自治行政局行政課・二瓶博昭「行政書士法の一部改正について」地方自治 646 号 94 頁）。

　ところが、実際の進んだ業務実態にあっては、行政書士がその業務委任契約に伴って、建設業許可・農地転用許可などの「申請代理に関する一切の権限」を委任するという包括「委任状」を取得し、行政機関に対して行政指導の文書請求や申請審査情報の口頭による照会（行手法 35 条 2 項、9 条 1 項）について代理意思表示をして認められている実績が報ぜられてきた。

　ちなみに、他士業法の行政手続代理業務の規定にあってはすでに、行政上の「調査若しくは処分に関して行政機関に対してする主張若しくは陳述につき、代理」すること（事務代理）までが明記されているのである（税理士法 2 条 1 項一号、社労士法 2 条 1 項一号の 3）。

　2008（平成 20）年の本一号改正は、読みとり解釈の余地を残しながらも、行政書士の非独占法定業務として許認可等"申請"代理を明記する成果を挙げたと解される。後述する「聴聞」代理と並んで、申請書類を官公署に提出する手続「において官公署に対してする行為について代理する」とつづく定めと読むことができ、それは官公庁に対する申請者意思表示の代理すなわち"申請代理"の法定にほかならないからである。この読み方が改正一号の文理に忠実なはずで、もし「官公署に対してする行為」を「聴聞」手続におけるそれのみと読むときには、申請代理はいぜんとして大幅に法定外業務の範囲に残ることになってしまい条理上妥当でない。

（2）　本条 1 項一号に基づく許可申請代理の法定業務内容
a）行政手続法上の申請権の代理と本条項一号法定の意義

　周知のとおり、2003（平成 15）年の行政手続法（行手法）によって許認可等の申請をする国民の手続的権利（申請権）が一般的に保障され、それについて申請者を代理する行政書士の業務が重要になっている（本法 1 条のコメント参照）。

　許可申請手続における主要な代理業務は、口頭の意思表示を含めて、

　① 事前窓口指導等への対応として、代理出頭、行政指導文書の代理請求（行手法 35 条 2 項）など。

② 追加文書提出につき、申請書の「添付書類」と"実体審査資料"を法的に区別しての代理対応——それを欠くと"不受理"拒否処分を受ける正式「添付書類」は、法令・条例・規則に明記された文書のみで（行手法7条）、「その他」書類をふくめて任意提出のものは、早く許可・免許を得るための"実体審査資料"にほかならない（たとえば農地転用許可申請にともなう隣接農地所有者の同意書など）。

③ 申請の実体審査段階にあっては、「申請内容変更指導」への代理意思表示、申請審査情報の代理照会（行手法31条、9条1項）および許可・免許の早期処分決定の要望など。

④ 許可書・証明書等の代理受領（以上につき、兼子『自治体・住民の法律入門』岩波新書、106頁以下、兼子「行政手続法と行政書士の専門性」行政書士とうきょう1998年3月号11頁以下、兼子『自治体行政法入門〈法務研修・学習テキスト〉』北樹出版、2010年改訂版、143頁以下、参照）。

以上のうちで、行政指導書の請求、追加文書提出の約束、審査情報の照会、早期決定の要望などは、書類提出手続に関連するとはいえ書類提出行為ではなく、申請者国民の意思表示を口頭を含めて代理する法律行為にほかならない。それらはまさに、本条改正一号にいう「官公署に対してする行為について代理する」ことに該当する（「届出」制における届出代理行為もそれに準ずる）。

独占の書類作成ががんらい直接の法効果を予定しない"事実行為"であるのに対して、「代理」業務は依頼者本人に帰属する法効果を予定する「法律行為」である。しかも、民法99条1項に基づき本人に発効する「意思表示」は、文書を要しない"口頭"表示が原則であって、行政庁等の相手方との口頭やりとりである"口頭業務"こそが、「法律事務」としての法的専門性を擁し、受任した行政書士への信頼から高い報酬にも値いするのである。

b) 弁護士法72条「法律事件に関する法律事務」除外規定の意味合い

のちに詳述するとおり、弁護士法72条が弁護士以外に禁じているのは、「法律事務」（3条1項）の全てではなく文理上も「法律事件」に関するそれのみである。後述する法的紛争事件と解される「法律事件」に亘ると、法定外には行政書士が為しえない法律事務となる。しかし、許可申請代理は紛争法律事件に

かかわらない法律事務と条理上解釈されえたので、本条一号改正において「弁護士法第72条に規定する法律事件に関する法律事務に該当するものを除く」とかっこ書きされたのは、その限りでは確認的法定にほかならない。

c）他士業法による許可申請代理業務の制限

弁護士法以外の他士業法の専管独占規定によっても、以下のように、行政書士の申請代理業務を限定する効果が生ずる。

①登記や供託の申請手続は司法書士でなくてはできない[1]（司法書士法73条1項、3条1項一号、78条1項）。

②「税務代理」は、とくに行政書士が業務できる前述の税目および酒税・関税・法定外地方税等を別として、税理士の独占である（税理士法52条、2条1項一号、59条1項三号、51条の2）。

③特許庁出願・経済産業大臣手続の代理は弁理士の原則的独占である（弁理士法75条、79条）。

④労働社会保険法令に基づく申請・届出代理は社労士の原則的独占である（27条、2条1項一号の3、32条の2第1項六号、昭和55年改正行政書士法附則2項。1980年8月末時点の行政書士は当分の間社労士業務をなしうる）。

（3）　電子申請システムにおける申請代理資格の必要と本条1項一号の意義

こんにちのIT時代に電子政府・自治体づくり方策として、インターネットを通ずる電子申請オンラインシステム化が進んだことは当然であった。そして前条のコメントに述べられたとおり、2002（平成14）年12月改正で、電子申請用の申請データ（電磁的記録）を作成することも原則的に行政書士の独占業務と定められたほか、すでに前年6月改正に基づく「行政書士証票」（6条の2第2項）の登録番号による日行連認証局の電子資格認証（同条コメントで後述）がなされうることにもなった。

しかしながら、行政書士がオンラインシステムでの電子申請代理をなしうる

[注1]　行政書士が登記申請代理を業としたことは、付随業務にも当らず、合憲な司法書士法の違反で罰金有罪とされた（最高判平12・2・8判例時報1706号173頁、下級審の高判・地判は前掲）。

ためには、送受信者の本人性と申請データの原本性の電子「認証」システムを
有効に稼動させなければならず、そこに、当該申請の真正代理人であるとの電
子署名ができるむねの電子証明と、書士自らの秘密鍵使用・公開鍵登録ができ
るよう公認されている必要がある。そうした電子システムが構築される際には、
行政書士の許可申請代理資格が法的に確立していることが前提になるであろう。
その申請代理資格は申請者国民との業務委任契約書が“電子委任状”化される
ことによって裏づけられるという点がきわめてだいじである。

　本条項一号の上記改正によって行政書士の申請代理業務が法定されたことの
一効果として、そうした申請代理資格の底支えがある。

（4）　入管「申請取次行政書士」のしくみ

　この制度は 1989（平成元）年に始まったが、1994（平成 6）年 1 月の「出入
国管理及び難民認定法施行規則」（法務省令）改正 6 条の 2 第 4 項によって、
「行政書士で法務大臣が適当と認めるもの」が外国人本人に代って、在留の資
格変更・期間更新、再入国、定住・永住の許可申請書や資料の提出をなしうる
と規定されていた。これは、法務省入国管理局による資格試験に合格した行政
書士に、「申請取次」資格者として“申請代理”権を一部法令規定した例であ
ったが、2004（平成 16）年改正の行政書士法施行規則 12 条の 2 第一号で行政
書士法人の「特定業務」に明記された（なお参照、謝俊哲『外国人就労・研修申請の
手引』日本加除法令、1994 年版 9 頁、日行連『行政書士五十年史』60-1・175 頁）。

　入管手続は外国人本人出頭が原則だが、その支障ケースもありえ、有資格行
政書士の申請代理制は国と外国人の双方に利便があり、国際化時代にふさわし
いであろう。そこで行政書士会内にも「国際部」が設けられる傾向を生じ、ま
た国際行政書士協会（畑光会長で 1990 年設立）が定例研修会を続けてきた。

　その後 2005（平成 17）年 1 月の入管法施行規則改正によって、申請取次資
格者のしくみは弁護士の参入もあって拡大的に変えられた。日行連の申請取次
行政書士管理委員会が各地で行なう実務研修会を修了して地方入管局長に届け
出た新規（更新）届出者に 3 年有効の「届出済証明書」が交付されている。

　2019（令和元）年 11 月の日行連上記管理委員会規則改正で、「出入国在留管

理庁（入管庁）」と「地方出入国在留管理局長（地方入管局長）」の新官庁・機関名が記されている。

　なお、出入国にかかる許可申請の代理が、本条項一号改正による申請代理の法定業務に該当するむねの解釈については、後述する聴聞代理業務のコメントにゆずりたい。

　（5）　戸籍謄本・住民票写しの職務上請求制とその変更

　かつて 1976（昭和 51）年の戸籍法改正および 1985（昭和 60）年の住民基本台帳法（住基法）改正によって、戸籍謄抄本、住民票やそれらの記載事項証明書および戸籍の附票の写しの "第三者交付請求" においては「請求事由」を明記すべきものとされながら、省令（戸籍法施行規則、住民基本台帳の閲覧及び住民票の写し等の交付に関する省令）に基づく「弁護士、司法書士、土地家屋調査士、税理士、社会保険労務士、弁理士、海事代理士又は行政書士」という専門士業の「職務上請求」にあっては「請求事由」を明示しなくてもよいとされた特例が存した。

　しかしその後、請求対象個人情報の保護が強く求められる情勢下に、遺憾ながら一部の行政書士による職務上請求の濫用や所定用紙の不正譲渡などが問題視され、法制の再整備が求められるにいたった。

　2005（平成 17）年 4 月 26 日付けで法務省民事局長・総務省自治行政局長から同用紙の適正使用管理が依頼通知され、これを承けて日行連では、同年 7 月 20 日施行の「職務上請求書の適正な使用及び取扱いに関する規則」を制定している。今後の職務上請求は日行連の統一用紙に限るとされ（会則 61 条の 2、規則 2 条 1 項）、用紙は単位会から会員に購入申込み 1 回につき 50 枚綴り 2 冊が配布され、会員毎に「払出し履歴管理表」が会に備えられたしくみである。

　2006（平成 18）年の住基法・省令改正と 2007（平成 19）年の戸籍法改正によって、弁護士・行政書士等・士業法人の職務上請求の特例は大幅に縮減され、第三者請求の一種として受任業務の種類および依頼者の氏名等を明示しなければならないしくみに変っている（住基法 12 条の 3 第 2・4 項、戸籍法 10 条の 2 第 3 項。そこで依頼者・利用目的を示しての一般代理請求とが選択肢になっている）。

　両法に基づく「職務上請求」は、かねて個別法律が行政書士に実質的な申請代理権を認めていた場面だけに、その公正な業務遂行が職業倫理・コンプライアンス（法令順守）に最たるかかわりを有していたはずであった。現行法制下の適正行使が行政書士会の規律ともども強く求められるところである[2]。

（6）「処分等を求める申出」の代理について

　2014年6月の行政手続法（行手法）改正において、法令違反を是正する行政「処分」を求める「申出」制が新設されるにいたった（36条の3第1項。2015年4月施行）。これは、「許認可」処分を求める「申請」とは異なり、法令違反者に対する「不利益処分」を第三者国民が求める「申出」であって、行政書士によるその代理業務は、本法1条の3第1項一号に含まれて法認された申請代理には当らない。

　改正行手法が書くのは、「申出書」を提出する手続のみだが（36条の3第2項）、その代理作成は行政書士の独占法定業務にほかならない。

　そこで、その「申出書」提出手続において「官公署に対してする行為」の代理として（本法1条の3第1項一号）、処分を求める「申出」代理も法認されていると解されるのである。

　その結果、代理人行政書士は、申出書の提出をめぐり行政庁に対して必要な口頭意見表示の代理を、前述した申請代理手続に類してなしうることになる。

　さらに実は、行手法の改正規定は、法律に根拠ある「行政指導」の申出制をも定めており（36条の3第1・2項）、行政書士によるその代理についても、上記と同様と言える。

　なお、この「処分又は行政指導」を求める申出に対し、行政庁、行政機関は

　[注2]　かねて存したつぎのような判例が、改めて業務運用上で守秘義務との関係につき吟味される必要があろう。東京地裁平8・11・18判決・判例時報1607号80頁（確定）は、行政書士が自分の戸籍謄本・戸籍の付票・住民票写しを職務上請求したのはプライバシー侵害であるとする第三者個人からの損害賠償訴訟について、「相続（分割、裁判所）」という記載に疑義ありとされ、依頼の経緯を明らかにせよとの裁判所の求釈明に応じなかったので、不法行為責任ありとして被告書士に50万円の慰謝料賠償を命じている（兼子仁「行政書士・住民票等職務上請求損害賠償事件判例研究」地方自治総合研究所・自治総研1999年5月号1頁以下参考）。

調査に基づく必要措置を執るものとされているが（36条の3第3項）、申出に否定的な行政対応が存する場合も、弁護士法72条にいう紛争「法律事件」に当らないことは、後述する「聴聞」代理よりも明瞭であろう。

（7）　「行政指導の中止等を求める申出」の代理について

　行手法改正で新設されたこの中止申出制（36条の2第1項）の対象になる「行政指導」は、上掲の第三者国民が求める類いの違反是正指導を受ける相手方事業者等からその事前中止を求める手続であるから、後述する「不利益処分」に先き立つ「聴聞」手続に近い。

　しかし、ほんらい拘束力なき「行政指導」の中止申出であるから、そこに後述する「不利益処分」聴聞ほどの「法律事件」性の問題はなく、その申出書の作成にはじまる行政書士の中止申出代理行為は、やはり本法1条の3第1項一号に含まれる「官公署に対してする行為」に該当すると解される。

「聴聞」代理を法定業務にした改正

（1）　「聴聞」代理を改正法定したことの意義

　2008（平成20）年の本条一号改正は本来「聴聞」代理を法定業務化したものと意識されていたが、それは本書コンメンタールの立場では、従来も合法であった"法定外業務"（新2版38-9頁）を確認立法化したのにほかならない。聴聞代理が行政書士業務にとってもつ重要性にかんがみれば、この確認的法定業務化はまことに望ましい改正であった。

　行政「聴聞」は、行政手続法（行手法）において、聴聞通知書に記された「予定される処分の内容及び根拠となる法令の条項、処分の原因となる事実」（15条1項一・二号）を必要に応じて反駁する口頭意見陳述の手続であって、違反調査担当の行政職員に対する質問権をも含む（20条2項）。しかしながら、この行政対抗関係はいまだ行政処分の原案段階であって、被聴聞者国民側の意思表示をへた後に確定処分決定にいたるのであるから、行政「不服申立て」審査のような法的紛争事件は発生していないと解釈されえたのであった（ほぼ同旨、阿部・未来像46頁）。

こうした行政「聴聞」における法的・専門的な代理人の役割はかねて重要であり、法定業務化によって行政書士代理人への期待は大いに増大したにちがいない。実は、聴聞に象徴される"口頭業務"こそ"まちの法律家"らしいのだ。

　もっとも、改正一号かっこ書きにおいて「弁護士法第72条に規定する法律事件に関する法律事務」を除くと書かれたことに、解釈問題が含まれてはいる。この除外を広く読んで、聴聞で予定処分を争わないことや、事実主張のみで法解釈主張をなしえないと解することは拡張に過ぎており、同上の「法律事件」を法的紛争事件と正しく読む以上、処分根拠法律の違憲無効を唱える訴訟的主張のみが除外されていると限定解釈すべきものと考えられる。

（2）　本条1項一号に基づく法定「聴聞」代理業務の範囲
　本条一号改正は本来、行政聴聞代理を一般的に法定したはずであるが、その"規定振り"の特色から、法定業務の範囲と法定外業務との区分に関して読みとり解釈の余地を残していることも事実である。
　a）「聴聞」「弁明の機会」その他の「意見陳述」の代理
　これらの語は、性質上行手法の一般規定に従って読みとられる。「聴聞」は、原則的に行政庁に対する口頭意見陳述であって（20条2～5項。陳述書への代替は例外、21条1項）、被聴聞者の依頼に基づく口頭意思表示の代理が重要となる。それに対して「弁明の機会」は、原則的に「弁明書」の提出手続であって、代理も書類作成・提出に関連するにすぎず、聴聞代理に類するのは、例外的に被聴聞者に認められた「口頭」弁明の代理にとどまる（29条1項）。
　その他の「意見陳述」（13条1項）は、他の個別法律に基づく「意見の聴取」（道交法104条にいうそれなど）等であって、口頭陳述であれば「聴聞」代理に類することになる。
　聴聞「代理人」は「当事者のために、聴聞に関する一切の行為をすることができる」（16条2項）。行政「調査の結果に係る調査その他の当該不利益処分の原因となる事実を証する資料の閲覧を求める」（18条1項）という被聴聞者の権利を代理行使するのも、代理人の重要な働きである。

b)「許認可等に関して行われる」聴聞等の範囲について

　本条一号改正が、「行政庁の処分」に関して行われる聴聞等と書かれていればよかったが、「行政手続法第2条第三号に規定する許認可等……に関して行われる聴聞」という書き方であるため、読みとり解釈問題を伴なっている。

　もっとも、「官公署に提出する書類に係る許認可等」と書いている点は、実際に行政書士が許認可申請代理をした件に限定する意味合いではなく、法制上で申請書類作成が行政書士の独占業務に属するような「許認可等」の全てを指すものである。

　①「許認可等」に直接かかわる聴聞は、行手法上は予定されず個別法律によって特例的に定められる申請「拒否」処分に先き立つそれと解されるが、その法定例は実は少ない（旅行業法23条＝開業・更新登録拒否につき公開意見聴取、本法6条の2第3項＝日行連登録拒否につき弁明の機会、など）。なお「等」には、「給付決定」という利益付与処分も含まれる（2条三号）。

　②行手法が「許認可等に関して」一般原則的に聴聞を義務づけたのは、「許認可等を取り消す不利益処分」に先き立つ場合にほかならない（13条1項一号イ）。行手法上「聴聞」は、ほんらい不利益処分を透明・公正にする事前手続の最たるものだからである。

　すると、行政書士の代理業務として実績のありうる個別法律に基づく営業停止処分に先き立つ「聴聞」（本法14条の3第3項、宅建業法69条1項、風営法41条1項など）の代理は、行手法を敢えて引用した改正一号に基づく法定業務には属さず法定外の受任業務に残るといったことになりかねない。しかし、営業停止も、許可事業行為を規制する措置として許認可等の効力を制限する意味合いである以上「許認可等に関する」処分の一種であると解すれば、一号法定の聴聞に該当することになるので、その解釈が正しいと考えられる。

　③出入国関係許可に関する聴聞その他意見陳述手続の代理はどうか。これに関しては、「外国人の出入国、難民の認定又は帰化に関する処分」が行手法の適用除外と規定されていること（3条1項十号）から、法定外と解される筋が存しよう。しかしこの場合も、改正一号かっこ書きで行手法を引用していることを、積極的な根拠づけではないと読み、申請取次行政書士の代理業務にと

って大事な入管行政聴聞（22条の4第2項に基づく在留資格取消しに先き立つ意見聴取など）も一号法定の範囲に含まれているものと解される。

c）書類「受理」にかかわる聴聞をめぐって

改正一号のかっこ書きにあっては、「許認可等」に官公署提出する「書類の受理」をも含めている。ところが、行手法上では、行政庁が書類を事実上受け取るだけの「届出」制にあっては"受理処分"は伴なわないしくみだとされているので（2条七号、37条）、「届出」受理処分をめぐる聴聞その他意見陳述の代理という場面は成り立ちがたい。

そこで、ここに「書類の受理」と書かれた場面は、前述した「届出」代理のほかは、申請「受理」処分として、申請の書類形式審査のみで受理・不受理の処分決定をするしくみの場合を指すものと読むことになろう（同旨、詳解55頁。7条にいう「形式上の要件」審査。住基法上の転出入届受理や住民票記載消除がその例と解される）。ただし、そうした申請受理処分はがんらい書類形式審査による「許認可等」の一種にほかならないのである。

行政「不服申立て」代理を法定した最近の改正

（1）　弁護士法72条の「法律事件」に立ち入る"行服"代理権

1）「聴聞」代理が弁護士法72条にいう「法律事件」に当らないと解される「法律事務」として、確認立法的に法定事務と規定されえたのに対して、行政「不服申立て」代理は、紛争「法律事件」の法律事務なので、創設的な改正法律が必要であり、行政書士団体にとって長年にわたる立法課題を成していた。

しかしついに、2014（平成26）年6月公布の本法改正（1条の3第1項新二号）によって、行政「不服申立て」の代理（"行服代理"）が行政書士の法定業務に追加され、それには十分なうらづけ理由が存していたと考えられる。

2）　すでに2008（平成20）年の本法改正で、行政書士の法定業務と確認されたと解された申請・聴聞代理の結果、申請拒否・不利益処分を受けて争訟としてなされる"行服"の代理は、まさに"まちの法律家"行政書士のワンストップサービス業務と言える。

また、行政処分に関する法律事務に通じている行政書士にとっては、"行服"

の段階での初受任にも需要が小さくなかろう。

　3）　もっとも、行政「不服申立事件」が弁護士法72条で「法律事件」の例示に挙げられているだけに、その代理を行政書士の一般法定業務と改正規定することについては、弁護士会筋の反対意向が強いと知られていた。

　しかし、今次改正（本条1項新二号）による行政「不服申立て」代理は、それ自体は"非独占法定業務"の定めで、弁護士法72条の弁護士独占業務体制そのものを変えるわけではない（いわばその"核の傘"の下に本法が入っただけである）。

　4）　なるほど、後述するような司法書士・税理士・社労士などの不服申立て代理が業務分野限定的であるのに比べて、行政書士の不服申立て代理は行政処分一般にわたるのだが、その裏づけとしては、行政処分全般に関する法律知識が挙げられよう。

　この点"能力担保"的実情への見方から、今次の本法改正にあっては、日行連の所定「研修」（18条の2第二号）を修了したと認定された「特定行政書士」（1条の3第2項）にだけ、行服代理権を法認している（同上条項）。

　これは当面やむをえないと目され、研修実績が期待されるのだが、将来の再改正で行政書士全員が有資格者とされること（1条の3第2項の削除）が、行政書士職の行政手続的役割にかんがみて望ましいであろう。

　もっともここで、行政書士による行服代理権の働かせ方という場合に、今次の本法改正と同時的な「行政不服審査法」の全面改正と深くつながっていると言えるのである。

（2）　行政不服審査法の改正に基づく"行服"代理権のはたらき

　1）「行政不服審査法」（自治体実務界での略称"行服法"、学界ではかねて多く"行審法"）が半世紀ぶりに全面改正され、その要点は、第三者的不服審理手続への改革であった[3]（2016年度から施行）。

[注3]　宇賀克也『Q&A　新しい行政不服審査法の解説』2014年、新日本法規、155・198頁、220-1頁、参照。なお、行政不服審査研究会編集『新行政不服審査法関係法令集』2014年、ぎょうせい、に関係整備法律が全て収められている。

その第1が、聴聞「主宰者」に似た、「審査請求」にかかる「審理員」制である（行服法9条1項、17条）。

行政職員体制の内部ではあるが、処分庁に対して独立的手続権限を有する「審理員」の前で、審査請求人と処分庁職員とが、「公正」手続として対抗する形になる（同法28条、31条、37条1項、38条1項）。

そこで、審査請求人を代理する行政書士としては、前述した聴聞代理と似て、処分担当職員への質問権（31条5項）をはじめ、行政書類の閲覧請求や「反論書」の提出など（38条、30条）、審理員が処分原案・「意見書」を準備するのに（42条1項）、大いに公正手続的関与をすべきなのである。

2）　第2に、改正法による第三者審査制度の白眉が、全庁にまたがる「行政不服審査会」（略称、"行服審査会"または"審査会"）で、「審理員意見書」のあと、審査請求人の希望により「審査会」審理が原則的に保障される（行服法43条1項四号）

もっとも自治体にあっては、国の全省庁にまたがるのと同様な"行服審査会"を条例設置する方式（臨時・共同設置もありうる）のほか、適宜な第三者機関えらびの余地もある（81条1・2・4項）[3]。

"行服審査会"が不服審理をする手続において、代理人行政書士の働きは、訴訟代理人に類して制度的に当然大きい。

もっとも、上記のとおり行服代理はまずは、行政組織内の「審理員」手続を経るので、行服審査会での代理はその延長上になる。

審理手続代理の成果または不備意識をふまえて、タイムリーな争訟活動を求められるであろう。

その出発点は、審査請求人側として行服審査会への諮問を希望するむね（43条1項四号）の代理表示にちがいないが、「審査会」手続の内訳については行服法に定めがきわめて少ないため、各自治体の条例・規則に基づくしくみに通ずる必要がある。

3）　ところが実は、特定行政書士の行服代理の根拠づけについて、本条改正の書き方に読みとりにくさがあり、解釈ではっきりさせる必要がある。

第1に、「特定行政書士」代理の対象が、「許認可等に関する……不服申立て

の手続」と書かれ（1条の3第1項二号中段）、「行政庁の処分に関する」不服申立てという趣旨との異同が一応問われうる。

　その場合に、ほんらい「許認可等」は、行手法上国民から求められる利益的行政処分（2条三号、「利益付与」処分）を指すもの故（本法1条の3第1項一号参照）、産廃処分許可や高層マンション建築許可などに地域住民が第三者として不服申立てをする際に、行政書士が代理することが、文字通り上記に該当すると読めよう（いわゆる二重効果処分の場合。ちなみに反対利害関係事業者の「参加人」の参加申立て代理（行服法13条3項）は別の行政書士が受任できよう）。

　つぎに、「申請拒否」（不許可）処分も「許認可等に関する」処分である以上、その不服申立て代理が特定行政書士の業務たりうる。

　さらに、許認可の効力を制限する"許可停止・取消し"の「不利益処分」（行手法2条四号本文）に対する不服申立て代理も、上記の要件を充たすと解されえよう。これこそ聴聞代理に後続する行服代理にほかならない。

　4）　第2に、不服申立て代理の前提要件は、「行政書士が作成した官公署に提出する書類に係る」許認可等とも定められている（1条の3第1項二号前段）。

　これは、申請・聴聞代理の要件を、「行政書士が作成することができる……書類を官公署に提出する手続」と書いている（1条の3第1項一号）のと異なっている。

　しかしここで、官公署提出書類の作成とは、許認可「申請」の「特定行政書士」代理における申請書類の作成とのみ読むべきなのだろうか。それは後述する文理とともに条理に適う限定ではないと目される。そこでまず、有りやすい事態として、一般行政書士が許認可申請代理をし、申請拒否処分を受けた不服申立て代理の段階で「特定行政書士」に初受任の求めが生じたとしよう。

　ここで読みとり解釈としても、1条の3第1項二号にいう書類作成の「行政書士」は、第2項の「特定行政書士」に限られず、一般行政書士でよいと読み、特定行政書士が不服申立て代理をするのに申請代理をしていなくてもよいと解される（同旨、詳解56-7頁、総務省行政書士係長・藤村直貴「行政書士法の一部を改正する法律について」地方自治805号・2014年12月号35頁）。この緩和的条理解釈は、「前条の規定により行政書士が作成した」書類という文理にも適って

いるのである（また、1条の3第1項二号と2項では、文理上も「行政書士」の範囲を書き分けていると読める）[4]。

　もっともここで、特定行政書士が受任して「再申請」からやり直す方途も問われうる[5]。ただしその場合、再申請で新内容書類や新主張を出せるようでないと、前申請「拒否処分」の公定力に反するとして形式的な再処分をうける可能性があり、不服審査の範囲が限定されうるので要注意である。

　つぎに同様に、申請拒否（不許可）処分でなく、許可停止・取消処分の不服申立て代理にあっては、通知された事前「聴聞」に臨む際に、申請代理をしていない一般行政書士が聴聞代理人として「代理人資格証明書」ないし出頭に代る「陳述書」（行手法16条3項、21条1項）などを作成提出していれば、特定行政書士が上記条項および本条第2項に基づく許可停止・取消処分の行服代理をなしうるものと解される（特定行政書士はもとより聴聞段階から代理できる）。

　5）　本条改正の条文中、不服申立て代理「手続において官公署に提出する書類を作成すること」（1条の3第1項二号後段）についてはどうか。

　たしかに、行服代理の特定行政書士による作成書類が、審査請求書、代理人資格証明書、執行停止申立書、反論書、参加人意見書、口頭意見陳述申立書、提出証拠書類等のように存する（行服法19条、12条、25条2項、30条1・2項、31条1項、32条）。

　しかしながら、これらは本来、行政書士の独占法定業務である官公署提出書類の作成（本法1条の2第1項）に質的に当りうるものが、弁護士法72条によって制限されていたわけなので（同条2項）、今次改正の上記条項で"行服代理"業務を法定したことに伴ない、不服申立て関係書類を"代理人として作成"することは当然適法となる。したがって上記の書類作成根拠は確認規定だと解されるのである。

［注4］　結論同旨、阿部泰隆「行政書士の行政不服申立代理権、法改正で導入（政策法学演習講座�59）」自治実務セミナー 2014年9月号8-9頁。
［注5］　戸口勤「行政不服申立てと改正行政不服審査法解説」行政書士とうきょう 2014年8月号56頁、参照。

契約書類の「代理人」作成と"契約代理"業務

1)　2001（平成13）年の本条旧二号追加改正で、行政書士が作成できる「契約その他に関する書類を代理人として作成すること」と書かれたことは、契約書など民事書類の作成という独占業務を改めて活性化させ、民事契約分野の行政書士業務を行政手続分野と並べて主要なものとなしうる効果をも期待されているようである。ただし、本号の規定振りはあくまで契約書の代理人作成という書類作成に事寄せた書き方であって、それが立案プロセスで日弁連の了解を得られた成果だということなので（保岡興治衆議院議員「改正行政書士法と今後の展望」日本行政2002年2月号9頁）、解釈問題が大いに残されたことはやむをえまい。

まず、契約書類の代理人作成は文字どおりには多分に権利義務書類の作成にほかならず、1条の2の独占範囲であるため、その意味では本1条の3旧二号が非独占であることから非行政書士の営業を合法ならしめることはないものと解される。

2)　契約書等を「代理人として作成する」こと自体は事実行為を指し、民法99条1項が「代理」は「意思表示」について効果を示すとしているところから、行政書士が契約文言の修正記載や代理人署名をなしうる点に、依頼者本人に代って契約書文言における意思表示内容の確定を任されているものと解される。しかしそれを超えて、合意形成にいたる契約締結上の代理業務はどうかに関しては、所管官庁筋の解釈が、本号は「直接契約代理を行政書士の業務として位置づけるものではないが、行政書士が業務として契約代理を行い得るとの意味を含むものである」と公示されている（詳解57頁、二瓶博昭「行政書士法の一部改正について」地方自治2001年9月号95頁）。その趣旨は、本号の"法定"業務は上記の契約書文言の代理確定という範囲であるが、法定外業務としては本号の規定付帯的に、"契約締結代理"が合法的な行政書士業務たりうる、ということと理解できよう（ほぼ同旨、阿部・未来像18頁）。

もっとも、民事法関係の代理業務に関しては、後述する弁護士法72条にいう法的紛争の「法律事件」における代理は行政書士業務たりえないとの限界を十分に意識して解釈しなければならない。

　たとえば交通事故示談にあって、加害者側が事故責任を頑なに否認している
のに対して、代理人として責任追及的に交渉し賠償金を一方的に請求すること
は、裁判所での民事紛争「調停」(民事調停法2条、33条の2)の代理と同質的
なので弁護士業務に属しよう。それに対し事故責任を結局自認する加害者と過
失割合や賠償金額等の“話合い・協議”を被害者から受任した範囲で代理し、
合意の示談書をまとめて自賠責保険支払い請求につなげることは、行政書士の
合法的な契約締結代理業務に当たろう。また、遺産分割協議においても、相続人
間に調停・訴訟の因をなす紛争状態があれば行政書士は代理介入できないが、
助言説得をふくめて相続人間の合意形成をリードし、分割協議をまとめる代理
行為は合法であって[6]、そうした場合、両当事者や複数当事者の代理を務めて
契約書・協議書を作成することも民法108条の双方代理禁止に触れないものと
も解されよう。なお、内容証明郵便の代理送付の可否は、文書内容による。

書類作成相談と“法規相談”対応

　弁護士法74条2項により、「弁護士でない者は、利益を得る目的で、法律相
談……を取り扱う旨の標示又は記載をしてはならない」(77条の2で100万円以
下の罰金)。ここにいう「法律相談」は同法72条にいう「法律事件」に関する
それで、法的紛争問題にかかわり一方当事者に有利な法解釈等の照会を主とす
るものと解される。
　それに対して、すでに1980(昭和55)年改正で行政書士の法定業務と書か
れた「書類の作成について相談に応ずること」(本条項旧三号)のうちには、そ
れに付帯して法的な相談も含まれていたのであった。官公署提出の許可申請・
届出書類、民事権利義務書類それぞれに、その根拠や内容に法的かかわりが有
りえ、いかなる書類が必要・適切かが法的知識に依ることが少なくない。
　しかしそれは概して、一般人に対して現行法規の定めがどうなっているかと
いう“法律知識”を教示するレベルであると見られ、いわば“法規相談”であ
ろう。もっともそこには、「告示」や「要綱」とは何かといった一種の法解釈

事項も含まれようが、先きの"法律相談"で紛争当事者の立場に立つ法解釈主張の可否・当否（どういう主張をすれば裁判に勝てるか）を回答するレベルとは区別されえよう。

　行政書士が"まちの法律家"として、各種の"法規相談・法的しくみ相談"に応ずることは社会的期待が今後増していくと見られる。そしてそれは、書類作成に付帯するかぎりでは本号に基づく法定業務であるが、それを超えた法規・法制相談も法定外業務として合法であると解され、それだけ行政書士には、公私法（行政法規と民事法規）にわたる法制研修が求められるわけである。

　なお、行政事件訴訟の法律相談は禁じられているが、具体の行政「不服申立て」（略称、行服）にかかわる法規相談（行服の見通しを含む）を、「特定行政書士」が対応することは合法だと解しなければならないのである。

弁護士法 72 条と行政書士の業務範囲

　すでに言及したように、弁護士法 72 条をはじめ他士業法の専管独占条項は、行政書士の独占・非独占法定業務を制限するだけでなく、まさに法定外業務の範囲を一般的に画することになるので、重要である。とりわけ弁護士法 72 条のいわゆる"非弁活動取締り"規定は、行政書士業務にとって法解釈論および立法論の両次元にわたり肝要であって、本書のコンメンタールでは力を入れなければならない課題である。

（1）　弁護士法 72 条にいう「法律事件」事務の解釈

　1）　行政書士が「法律事務」を行なうと弁護士法違反になると思うのは誤解である。なるほど「法律事務」は弁護士の法定業務であると規定されているが（弁護士法 3 条 1 項）、そのうち独占業務であるのは一部であって（ちょうど本法19 条 1 項本文が行政書士業務の一部を独占規定しているのと同様）、それはつぎのとおり「法律事件」事務のみなのである（本条一号かっこ書きによる確認）。

　弁護士法 72 条本文「弁護士……でない者は、報酬を得る目的で訴訟事件、非訟事件及び……行政庁に対する不服申立事件その他一般の法律事件に関して……代理……その他の法律事務を取り扱い、又は……周旋をすることを業とすることができない。」

そこで、司法改革時代の今日、同法条にいう「法律事件」とは何かが正しく解釈されなければならない。

　2）　まず、弁護士法 72 条の「法律事件」事務は、77 条の罰則（2 年以下の懲役又は 100 万円以下の罰金）の犯罪構成要件を成しているので、罪刑法定主義に根ざす限定解釈こそが正しいはずである。

　ところが、同法 72 条「法律事件」の拡大解釈がかなり唱えられていた。

　日本弁護士連合会調査室筋の所説が「法律事件」事務をほぼ「法律事務」全体と同視する最大限解釈だったことは論外として、若干の高裁判例において、権利義務の「疑義」のほか「新たに形成させる事件」をも「法律事件」だと解する傾きが示されていた。しかしこの“新形成説”を採ると、契約代理も即「法律事件」事務に当りかねず、がんらい紛争性の有無によって法律事務の手続法的性質が全く異なることを無視してしまう。

　3）　今や、最近に公示された最高裁の新判例（平成 22・7・20 第二小法廷決定、判例時報 2093 号 161 頁）は、次の判示（「法的紛議」説）によって、上記の新形成説を明確に排したものと読める。

　ビルの集団立退き「交渉において法的紛議が生ずることがほぼ不可避である案件」なので、「弁護士法 72 条にいう『その他一般の法律事件』に関するものであったというべきである。そして被告人らは、報酬を得る目的で、業として、……賃借人らとの間に生ずる法的紛議を解決するための法律事務の委託を受けて、……賃借人らに不安や不快感を与える振る舞いもしながら、これを取り扱ったので、被告人らの行為につき弁護士法 72 条違反の罪の成立を認めた原判断は相当である。」[7]

　この判旨の精確な位置づけが今後とも肝要だが、上述した契約協議代理の合法範囲（契約“交渉”という言い方の問題も）の具体的な見定めに関して実務的に貴重な判示であると言えよう。

　［注 7］　本刑事事件は、不動産業者が業として、解体予定ビルの全賃借人集団立退き交渉を受任し、約 10 か月にわたり虚偽事実の申向けや不安・不快感を与えるなどして、合意立退きの実現を図ったもので、1・2 審とも有罪としていた（東京高判平 21・10・21 控訴棄却、判例タイムズ 1332 号 282 頁）のが、確定せしめられている。

4)　最高裁の新判旨は、「法的紛議」の語によって、たんなる法的「疑義」を超えた一種の“法的紛争事件説”を採用したものと読めるが、この点では、かねて弁護士法の所管省である法務省の公的見解が、下記のように法律事件“法的紛争事件説”を採用してきたことが知られており、その実務的典拠性が今次最高裁の新判例によって増したと認められよう。

司法制度改革推進本部事務局配布資料（平 16・11・10 法務省見解）として、「隣接法律専門職種等の主な業務内容（現行制度)」という一覧表が公けにされ、その項目表示が「紛争性のある業務（法律事件に関する法律事務)」と「紛争性のない業務」と分けられ、残念ながら他士業の場合と異なり行政書士には、後者のみで前者はないと表示されていた（行政書士とうきょう 2005 年 3 月号 35 頁掲載)。

5)　弁護士法 72 条が「法律事件」の主要な例示としている「訴訟事件」、行政「不服申立事件」から、文理的にも“法的紛争事件”と読めよう。なるほど例示中の「非訟事件」は多少異なるが、裁判所が非訟事件手続法に基づき権利義務関係の確定に必要と認められる行政処分的「決定」を行なうのであるから、同類的に見られうる。

そして“法的紛争事件”とは、権利義務や事実関係に関して関係当事者間に法的主張の対立が有り、制度的に訴訟などの法的紛争解決を必要とする案件のことである。その範囲に若干の流動性は伴っても、いわゆる ADR（裁判外紛争解決手続 Alternative Dispute Resolution の略語）をふくめ争訟制度とのかかわりでその範囲は十分に明確と見られ、“非弁取締り”の犯罪構成要件の限定解釈として相当であると考えられるのである。

加えて立法論的には、司法制度改革審議会意見書（2001・平成 13 年 6 月）において、見直すべき「弁護士法第 72 条については、……規制対象となる範囲・態様に関する予測可能性を確保するため、隣接法律専門職種の業務内容や……企業法務等との関係も含め、その規制内容を何らかの形で明確化すべきである」と表明されている。なお、弁護士法 72 条の規制緩和とともに、今後は弁護士と行政書士など隣接法律専門職種との“業務提携”が国民の利便のため必要となるように考えられるので、同法 27 条の非弁提携取締り規定の合理的

見直しも求められる。

（2）　弁護士法 72 条にかかわる行政書士業務の拡大改正立法について

　2003（平成 15）年 7 月の司法改革関係法律の改正法として、弁護士法 72 条本文につづく但書きで「ただし、この法律に別段の定めがある場合は、この限りでない」としていたところへ、「又は他の法律」が追加そう入された。これにより今後は、行政書士法の改正のみで弁護士法 72 条の弁護士独占業務を一部修正して行政書士業務を法定することが可能となっている。

a) 行政不服審査法に基づく行政「不服申立て」の代理業務は、一般的に弁護士法 72 条の紛争「法律事件」事務として他に禁じられていたが、かねて行政書士は許可申請・聴聞代理の流れで、申請拒否・不利益処分の不服申立て代理を業務とする実需要が多く、上記 2014 年 6 月の行政書士法改正による行服代理権の特別法定は、行政書士団体の長年にわたる要求の一部実現を意味する（施行は 2016 年度から）。

b) このほか、建設工事紛争審査会や都道府県公害審査会など"行政型 ADR"における手続代理権を行政書士が保障されるように、関係法改正等による立法化が司法改革下に強く望まれる。

c) さらに司法制度改革審議会意見書（2001 年 6 月）で、「行政書士……については、その専門性を訴訟の場で活用する必要性や相応の実績等が明らかになった将来において、出廷陳述など一定の範囲・態様の訴訟手続への関与の在り方を個別的に検討すること」も掲げられている（併せて社労士・土地家屋調査士が挙げられた）[8]。

　2001（平成 13）年の税理士法改正（翌年 4 月施行）によって、税理士は税務訴訟に弁護士代理人とともに「補佐人」として出頭し陳述できること（同法 2 条の 2 第 1 項。民訴法 60 条 1 項の裁判所「補佐人」許可は不要）が、参考になろう。ただし行政書士の補佐人陳述権は、行政事件訴訟さらには民事訴訟の広い

[注8]　ちなみに、2002（平成 14）年の司法書士法改正（翌年度施行）で司法書士に簡易裁判所での一定民事訴訟・調停の代理権が、同年の弁理士法改正（翌年度施行）で弁理士に特許権等侵害訴訟の代理権（弁護士代理人とともに）が、付与された場合には、所定の研修と公的試験認定とが法定条件とされている。

領域に及ぶとなれば、その法的専門能力を支える制度の改善・運用策が求められるであろう。試験科目編成の改善、書士会における研修、公的資格認定などがそれである[8]。むしろその手前で、交通・医療事故などの民間型 ADR 手続への代理参加業務を行政書士に法認することが今後に求められる。

　また、2004 年の「裁判外紛争解決手続の利用の促進に関する法律」(ADR 法) に基づき、法務大臣の認証を受けた民間紛争解決事業者は、弁護士法 72 条の特例として業務報酬を得られる (28 条)。

　目下各地の行政書士会が民事 ADR 認証機関を樹ちあげつつあるが、ADR 法が法認しているのは認証機関の調停人による「手続実施」のみで (2 条、6 条一・二号)、会員行政書士が調停申込者の"手続代理"をなしうるのは、そのむね今後に改正法定されなければならないのである。その能力担保として、行政書士会による ADR 研修による調停人資格者の養成等は重要だが、行政書士会の認証 ADR 事項である、外国人就労・婚姻、自転車事故、ペット事故、借家立退時金銭処理などの民事紛争解決の「手続代理」が、いかに行政書士法等に法定されうるかが、今後の課題にほかならない (調停申込みは法的紛争の表われなので、その交渉代理は「法律事件」として要注意である)。

【本条の改正沿革】
①　1980 (昭和 55) 年 4 月 30 日改正・同年 9 月 1 日施行＝第 1 条の 2 として創設　②　1997 (平成 9) 年 6 月 27 日改正・翌年 7 月 18 日施行＝第 1 条「目的」規定追加により第 1 条の 2 を第 1 条の 3 とした　③　2001 (平成 13) 年 6 月 27 日改正・翌年 7 月 1 日施行＝号立てとし一・二号を「代理」「代理人」業務に改定　④　2008 (平成 20) 年 1 月 17 日公布・7 月 1 日施行＝一号・代理業務改正　⑤　2014 (平成 26) 年 6 月 27 日公布・12 月 27 日施行＝第 1 項新二号・不服申立て代理の追加改正

> **第 1 条の 4**　　前 2 条の規定は、行政書士が他の行政書士又は行政書士法人 (第 13 条の 3 に規定する行政書士法人をいう。第 8 条第 1 項において同じ。) の使用人として前 2 条に規定する業務に従事することを妨げない。

使用人行政書士という立場

1)　2003（平成15）年の本法改正前にあっては、行政書士が他の行政書士の事務所に使用人として雇用されて業務に従事することは許されないと解されていた。行政書士は各自事務所を設け独立して業務を行ない、受任業務を使用人や補助者に丸投げしてはならないとされていたこと（法施行規則旧4条）に基づく。ところが、規制改革と司法制度改革の流れで、本法改正による「行政書士法人」の法定がなされた際に、法人事務所に勤務する「使用人」行政書士を認めるのと併せて、本条は、自らは事務所を持たず（後掲8条1項かっこ書き）他行政書士の事務所で働く「使用人」行政書士（"勤務行政書士"）をも法認したのである。これについても、行政書士業務の分業化・専門化に伴い、依頼者の承諾の下に分業的な業務担当によってサービスの高度化を図り、国民の利便を向上させる業務組織編成なのであるという見方が示されている（以上につき参照、詳解57-8頁、総務省行政課長補佐・小澤研也「行政書士法の一部を改正する法律等について」地方自治670号・2003年9月号78・87頁、法施行規則4条但書き）。

2)　もっとも、「使用人」行政書士は自ら依頼を受けて業務を行なうのでなく、雇用行政書士・法人が受任した業務にその指導下で従事・代理する立場である。したがって、自ら行政書士として本法に基づく守秘義務を負う（12条に基づく。19条の3とは競合）と解されるが、その業務に起因する損害賠償は使用主または法人「社員」である行政書士の責任に属するのである（同旨、詳解59頁）。

3)　使用人行政書士が複数の行政書士・法人の使用人を兼ねることは、法律上禁じられてはいない。社員行政書士にとっての競業禁止規定（13条の16）も適用されないが、行政書士登録（6条1項）をする際の「事務所」は、主たる勤務先の事務所・法人のそれを指すものと解される。

【本条の改正沿革】
①　2003（平成15）年7月30日公布・翌年8月1日施行の改正で新設

（資　格）

第2条　次の各号のいずれかに該当する者は、行政書士となる資格を有する。

一　行政書士試験に合格した者

二　弁護士となる資格を有する者

三　弁理士となる資格を有する者

四　公認会計士となる資格を有する者

五　税理士となる資格を有する者

六　国又は地方公共団体の公務員として行政事務を担当した期間及び行政執行法人（独立行政法人通則法（平成11年法律第103号）第2条第4項に規定する行政執行法人をいう。以下同じ。）又は特定地方独立行政法人（地方独立行政法人法（平成15年法律第118号）第2条第2項に規定する特定地方独立行政法人をいう。以下同じ。）の役員又は職員として行政事務に相当する事務を担当した期間が通算して20年以上（学校教育法（昭和22年法律第26号）による高等学校を卒業した者その他同法第90条に規定する者にあつては17年以上）になる者

行政書士の資格条項

1)　行政書士の資格は、本条に定めるのはその積極要件であって、同時に次条の第2条の2（旧第5条）に定められた消極要件である「欠格事由」に当らないことが必要である。

2)　のちに見る全国的な行政書士試験（第3条以下）の合格者が最たる有資格であるのは専門士業職として自然であるが、後述の弁護士等の他士業資格者および一定年数以上の行政公務員が当然有資格とされているところには、現段階での行政書士の制度と業務の特色が見出されよう。

3)　また、第1条の2のコメントで述べられたとおり、資格者が行政書士業

務を合法に行なうためには、日行連に登録（同時に都道府県行政書士会に入会）していなければならないので、資格要件はまずは日行連への登録の“必要条件”（十分条件ではない）ということになる（6条1項、6条の2第1・2項）。

弁護士等の資格者が当然有資格

1）　他士業の資格者で当然有資格となるのは、弁護士・弁理士・公認会計士・税理士に限られ、公証人・司法書士や社労士・建築士・土地家屋調査士などは含まれない。弁護士をはじめ当然有資格となる他士業の資格要件の如何は、本書では省略としたい（2016年時点でのそれらは、詳解63頁以下に記されている）。

2）　当然有資格の他士業の資格者であれば、その士業職で登録・開業していることは要しないが、行政書士業務を行なうためには、「行政書士」として「登録」する必要がある。この点、弁護士資格者でも同様であって、弁護士登録者が当然に弁理士・税理士の業務をなしうる（弁護士法3条2項）のとは異なるのである。

一定年数以上の行政公務員は当然有資格

1）　行政公務員が当然行政書士になれる要件である勤務年数は、1964年に8年から12年へ（高卒者等は5年から9年へ）、1983年に今の20年（高卒者等は17年）へ、と引き上げられたのだが、これは、在来の行政書士試験のレベルおよび行政書士の行政書類作成中心業務に見合うところとされていたのだと見られる。そこで今後において、行政書士が民事法にもわたる法的代理業務を主とし、法廷陳述権をもめざす法律専門職となり試験のレベルが上昇していくに従って、行政公務員（行政事務経験者）の当然有資格制には見直し（税理士試験のような科目免除制または特別研修による資格審査制などの採用）が必要になってくるように考えられる。

2）　「国又は地方公共団体の公務員」とは、国家公務員法・地方公務員法にいう「国家公務員」「地方公務員」を指し、一般職・特別職、常勤・非常勤、さらには立法・司法・行政機関所属、の別は問わないと解されている（詳解72

頁）。が、国会・裁判所職員や非常勤特別職が行政書士の当然有資格であるためには、「行政事務」の担当年数が一定以上でなくてはならず、後述する「行政事務」の解釈適用が決め手になるのである。

　3)　また、かねて特殊法人である公団・公社等の職員は「公務員」の身分を持たなかったため有資格でないとされていたが、1999（平成11）年の独立行政法人通則法および2003（平成15）年の地方独立行政法人法（各2条2項）に基づく「行政執行法人」および「特定地方独立行政法人」の役員・職員はそれぞれ「国家公務員」「地方公務員」の身分を法定されているので、本条の各改正によって当然有資格たりうる者にノミネイトされていた。ただし、それらの行政執行法人等の業務には事業行政的性格が強いので、「行政事務」の範囲解釈に左右される場合が多くなったと見なければならない。

　「特定地方独立行政法人」（“特定地方独法”）は、住民生活や地域経済の安定に直接かかわる業務または中立・公正な業務運営を確保するために職員の“公務員型”が必要適切とされる地方独立行政法人で、設立自治体が定款で定めたものである（地方独立行政法人法2条2項、同1項）。国設立の「行政執行法人」（大学入試センター、自動車検査独立行政法人、農薬検査所など試験研究機関が少なくない）も同趣旨から個別法律で設置されている（独立行政法人通則法2条4項）。

　4)　「行政事務」とは何かについては、本法制定当初の行政実例（地方自治庁行政課長通知昭26・9・13都道府県総務部長あて「行政事務の解釈について」）をふまえて、「文書の立案審査、あるいはこれに関連する事務であって、ある程度本人の責任において処理するような事務」と解されている（詳解74-5頁）。

　この解釈基準によって、①単純労務・純粋技術・事務補助の職務は該当せず、②医師や教員は行政的管理職に属する以外は当らず、③警察官・消防職員の庁内勤務は該当する場合が多く、④行政委員会委員の職務は含まれ、⑤自治体議会の議員は当らず事務職は可である、と回答されている（詳解75-6頁）。

　この解釈基準はほぼ明確であるが、行政書類作成業務にシフトしている。行政書士の法定業務として法的代理業務・「法律事務」が重要になっていることに見合うように、“法規に基づく行政権限行使”という要素を主にした事務と限定的に解釈するのが相当と考える。「行政事務」とは本来一般概念であるが、

行政書士の資格能力をうらづけるという目的に沿う目的論的解釈をしなくては
ならない。私見ではすでに、公務員型の行政執行法人等を「官公署」に含める
解釈を採っており、前記"特定地方独法"の公務員職員は「官公署」に勤務す
るわけであるが、法的権限行使に携ることを主に「行政事務」担当の年数を見
定めるべきことになる。

5)「行政事務」担当年数の計算は、民法第1編第6章（138条以下）に従う。
そして不継続期間については、365日を1年、それ未満の日数は、30日を1月、
12月を1年とするのだとされる（詳解78頁）。

6) 高等学校卒業者等である公務員の同上年数は17年であって、この方が
現実的であろうが、本法の当初から高卒者のほか学校教育法90条に定める大
学入学資格者のすべて（大学入学資格検定の合格者などを含む。同法施行規則150
条～154条参照）が同じ扱いと規定されてきた。ただし本条におけるこの"高
卒者等"の定めは、がんらい旧第3条の行政書士試験受験資格（第一号）とし
て書かれ、それを本条で引用していたのが、1999（平成11）年の改正で行政書
士試験の受験資格が廃止されたのに伴ない、本条自体に書き入れられることと
なっている（この改正は沿革の表示においては省略する）。

【本条の改正沿革】
① 1964（昭和39）年6月2日公布・10月1日施行＝公務員の行政書士資格年数8年を
12年（高卒者等は5年を9年）へ引き上げ ② 1983（昭和58）年1月29日公布・4月1日
施行＝同上を20年（高卒者等17年）へ引上げ ③ 1999（平成11）年12月16日公布・
2001年1月6日施行〔独立行政法人通則の整備法〕＝行政書士資格の公務員年数に「特定
独立行政法人」役職員を加える（2014年改正で「行政執行法人」と改称） ④ 2002（平成
14）年7月31日公布・翌年4月1日施行〔日本郵政公社法施行法の整備法〕＝同上の年数
に「日本郵政公社」役職員を加える ⑤ 2003（平成15）年7月16日公布・翌年4月1
日施行〔地方独立行政法人法の整備法〕＝同上の年数に「特定地方独立行政法人」役職員
を加える ⑥ 2005（平成17）年10月21日公布・07年10月1日施行［郵政民営化法の
整備法］＝六号より日本郵政公社の削除 ⑦ 2007（平成19）年6月27日公布［学校教育
法の改正］＝六号の同法条数変更

（欠格事由）

第2条の2　　次の各号のいずれかに該当する者は、前条の規定にかかわらず、行政書士となる資格を有しない。

一　未成年者

二　破産手続開始の決定を受けて復権を得ない者

三　禁錮以上の刑に処せられ、その執行を終わり、又は執行を受けることがなくなつてから3年を経過しない者

四　公務員（行政執行法人又は特定地方独立行政法人の役員又は職員を含む。）で懲戒免職の処分を受け、当該処分の日から3年を経過しない者

五　第6条の5第1項の規定により登録の取消しの処分を受け、当該処分の日から3年を経過しない者

六　第14条の規定により業務の禁止の処分を受け、当該処分の日から3年を経過しない者

七　懲戒処分により、弁護士会から除名され、公認会計士の登録の抹消の処分を受け、弁理士、税理士、司法書士若しくは土地家屋調査士の業務を禁止され、又は社会保険労務士の失格処分を受けた者で、これらの処分を受けた日から3年を経過しない者

八　税理士法（昭和26年法律第237号）第48条第1項の規定により同法第44条第3号に掲げる処分を受けるべきであつたことについて決定を受けた者で、当該決定を受けた日から3年を経過しないもの

　登録できる「行政書士となる資格を有する」（6条1項、6条の2第1項）とは、前条の資格要件を充たし、かつ本条の「欠格事由」（欠格者）に当らない者でなければならない。このことは、2003（平成15）年改正で本条（旧第5条）が前条に引きつづく形になったので読みとりやすくなっている。なお、外国人で

あっても欠格事由に当らない以上、有資格である（6条2項のコメント参照）。

　なお、2022（令和4）年法改正による新設八号は、税理士法48条1項に基づく、懲戒処分を受けるべきであったという決定に関する税理士の特例を定めている。

行為能力が制限されている者

（1）　未成年者

　2022（令和4）年度から満18歳未満となる未成年者は、民法で一般的に行為能力を制限されている（4・5・6条）以上、行政書士の業務能力を欠くとされてもやむをえないであろう。のちに見るとおり行政書士試験は未成年者でも受験し合格できるのであるが、行政書士の資格を得て登録するのは成年になるのを待たなくてはならない。

（2）　成年被後見人・被保佐人の欠格は廃止

　1)　かつて「禁治産者又は準禁治産者」が欠格者と規定されていたが、1999（平成11）年の民法改正で（そのご2004年口頭化改正民法でも）代って定められた「成年後見・保佐・補助」という新たな「成年後見制度」という法定代理制度のうち、前二者への該当が欠格事由と規定されていた（1999年12月の本条改正）。この欠格事由に該当する人が行政書士になろうとする例は少なかったろうが、登録行政書士がその欠格事由を生じたという場合には、日本行政書士会連合会（日行連）の資格審査会の議決に基づいて登録抹消の措置を受けることになる（7条1項一号・3項）。日行連が当然には知りえない欠格事由該当は、行政書士の近親・同居者から届け出ることになっている（本法施行規則12条一号）。

　a)「成年被後見人」とは、「精神上の障害により事理を弁識する能力を欠く常況にある者」として、配偶者・四親等内親族などや市区町村長からの請求による家庭裁判所の審判で、「成年後見人」とともに定められ、法律行為は原則として後見人が代理ないし取消しするしくみである（民法7〜10条、老人福祉法32条、精神保健・精神障害者福祉法51条の11の2等）。これは主に本人保護のために用いるべきことになろう。

b）「被保佐人」は、同上の能力が認知症などで「著しく不十分である者」について同様の手続で、「保佐人」とともに定められ、保佐人が借財・保証・不動産処分など重要法律行為の同意権と家裁が決めた代理権を持つというしくみである（民法11・12・13条、876条の2、876条の4、上記福祉法条）。これもむしろ本人保護のためであろう。

c）それらに対して「被補助人」は、同上の能力が認知症などで「不十分である者」について、本人同意の下で同様な家裁審判手続により「補助人」とともに定められ、補助人の法律行為同意・代理範囲が本人意思に基づいて家裁で決められるというしくみ（民法15〜17条、876条の6〜10、上記福祉法条）なので、行政書士の登録申請に対しては資格審査会が実質的判断をすればよく（後述の本法6条の2第2項）、現職行政書士にあっては業務禁停止処分や懲戒請求制（後述の本法14条、14条の3）との関係を越えて一律に制限する必要はなかろうと目された。精神障害者の社会的処遇の見地を加味して、行政書士の欠格事由に入れないこととしたのである（詳解115頁以下、参照）。

2）　その後、民法上の成年後見制度は、2005年度以降に都道府県行政書士会による「成年後見センター」を生み出し、2000（平成12）年度には日行連設立の「一般社団法人コスモス成年後見サポートセンター」にまで連なり、“街の法律家”行政書士の“専門的後見人”による法定外業務の社会貢献活動を目立たせるにいたっている。

しかもその際、2000年度施行の民法改正に根ざす、市区町村長の家庭裁判所審判「申立権」が、親族のほか専門職と並ぶ“市民後見人”をも呼び出し、さらに2016（平成28）年の「成年後見制度の利用の促進に関する法律」（利用促進法）において、「成年被後見人」等の人権主体性を謳うとともに、その「権利制限」の見直し立法を求めてもいる（法令解説資料総覧426号・2017年7月号、参考）。

そして、2019（令和元）年6月「成年被後見人等の権利の制限に係る措置の適正化等を図るための関係法律の整備に関する法律」（45条）に基づく行政書士法改正として、本条旧第2号の成年被後見人・被保佐人を欠格事由からはずす次第となっている。その主旨は、“専門職後見人”たる行政書士が被後見・

保佐人の上記「判断能力」を地域生活サポーターとして改善向上させることに鑑みると、行政書士自身が被後見人・被保佐人たりえないという仕組みは原理的に即応しにくいからにほかならないと解されるのである（被補助人と同じく、後出6条の2第2項にいう行政書士の「登録」要件審査にゆだねてよいとの考え方）。

（3）　破産手続開始の決定を受けて復権してない者

破産手続開始決定を受けた「破産者」はその財産法律行為を原則的に制限され（破産法2条4項、15・16条、30条、34条、47条、160条）、法定の当然復権または申立てに基づく裁判所の復権決定（同法255・256条）によって行為能力が一般的に回復される。そこで、復権のない破産者は、大方の法律専門職の欠格者と規定されてきており（弁護士法6条五号、司法書士法5条五号、税理士法4条三号、弁理士法6条五号、社労士法5条三号など）、行政書士については1997（平成9）年の本法改正で欠格事由に加えられた。

禁こ以上の刑の確定者で一定期間内

（1）　「禁錮以上の刑に処せられた者」とは

これはふつうの語感とちがって、禁こ以上の刑の有罪判決が確定した人を指し、実刑でなく執行猶予づきの場合をも含む。これは欠格条項一般に通じた読み方・意味あいである。「禁こ以上の刑」は、死刑をふくむがふつうは「懲役」刑である（刑法9条、12条2項）。

「禁こ以上の刑に処せられた者」とだけ欠格条項に書かれた場合（弁護士法6条1号、弁理士法8条1号、なお学校教育法9条2号など）、懲役刑の有罪が確定すれば執行猶予づきであっても該当し[1]、しかし執行猶予期間を無事満了すれば資格回復（身分回復ではない）となると一般に解釈されている（弁護士につき、福原忠男『弁護士法』第一法規出版、1990年版75頁、兼子一・竹下守夫『裁判法』法律学全集、1999年版378・251頁など）。「刑の執行猶予の言渡しを取り消されるこ

[注1]　ちなみに出入国管理及び難民認定法24条四号へでは、退去強制事由の一つを、外国人登録法令に違反して「禁錮以上の刑に処せられた者。ただし、執行猶予の言渡しを受けた者を除く。」と規定してきた。

となく猶予の期間を経過したときは、刑の言渡しは、効力を失う」(刑法27条)からである。実刑に服しまたはそれを免除されて無事10年たった場合も、同様に資格回復すると解されている (同上参照)。「禁こ以上の刑の執行を終わり又はその執行の免除を得た者が罰金以上の刑に処せられないで10年を経過したときは、刑の言渡しは、効力を失う」(同法34条の2第1項前段)からである。

　(2)　禁こ以上の刑に処せられ「その執行を終わり3年を経過しない」者等とは

　本条で行政書士の欠格者と書かれているのは、上記の文字通りである。この実刑後の資格回復は、上記の弁護士・弁理士より7年早いが、司法書士・土地家屋調査士より2年遅い (司法書士法5条一号等)[2]。また、本条の欠格期間として、それに3年を加える (司法書士等でも3年) 禁こ以上の刑の「執行を受けることがなくなってから」とは、刑の時効完成 (刑法31条) と恩赦 (法8条本文) による「刑の執行の免除」を指し、執行猶予期間は含まれない。なぜなら、前述のとおり執行猶予期間を無事満了すると刑法上直ちに刑の言渡し自体が失効するので、それから何年かを欠格期間と法定する根拠を欠くからである。したがって、懲役・禁こ刑の確定に付された執行猶予期間を無事過ぎれば、行政書士の欠格事由に当らなくなると解釈される (以上同旨、詳解80-1頁)。なお、公職選挙法が選挙・被選挙権の欠格事由の一つを、「禁こ以上の刑に処せられその執行を受けることがなくなるまでの者 (刑の執行猶予中の者を除く)」と書いている (11条1項三号) のは、分かりやすくした確認規定と読める。

被処分者で3年たっていないもの

　1)　「公務員」で「懲戒免職の処分」を受けたとは、一般職の行政公務員では公務員法に基づく「懲戒免職処分」を指すが (国公法82条1項、地公法29条1項)、特別職や行政執行法人等の役員にあっては、その服務違反を理由とする解任の処分を実質上「懲戒免職の処分」と解することになる (ほぼ同旨、詳

[注2]　ちなみに税理士法4条四・六号では、税法令違反罪で禁こ以上の実刑・執行免除後5年間、その他の犯罪での同じ場合は3年間を欠格と定め、社労士法5条五・六号では、社会労働法令違反で罰金受刑・執行免除後3年間、その他の犯罪で禁こ以上の実刑・執行免除後3年間を欠格と規定している。

解 79 頁）。すなわち、ここで「公務員」とは前条六号と同じく広義であり、両公務員法に基づく懲戒処分規定が適用される行政執行法人等の一般「職員」の場合は文字通りであるが（独立行政法人通則法 59 条 1 項二号、地方独立行政法人法 47 条）、そうでない「役員解任」にあっては、「職務上の義務違反」を理由とする処分が該当すると解される（同上通則法 23 条 2 項、地方特定独法法 17 条2 項二号）。

　2)　行政書士が日行連から不正登録の取消処分を受けたり（本法 6 条の 5 第1 項）、都道府県知事から本法違反等の非違を理由に業務禁止処分に付された（14 条 1 項一号）のち、3 年経過していないものという欠格事由は、なおも救済的見地を入れており本法として自然であろう。上記の犯罪処罰や公務員処分の前歴が行政書士に対する社会的信用に直接かかわるのと、かなり異なっている。

　3)　2008 年改正により、職業倫理の見地から欠格条項を強化する主旨で、被処分後 2 年を 3 年とするとともに、他士業の被処分者（兼業を含む）をも欠格としている。

【本条の改正沿革】
①　1997（平成 9）年 6 月 27 日公布・7 月 18 日施行＝「破産者」を欠格者に追加　②1999（平成 11）年 12 月 8 日公布・翌年 4 月 1 日施行〔民法改正の整備法〕＝欠格者として「成年被後見人・被保佐人」を改正規定　③　1999 年 12 月 16 日公布・2001 年 1 月 6 日施行＝被処分公務員に「特定独立行政法人」役職員を加える　④　2002（平成 14）年 7 月 31日公布・翌年 4 月 1 日施行＝被処分公務員に「日本郵政公社」役職員を追加　⑤2003（平成 15）年 7 月 16 日公布・翌年 4 月 1 日施行＝被処分公務員に「特定地方独立行政法人」役職員を追加　⑥　2003 年 7 月 30 日公布・翌年 8 月 1 日施行＝「行政書士法人」制新設に伴う本法編別改正により旧第 5 条を本第 2 条の 2 に移設　⑦　前記 2 条の 2 に関する⑥と同じ＝五号から日本郵政公社を削除　⑧　2008（平成 20）年 1 月 17 日公布・7 月1 日施行＝欠格条項強化（四～七号の 2 年を 3 年に）　⑨　2022（令和 4）年 3 月 31 日交付・翌年 4 月 1 日施行＝八号新設

第 2 章　行政書士試験

（行政書士試験）

第 3 条　　行政書士試験は、総務大臣が定めるところにより、行政書士の業務に関し必要な知識及び能力について、毎年 1 回以上行う。

2　行政書士試験の施行に関する事務は、都道府県知事が行う。

（指定試験機関の指定）

第 4 条　都道府県知事は、総務大臣の指定する者（以下「指定試験機関」という。）に、行政書士試験の施行に関する事務（総務省令で定めるものを除く。以下「試験事務」という。）を行わせることができる。

2　前項の規定による指定は、総務省令で定めるところにより、試験事務を行おうとする者の申請により行う。

3　都道府県知事は、第 1 項の規定により指定試験機関に試験事務を行わせるときは、試験事務を行わないものとする。

国家資格を公証する行政書士試験

1)　本法制定当初（1951 年）の行政書士試験は、都道府県知事が行なう "国の機関委任事務" であって（旧 4 条 1 項、地方自治法旧別表第三・一（五））、その合格書士資格はその都道府県の区域内だけ通用するのにとどめられていた（旧 2 条 1 項）。これでは国民の権利利益を保障する行政書士職として未確立であり、全国通用資格をうらづける国家試験化が望ましいと行政書士団体は唱え続けた。

それを実現したのが 1983（昭和 58）年改正であって、行政書士試験は「自

治大臣が……行う。」「自治大臣は、行政書士試験の施行に関する事務を都道府県知事に委任するものとする」と規定されるにいたった（改正旧 4 条 1・3 項）。かくして国家試験の施行だけを都道府県知事の機関委任事務とするしくみとなった[1]。そして試験内容は、国の定める試験科目（自治省「準則」通知）や期日・方法（択一・論述）・合格基準（同省行政課長内かん「試験実施要綱」）に従いながらも、都道府県の連携協力により多様性を擁しながら行なわれていた[2]。

　2)　ところが 1995 年の地方分権推進法の下における "平成分権改革" として、地方分権推進委員会の討議により国の機関委任事務は「制度として廃止すべき」ものと勧告され（1996 年 12 月第 1 次勧告）、それに沿った "地方分権一括法" その中心となる地方自治法の大改正が 1999（平成 11）年 7 月に公布され（2000 年 4 月 1 日施行）、それによって国の機関委任事務は全廃される次第となった（地方自治法旧 150 条、別表第三・第四などの削除。兼子仁『新　地方自治法』岩波新書、99 年初刷 25-9 頁参考）。

　たしかに、"国の機関委任事務" は法律で法人自治体から長等の機関を切り離しそれらに "国の事務" を "機関委任" し、その結果自治体の長を国の地方出先機関として各省大臣の指揮監督下に置くという変則的なしくみであって、「地方自治の本旨」に含まれる国と自治体の行政的対等原則に沿わないと言えたので、分権改革において廃止されて当然であった。

　しかしながらその結果、行政書士試験が再び都道府県ごとの地方的制度になるようでは、行政書士法制としては "逆行" であろう。そこでその問題を主題の一つとする「行政書士制度のあり方に関する懇談会」が 1998（平成 10）年 6 月に自治省行政局内に設けられ（座長は兼子仁都立大学名誉教授）、その報告書（1999 年 2 月 19 日）においてつぎのとおり記されたのであった。「行政書士試験の施行に関する事務の自治事務化に伴い生じうる混乱を最小限に止め、試験の円滑な実施を保証するとともに、試験事務に係る都道府県の事務負担を軽減

[注 1]　1983 年試験制度改革の趣旨につき、石井道遠（自治省行政課長補佐）「行政書士法の一部改正」地方自治 423 号・83 年 2 月号 26-7 頁参照。

[注 2]　茂木吉晴（自治省行政課）「行政書士法の運用状況とその問題点」地方自治 430 号・83 年 9 月号 71-2 頁参照。

する方策を確保するため、都道府県は行政書士の施行に関する事務を、自治大臣の指定する……指定試験機関……に行わせることができることとする。」

　そして、これをふまえた行政書士法の改正が、"地方分権一括法・関係整備法"の一環として異例的な政府提案立法の形で成立したものが、本2か条である（1999・平成11年7月公布、2000・平成12年4月1日施行。この経緯については、詳解84頁以下、自治省行政課・吉田昭彦「「地方分権の推進を図るための関係法律の整備等に関する法律」による行政書士法の一部改正について」地方自治622号・99年9月号86頁以下を参照）。

　3)　かくして成った現行の行政書士試験の法的しくみは、のちに述べるとおり、試験科目編成をはじめ"試験制度の根幹"を国・総務大臣が定め、これは国の直接執行事務にほかならないが、「試験の施行に関する事務」（試験施行事務）は、都道府県の「自治事務」（地方自治法2条8項）に属し都道府県知事の権限となるむね法定されている（同旨、詳解86頁）。したがって本3条2項で「試験の施行に関する事務は、都道府県知事が行う」と書いているのは、本法制定当初や83年改正による定め（旧4条）では国の機関委任事務を意味していたのと全く異なり、都道府県自治体の法定「自治事務」（都道府県の事務）であることを示すものである。

　ところが同時に、行政書士の国家資格を公証する国家試験にふさわしい実体の試験制度である必要があるため、国が制度の根幹を定めるのに加えて、国指定の法人・指定試験機関に全都道府県から事務委任する方式を法定したのが、本4条にほかならない。「行政書士試験合格証」には従来と同じく、総務大臣と都道府県知事との共同署名・公印が表示され（自治省告示平11・12・16に定められた様式による）、国家資格性を象徴している。

指定試験機関・行政書士試験研究センターが受任する国家試験

　1)　本法上都道府県自治体の自治事務であるものをほとんど一括して指定試験機関法人に委任させてしまうことを、分権主義に反すると見るべきではなかろう。行政書士の国家資格を公証する全国統一試験を保障するため、国・総務大臣が所管・監督官庁として制度設定および運営指導をすることが併せ予定さ

れているので、都道府県の法定「自治事務」とはいえ実質は国からの「法定受託事務」（地方自治法 2 条 9 項）に近いものと解されるのであって、法律上の予定どおり指定試験機関に試験施行事務を一括委任することが相当であると言えるからである。

　ただし、法律上の事務担任者である都道府県に留保されている試験施行事務も有るのであって、それは本 4 条 1 項で総務省令で定めるとされた試験の「合格決定」に関する事務がそれで（本法施行規則 2 条）、それを除いた「試験事務」が指定試験機関に委任されるのである（詳解 87-8 頁[3]）。なお、委任の形式は契約の締結によらず各都道府県知事からの公的通知で足りると解されている（詳解 88 頁）。

　2）　法定の指定試験機関としては、司法試験委員会のような国家機関形態も、全国社会保険労務士会連合会への委任方式（社労士法 10 条 2 項）も、行政書士試験の場合はフィットしないという考え方と、行政書士職の新たな専門性の養成をも期待する見地から、のちの法条に基づく指定申請の結果、日行連の設立にかかる「一般財団法人行政書士試験研究センター」（適宜、試験センター、たんにセンターと略称する）が試験事務を実際に受任することとなっている。

国の省令・告示で定められた試験制度

　1）　省令より前に本法の法律規定で、指定試験機関の指定・監督と都道府県からの事務委任以外で試験制度そのものについて定めているのは、試験委員（4 条の 6）、試験事務規程（4 条の 8）、試験「手数料」（4 条の 19）、試験事務処分の審査請求（4 条の 18）、である。

　ついで省令である行政書士法施行規則［巻末資料 1］（当初は総理府令、次に自治省令、現行は総務省令）では、同じく「試験事務」の範囲（2 条）、試験委員の要件・選任届出等（2 条の 5〜6）、試験事務規程の記載事項と認可（2 条の

　［注3］　詳解 87-8 頁下は、都道府県が合格基準を客観的に設定することが合格決定権を留保する理由であると解しているが、合格基準は試験委員会による出題・採点と一体的なもののはずである。合格決定権を都道府県に残す理由は、むしろ、都道府県が法律上の事務担任者であるのに加え、合否情報の本人開示制が都道府県の個人情報保護条例で保障されていることによるのだと解される。

7〜8)、試験結果の報告（2条の11）を規定している。

　2)　本3条1項にいう「総務大臣が定めるところ」とは、実際には「行政書士試験の施行に関する定め」（平11・12・16自治省告示[4]第250号、平17・9・30総務省告示第1098号による一部改正）がそれに当たる。

　そこで定められているのは、試験期日（2006年以降、毎年11月の第2日曜日、午後1時から4時まで）、試験科目[5]・試験の方法（法令等46題択一式・記述式、「行政書士の業務に関連する一般知識等」択一式14題の筆記試験）、合格発表（当年度の1月第5週）、合格証（別記様式）、不正行為者処分、肢体不自由者特例措置、試験の公示（受験手続等をふくむ。当年度の7月第2週）、である[6]。

　それらよりも細目的な試験のしくみは、試験センターが認可ずみの試験事務規程・事業計画その他内規および試験委員会の決定で決められ、必要に応じてセンターの受験案内やホームページ等に公表される。

【本2か条の改正沿革】
　①　本3条は、旧4条を1999（平成11）年7月16日公布・翌年4月1日施行の地方分権一括法による本法改正で移動かつ内容改正　②　本4条は同上改正で新設

　［注4］「告示」とは、行政法上当然に法規を示す形式ではなく、国では各省大臣等が「所掌事務について、公示を必要とする場合」に発するもの（国家行政組織法14条1項）で、官報の告示欄に公示される。その効力は告示の内容である行政措置の如何により、上記の試験制度告示は、委任行政立法の告示と解される。
　［注5］告示「第2　試験科目」の定めによれば、「1　行政書士の業務に関し必要な法令等、憲法、行政法（行政法の一般的な法理論、行政手続法、行政不服審査法、行政事件訴訟法、国家賠償法及び地方自治法を中心とする）、民法、商法及び基礎法学の中からそれぞれ出題することとし、法令については、試験を実施する日の属する年度の4月1日現在施行されている法令に関して出題するものとする。　2　行政書士の業務に関連する基礎知識等（一般知識、行政書士法等行政書士業務と密接に関連する諸法令、情報通信・個人情報保護、文章理解）」である。
　［注6］2000（平成12）年度施行の省令・告示に関しては、前田俊和（自治省行政課）「行政書士制度の変更について」地方自治632号・2000年7月号94頁以下参照。

（指定の基準）

第 4 条の 2　　総務大臣は、前条第 2 項の規定による申請が次の要件を満たしていると認めるときでなければ、同条第 1 項の規定による指定をしてはならない。

　一　職員、設備、試験事務の実施の方法その他の事項についての試験事務の実施に関する計画が試験事務の適正かつ確実な実施のために適切なものであること。

　二　前号の試験事務の実施に関する計画の適正かつ確実な実施に必要な経理的及び技術的な基礎を有するものであること。

　三　申請者が、試験事務以外の業務を行つている場合には、その業務を行うことによつて試験事務が不公正になるおそれがないこと。

2　総務大臣は、前条第 2 項の規定による申請をした者が、次の各号のいずれかに該当するときは、同条第 1 項の規定による指定をしてはならない。

　一　一般社団法人又は一般財団法人以外の者であること。

　二　第 4 条の 14 第 1 項又は第 2 項の規定により指定を取り消され、その取消しの日から起算して 2 年を経過しない者であること。

　三　その役員のうちに、次のいずれかに該当する者があること。

　　イ　この法律に違反して、刑に処せられ、その執行を終わり、又は執行を受けることがなくなつた日から起算して 2 年を経過しない者

　　ロ　第 4 条の 5 第 2 項の規定による命令により解任され、その解任の日から起算して 2 年を経過しない者

（指定の公示等）

第 4 条の 3　　総務大臣は、第 4 条第 1 項の規定による指定をしたときは、当該指定を受けた者の名称及び主たる事務所の所在地並びに当該指定をした日を公示しなければならない。

2　指定試験機関は、その名称又は主たる事務所の所在地を変更しよ
うとするときは、変更しようとする日の2週間前までに、その旨を
総務大臣に届け出なければならない。

3　総務大臣は、前項の規定による届出があつたときは、その旨を公
示しなければならない。

（委任の公示等）

第4条の4　第4条第1項の規定により指定試験機関にその試験事
務を行わせることとした都道府県知事（以下「委任都道府県知事」
という。）は、当該指定試験機関の名称、主たる事務所の所在地及
び当該試験事務を取り扱う事務所の所在地並びに当該指定試験機関
に試験事務を行わせることとした日を公示しなければならない。

2　指定試験機関は、その名称、主たる事務所の所在地又は試験事務
を取り扱う事務所の所在地を変更しようとするときは、委任都道府
県知事（試験事務を取り扱う事務所の所在地については、関係委任
都道府県知事）に、変更しようとする日の2週間前までに、その旨
を届け出なければならない。

3　委任都道府県知事は、前項の規定による届出があつたときは、そ
の旨を公示しなければならない。

（役員の選任及び解任）

第4条の5　指定試験機関の役員の選任及び解任は、総務大臣の認
可を受けなければ、その効力を生じない。

2　総務大臣は、指定試験機関の役員が、この法律（この法律に基づ
く命令又は処分を含む。）若しくは第4条の8第1項の試験事務規
程に違反する行為をしたとき、又は試験事務に関し著しく不適当な
行為をしたときは、指定試験機関に対し、その役員を解任すべきこ
とを命ずることができる。

行政書士試験研究センターの成り立ち

　1)　本 4 条の 2 により、指定試験機関の指定は、現総務大臣による「申請に対する行政処分」(行手法 2 条三号) であって (第 1 項)、申請者は「一般社団法人又は一般財団法人に関する法律」(2006 年。一般法人法) に基づく一般法人でなければならない (第 2 項一号)。指定試験機関には都道府県知事から試験事務の包括委任を受けうるという法定資格が与えられているので、「指定」は行政法学でいう「特許」処分 (包括的な権能を設定する行政処分) に当たり、そこで本条 1 項の書き振りでは法定要件を満たす申請に対して指定処分をするかどうかの行政裁量余地が有るようである。

　2)　現行法制下で実際に試験を実施している「財団法人行政書士試験研究センター」(適宜、試験センター、センターと略称) が成り立った過程は、以下のとおりである。

　　① 2000 (平成 12) 年 4 月 5 日、日本行政書士会連合会 (日行連) から、寄付書・寄附行為づきで財団法人 (民法旧 34 条に基づく) の設立許可申請

　　② 同年 4 月 14 日、自治大臣による同上許可

　　③ 同年 4 月 24 日、財団法人・試験センターの理事会が、試験機関の指定申請に必要な事業計画書・収支予算書、役員名簿等を確定

　　④ 同年 5 月 12 日、自治大臣による指定試験機関の指定

　　⑤ 同年 6 月 2 日自治省告示第 130 号により、指定試験機関センターの名称、事務所所在地等の公示

　　⑥ 同年 6 月 6 日、指定試験機関センターの試験事務規程、当初年度事業報告・収支予算、役員選任につき自治大臣の認可 (同年 7 月 8 日、試験委員の選任届出の受理)

試験研究センター役員の人事制度

　1)　法律上では指定試験機関は一般社団法人でもありうるが、実際に指定ずみの試験センターは旧財団法人であった。旧財団法人の役員人事に主務大臣が直接関与する法制にはなっていなかったが、国家試験の指定試験機関である財団法人センターの役員の選任・解任人事は総務大臣の認可事項と法定された

（本4条の5第1項）。

　試験センター役員の選任自体は、その「寄附行為」に従いセンター法人によって行なわれ、その氏名・年月日・理由を記した認可申請書が総務大臣に提出された（本法施行規則2条の4）。

　ただし解任にあっては、本法令や後掲の試験事務規程の違反または試験事務上不適当行為をした役員について、総務大臣がセンター法人に対して解任すべきとの命令を発することができる（本4条の5第2項）。この解任命令は、センター法人に対する行政処分であるが、実質的には役員個人の身分はく奪にかかわる不利益処分なので、行政手続法に基づく「聴聞」手続を経なければならない（同法13条1項一号ハ、4条2項かっこ書き）。

　2）「行政書士試験研究センター」の役員は、旧寄附行為に基づく、①理事長・常務理事をふくむ理事、②監事、③評議員であって、日行連の推せんによる行政書士のほか、弁護士・大学教授・行政公務員OB等の学識経験者（監事は“学経”のみ）が就任していた。

　もし、役員のなかに万一、本法違反で有罪になり受刑後2年たたない者や執行猶予中の者、また解任後2年をへない者がいるようであると、指定試験機関の指定が取り消されることになる（本4条の2第2項、4条の14第1項）。

試験研究センターの一般財団法人への移行

　一般法人法の整備法（2006年）によって、旧「財団法人」は民法特例法人となり（42条2項）、5年の移行期間内に（44条）、行政庁の認可を受けて一般法人法下の「一般財団法人」に移行するか（45条）、または公益法人認定法（2006年「公益社団法人及び公益財団法人の認定等に関する法律」）に基づく行政庁の公益認定を受けて「公益財団法人」となるか（整備法44条、99条1項）、を選ぶことになる。

　試験研究センターは、専門的検討を経たうえで、すでに本法に基づく行政認可の「指定試験機関」であること等を踏まえて、「一般財団法人」への移行認可を受ける途を選んだ。

　この「一般財団法人」化は2013年度からだが、新「定款」によるセンター

の改組を意味するが、行政書士試験が本法に基づく制度として編成されている面に直接大きく影響するところではないと目される。

　ただこうした機会に、同試験制度の今後における充実・発展をめざして、試験研究センターの組織拡充および試験科目・実施体制の改善が図られることが、大いに望ましい。

【本 4 か条の改正沿革】
①　本 4 条の 2、4 条の 3、4 条の 4、4 条の 5 は、1999（平成 11）年 7 月 16 日公布・翌年 4 月 1 日施行の地方分権一括法による本法改正で新設　②　2006（平成 18）年 6 月 2 日公布・2008（平成）年 12 月 1 日施行［一般法人法の整備法］＝本 4 条の 2 第 2 項一号の改正

　（試験委員）
第 4 条の 6　　指定試験機関は、総務省令で定める要件を備える者のうちから行政書士試験委員（以下「試験委員」という。）を選任し、試験の問題の作成及び採点を行わせなければならない。
2　指定試験機関は、試験委員を選任し、又は解任したときは、遅滞なくその旨を総務大臣に届け出なければならない。
3　前条第 2 項の規定は、試験委員の解任について準用する。

　（指定試験機関の役員等の秘密を守る義務等）
第 4 条の 7　　指定試験機関の役員若しくは職員（試験委員を含む。第 3 項において同じ。）又はこれらの職にあつた者は、試験事務に関して知り得た秘密を漏らしてはならない。
2　試験委員は、試験の問題の作成及び採点について、厳正を保持し不正の行為のないようにしなければならない。
3　試験事務に従事する指定試験機関の役員及び職員は、刑法（明治 40 年法律第 45 号）その他の罰則の適用については、法令により公務に従事する職員とみなす。

試験委員の資格および編成

1)　行政書士試験の出題・採点を実際に行なう「試験委員」になれる資格はもとより肝要である。指定試験機関による統一国家試験らしく、試験委員の資格要件は本4条の6第1項に基づき、総務省令である本法施行規則で規定されている。　①「大学において法学に関する科目を担当する教授若しくは准教授の職にあり、又はあった者」、　②「前号に掲げる者と同等以上の知識及び経験を有する者」（同規則2条の5第一・二号）。

現行の試験科目が「法令等」科目優先的に定められている関係で、第一号委員は法学担当の大学教授・准教授・名誉教授等とされており、この資格要件は、司法改革下に行政書士が“法律専門職種”と位置づけられているところからますます重視されるであろう。しかし、行政書士の業務が図面・書類作成を含めて多面にわたるところから、「一般教養」科目にも相当の意義があり、その試験委員の適格者は、大学・法学部の内外における学識者におられるにちがいない。第二号委員の定めにはそうした意味あいがある。

行政書士試験が本来「行政書士の業務に関し必要な知識及び能力」の判定を目的としていることからすれば（本法3条1項）、行政書士の制度や業務に精通した試験委員が望ましいにちがいないが、既存の大学人にそうした人は必ずしも多くはなく、むしろ本試験委員の体験に俟つべきところと見られ、また他方、司法試験とも並ぶ法律関係国家試験を担任するのにふさわしい大学人レベルであることが社会的に求められていることであろう。

2)　本4条の6第2項により、試験委員の選任は試験センターによってなされ総務大臣に届け出られる（本法施行規則2条の6で、氏名・経歴・選任理由づきの届け出。なお実際に、委員の肩書きつき名簿はセンターのホームページに公表されている）。

センターの認可ずみ「試験事務規程」（後出本法4条の8）において、試験委員は8人以上科目に応じてセンター理事長から選任され、試験問題および採点方針の決定は「試験委員会」で行なうものとされている（「行政書士試験委員会設置要綱」により、委員任期2年、委員長・副委員長は委員間の互選とされている）。統一国家試験としての社会的責任にかんがみ、試験問題作成の適正を確

保しうるような試験委員会の組織編成が不断に考慮されていくことが望ましい。

みなし公務員であるセンター役職員

1)　センターで試験事務に携わる役職員とは、前述の ① 法人「役員」、②「試験委員」のほか、③ センター事務局の「職員」として、事務局長・次長・課長・事務局員等である（定款、センター事務処理規則による）。広義の職員のなかには、試験委員会傘下の専門委員・専門調査員のほか、試験場責任者・試験場副責任者・試験監督員・試験本部員やセンター試験事務非常勤アルバイトも含まれるが、その範囲は法定の守秘義務者として重大である（同旨、詳解 96 頁）。

2)　本 4 条の 7 第 1 項にいう「試験事務に関して知り得た秘密を漏らしてはならない」守秘義務には、「1 年以下の懲役又は 50 万円以下の罰金」の罰則が課されている（20 条の 2）。これは受験者の個人情報保護および国家試験の公正確保のために当然であろう。

この守秘義務違反罪は、公務員の身分犯に類するものとも見られ、その適用とともに、センターの役職員は、刑法上の公務員関係犯罪（155・156 条の公文書偽造・虚偽公文書作成等、197 条の収賄等、95 条の公務執行妨害等）などの特別罰則適用を受ける "みなし公務員" であると、本 4 条の 7 第 3 項が明記している。すなわち刑法 7 条で「公務員」には国家・地方公務員のほか「法令に依り公務に従事する職員」を含めるとしているその "準公務員" と、センター役職員は試験事務に従事する限りで「みなす」とされているのである（同旨、詳解 96 頁）。

3)　さらに試験委員にあっては、試験問題の作成採点における厳正義務が書かれ（本 4 条の 7 第 2 項）、その違反に 30 万円以下の罰金刑が法定されている（22 条の 2）。また、試験委員が本法令違反や試験事務不適当行為をしたという場合、総務大臣からセンターあてに解任命令が出されうる点、前述の役員と同様である（本 4 条の 6 第 3 項。行手法に基づく本人聴聞手続も同じ）。

【本 2 か条の改正沿革】
①　前条の①と同じ

（試験事務規程）

第 4 条の 8　　指定試験機関は、総務省令で定める試験事務の実施に関する事項について試験事務規程を定め、総務大臣の認可を受けなければならない。これを変更しようとするときも、同様とする。

2　指定試験機関は、前項後段の規定により試験事務規程を変更しようとするときは、委任都道府県知事の意見を聴かなければならない。

3　総務大臣は、第 1 項の規定により認可をした試験事務規程が試験事務の適正かつ確実な実施上不適当となつたと認めるときは、指定試験機関に対し、これを変更すべきことを命ずることができる。

（事業計画等）

第 4 条の 9　　指定試験機関は、毎事業年度、事業計画及び収支予算を作成し、当該事業年度の開始前に（第 4 条第 1 項の規定による指定を受けた日の属する事業年度にあつては、その指定を受けた後遅滞なく）、総務大臣の認可を受けなければならない。これを変更しようとするときも、同様とする。

2　指定試験機関は、事業計画及び収支予算を作成し、又は変更しようとするときは、委任都道府県知事の意見を聴かなければならない。

3　指定試験機関は、毎事業年度、事業報告書及び収支決算書を作成し、当該事業年度の終了後 3 月以内に、総務大臣及び委任都道府県知事に提出しなければならない。

（試験事務に関する帳簿の備付け及び保存）

第 4 条の 10　　指定試験機関は、総務省令で定めるところにより、試験事務に関する事項で総務省令で定めるものを記載した帳簿を備え、保存しなければならない。

センターによる「試験事務規程」と試験実施体制

　すでに第 3 条のコメントで述べられたとおり、行政書士試験のしくみに関しては総務大臣権限による直接の定めが告示されており（平成 11 年自治省告示）、そこで試験の公示と期日、試験科目・試験方法、合格発表期日、合格証などのことが決められている。

　それを前提に本 4 条の 8 では、総務省令で定める事項につきセンターが「試験事務規程」をつくり総務大臣の認可を受けるものとした（その後の内容変更には委任都道府県知事の意見を聴く）。

　そしてセンターが 2000（平成 12）年度当初に定めた認可ずみの「試験事務規程」（全 29 か条）によると、本法施行規則が指示した記載事項（2 条の 7、9 項目）のうち、上記の告示事項以外の定めは次のようである。

　① センターの事務所および試験地、② センターの試験実施計画、③ 試験案内・受験願書、④ 受験申込み受付・受験票、⑤ 受験手数料の収納、⑥ 試験の実施組織、⑦ 試験問題の作成と答案の採点、⑧ 合格通知と合格者の公示、⑨ 帳簿・書類の安全保存、⑩ 実施細目の理事長決定（「肢体不自由者に係る行政書士試験特例措置実施要領」などがある）。

　⑥で、センター職員に該当する試験場責任者・試験場副責任者・試験監督員・試験本部員を擁する試験本部が各試験場ごとに設けられる旨定められており（15 条）、実際の試験場運営は都道府県行政書士会の協力を得てなされている。

　⑦において、試験の出題要件として（当然に合格基準となるわけではない）、法令等・一般教養の得点が各 50 ％ 以上で全得点が満点の 60 ％ 以上であるとされている（22 条 2 項）。択一式の得点で「合格基準を満たす可能性がない者については、記述式問題の採点を行わないことができる」（23 条 3 項）。

　試験後センターから都道府県に、「得点を記載した受験者一覧表」が報告される（本法施行規則 2 条の 11 第 2 項）。ここで「センターは、受験者の得点等に係る照会には応じないものとする」とされている（試験事務規程 26 条 2 項）。もっとも、公式の合否決定は都道府県知事の権限であり（本法 4 条 1 項、施行規則 2 条）、受験者は都道府県の個人情報保護条例に基づいて、都道府県知事が保有する合否決定関係公文書の本人開示請求をなしうる（それに対する応答

決定も知事権限に属する）ことが別途知られている。

センター法人の事業計画と試験帳簿保存義務

　1)　本4条の10に基づく総務省令の定めにより、センターが永久保存しておくべき試験事務に関する帳簿に記載する事項は、試験地・期日と得点づき受験者名簿だとされる（本法施行規則2条の10第1項。第3項で電磁的記録でもよい）。

　2)　センターは公的責任を負う指定試験機関として、本4条の9に従って、事業年度ごとに、総務大臣の認可を受ける事業計画と収支予算の作成をし、および同大臣・委任都道府県知事あてに事業報告書と収支決算書を提出しなければならない。

　センターの事業計画は大項目の編成で、そこに試験実施計画の根拠がある（その実施計画中に試験翌年1月中旬の試験問題の正解・正解例のホームページ公表の定めが見える）。またセンター寄附行為に、事務所備付け帳簿書類として、事業計画・報告書、収支予算・計算書、正味財産増減計算書、貸借対照表、財産目録が挙げられている。

【本3か条の改正沿革】
　①　前掲4条の2〜5の改正沿革①に同じ

　　（監督命令等）
　第4条の11　　総務大臣は、試験事務の適正な実施を確保するため必要があると認めるときは、指定試験機関に対し、試験事務に関し監督上必要な命令をすることができる。
　2　委任都道府県知事は、その行わせることとした試験事務の適正な実施を確保するため必要があると認めるときは、指定試験機関に対し、当該試験事務の適正な実施のために必要な措置をとるべきことを指示することができる。

（報告の徴収及び立入検査）

第 4 条の 12　　総務大臣は、試験事務の適正な実施を確保するため必要があると認めるときは、指定試験機関に対し、試験事務の状況に関し必要な報告を求め、又はその職員に、指定試験機関の事務所に立ち入り、試験事務の状況若しくは設備、帳簿、書類その他の物件を検査させることができる。

2　委任都道府県知事は、その行わせることとした試験事務の適正な実施を確保するため必要があると認めるときは、指定試験機関に対し、当該試験事務の状況に関し必要な報告を求め、又はその職員に、当該試験事務を取り扱う指定試験機関の事務所に立ち入り、当該試験事務の状況若しくは設備、帳簿、書類その他の物件を検査させることができる。

3　前 2 項の規定により立入検査をする職員は、その身分を示す証明書を携帯し、関係人の請求があつたときは、これを提示しなければならない。

4　第 1 項又は第 2 項の規定による立入検査の権限は、犯罪捜査のために認められたものと解釈してはならない。

（試験事務の休廃止）

第 4 条の 13　　指定試験機関は、総務大臣の許可を受けなければ、試験事務の全部又は一部を休止し、又は廃止してはならない。

2　総務大臣は、指定試験機関の試験事務の全部又は一部の休止又は廃止により試験事務の適正かつ確実な実施が損なわれるおそれがないと認めるときでなければ、前項の規定による許可をしてはならない。

3　総務大臣は、第 1 項の規定による許可をしようとするときは、関係委任都道府県知事の意見を聴かなければならない。

4　総務大臣は、第 1 項の規定による許可をしたときは、その旨を、関係委任都道府県知事に通知するとともに、公示しなければならな

い。

（指定の取消し等）

第 4 条の 14　　総務大臣は、指定試験機関が第 4 条の 2 第 2 項第一号又は第三号に該当するに至つたときは、その指定を取り消さなければならない。

2　総務大臣は、指定試験機関が次の各号のいずれかに該当するときは、その指定を取り消し、又は期間を定めて試験事務の全部若しくは一部の停止を命ずることができる。

一　第 4 条の 2 第 1 項各号の要件を満たさなくなつたと認められるとき。

二　第 4 条の 6 第 1 項、第 4 条の 9 第 1 項若しくは第 3 項、第 4 条の 10 又は前条第 1 項の規定に違反したとき。

三　第 4 条の 5 第 2 項（第 4 条の 6 第 3 項において準用する場合を含む。）、第 4 条の 8 第 3 項又は第 4 条の 11 第 1 項の規定による命令に違反したとき。

四　第 4 条の 8 第 1 項の規定により認可を受けた試験事務規程によらないで試験事務を行つたとき。

五　不正な手段により第 4 条第 1 項の規定による指定を受けたとき。

3　総務大臣は、前 2 項の規定により指定を取り消し、又は前項の規定により試験事務の全部若しくは一部の停止を命じたときは、その旨を、関係委任都道府県知事に通知するとともに、公示しなければならない。

（委任の撤回の通知等）

第 4 条の 15　　委任都道府県知事は、指定試験機関に試験事務を行わせないこととするときは、その 3 月前までに、その旨を指定試験機関に通知しなければならない。

2　委任都道府県知事は、指定試験機関に試験事務を行わせないこと

としたときは、その旨を公示しなければならない。

（委任都道府県知事による試験事務の実施）

第4条の16　　委任都道府県知事は、指定試験機関が第4条の13第
1項の規定により試験事務の全部若しくは一部を休止したとき、総
務大臣が第4条の14第2項の規定により指定試験機関に対し試験
事務の全部若しくは一部の停止を命じたとき、又は指定試験機関が
天災その他の事由により試験事務の全部若しくは一部を実施するこ
とが困難となつた場合において総務大臣が必要があると認めるとき
は、第4条第3項の規定にかかわらず、当該試験事務の全部又は一
部を行うものとする。

2　　総務大臣は、委任都道府県知事が前項の規定により試験事務を行
うこととなるとき、又は委任都道府県知事が同項の規定により試験
事務を行うこととなる事由がなくなつたときは、速やかにその旨を
当該委任都道府県知事に通知しなければならない。

3　　委任都道府県知事は、前項の規定による通知を受けたときは、そ
の旨を公示しなければならない。

（試験事務の引継ぎ等に関する総務省令への委任）

第4条の17　　前条第1項の規定により委任都道府県知事が試験事
務を行うこととなつた場合、総務大臣が第4条の13第1項の規定
により試験事務の廃止を許可し、若しくは第4条の14第1項若し
くは第2項の規定により指定を取り消した場合又は委任都道府県知
事が指定試験機関に試験事務を行わせないこととした場合における
試験事務の引継ぎその他の必要な事項は、総務省令で定める。

試験事務の適正執行に関する法制度的保障

　本4条の11から同17までは、一見してかなり異例の事態を想定しての定めである。実際には、総務省自治行政局行政課と都道府県庁から試験センターへの連絡・協議・指導（本4条の12第1・2項の報告要求をふくむ）で、ここに法定された事態は防止されるであろう。

　それでは本7か条の意味あいは何かというと、試験センターが国家試験事務を適正に執行していくことの外枠的な法制度的保障を示しているものと解される。

監督庁である総務大臣の諸権限

（1）　試験センターに対する通常監督権限

　すでにコメントされた諸法条に基づき、指定試験機関の指定権者である総務大臣は、試験センターに対し監督行政庁として通常監督権限を有している。

　①役員の選任・解任の認可（4条の5第1項）、②試験委員の選任届受理（4条の6第1項）、③試験事務規程変更の認可（4条の8第1項後段）、④事業計画・収支予算の認可、事業報告書・収支決算書の受理（4条の9）、⑤備付け試験事務帳簿等の省令規定（4条の10）。

（2）　試験センターに対する緊急監督権限

　上記の本7か条等に基づく異例的な法定監督権限を整理しておく。

　①試験事務実施上の「監督命令」（4条の11第1項）、②立入検査（4条の12第1項）、③試験事務規程の変更命令（4条の8第3項）、④役員・試験委員の解任命令（4条の5第2項、4条の6第3項）、⑤試験事務休廃止の許可・公示（4条の13第1・2・4項）、⑥都道府県による試験実施の必要認定・公示（4条の16第1項）、⑦指定取消しまたは試験事務の停止命令（4条の14）。

　なお、②の立入検査（後述の知事権限も同様）は、不当拒否罪の罰則（22条の3第2項）にうらづけられた間接強制型と解されるが、それに関する詳論は、のちの行政書士事務所に対する立入検査制（13条）のコメントにゆずる。

事務委任者である都道府県知事の権限

（1）　試験センターに対する通常関与権限

すでに述べられたとおり都道府県知事は、法定自治事務である試験施行の大部分を指定試験機関であるセンターに委任している事務委任者であって、その立場でセンター法人に対する試験事務関与権を有している。それを前項目にならって、通常的関与権から整理してみる。

① 試験事務規程の変更・事業計画等への意見提出（4条の8第2項、4条の9第2項）、② 事業報告書・収支決算書の受理（4条の9第3項）、③ センター事務所所在地変更の届出受理・公示（4条の4第2・3項）。

（2）　試験センターに対する緊急関与権限

① 試験事務実施上の「指示」（4条の11第2項）、② 立入検査（4条の12第2項）、③ 試験事務休廃止への意見提出（4条の13第2項）、④ 試験事務委任の撤回・公示、試験実施（4条の15・16）、⑤ 試験実施に際しての事務引継ぎ（4条の17、本法施行規則2条の13）。

なお、知事の指示と上記大臣の監督命令がもし矛盾した場合は大臣命令が優越するとの解釈が示されており（詳解100頁）、事柄の性質上そう解すべき場合があると考えられるが、試験施行が都道府県の法定自治事務であることにかんがみれば、先行する指示を考える知事と総務大臣はよく協議し、矛盾事態を生じないようにすべきものであろう。

【本7か条の改正沿革】
①　前掲4条の2〜5の改正沿革①に同じ

> **（指定試験機関がした処分等に係る審査請求）**
>
> **第4条の18**　　指定試験機関が行う試験事務に係る処分又はその不
> 作為については、総務大臣に対し、審査請求をすることができる。
> この場合において、総務大臣は、行政不服審査法（平成26年法律
> 第68号）第25条第2項及び第3項、第46条第1項及び第2項、
> 第47条並びに第49条第3項の規定の適用については、指定試験機
> 関の上級行政庁とみなす。

4条の18と行政不服審査法との関係

　指定試験機関の実体は、財団法人・試験センターであるので、その試験事務
施行上の行為が行政処分に当るかどうか本法の規定からは定かでない。しかし
本条はその解釈規定でもあって、受験者の権利利益を一方的に左右するセンタ
ーの行為は行政庁の「処分」（および申請諾否を長く応答しないと「不作為」）に
該当するとしたうえで、行政不服審査法（行服法）の原則どおりのセンター
（理事長が代表者）に対する「審査請求」（4条一号）ではなく、総務大臣あての
「審査請求」をなしうるものと特例規定していることになる。第三者的不服審
査をもたらす趣旨と解されよう。そこでセンターへの「再調査の請求」は特別
規定がなくできない（行服法5条1項本文）。

　次項に述べるセンター試験事務行政処分の「審査請求」を受ける総務大臣は、
すでに記したとおり、指定試験機関の指定権者であり役員人事認可権を有する
ほか、監督命令権を法定されているので（4条の11第1項）、指定試験機関の
監督庁だと解されるが、なお包括的な指揮命令権を持つ上級行政庁そのもので
はない。

　しかし実質上限りなく上級行政庁に近いので、行政不服審査法上「審査庁」
の上級庁的権限行使（25条2・3項＝「執行停止」、46条1・2項＝47条＝49条3
項＝審査請求の認容措置）を適用すべく、本条後段で、総務大臣を「上級行政
庁とみなす」と定めているのである。

審査請求ができるセンターの処分

　行服法 7 条 1 項十一号の除外規定により、「もっぱら人の学識技能に関する試験……の結果についての処分」は不服申立ての対象にならないので、都道府県知事権限としてなされセンターが通知事務を行なう「不合格の決定」には、行服法による不服申立てはできず、本条もそれを変更する効果を有していない。

　そこで、本条に基づいて総務大臣への審査請求ができるセンターの処分とは、受験申請の不受理や受験票の不送付、意に反する試験場の指定などであると解されている（詳解 108 頁）。

　なおちなみに、試験不合格処分に関する取消訴訟ないし国家賠償訴訟は全く不適法ではないとしても、国家試験合否決定の学術専門性から原則的に司法審査になじまないというのが最高裁判所の判例になっている[1]。

【本条の改正沿革】
①　前掲 4 条の 2〜5 の改正沿革①に同じ　②　2014（平成 26）年 6 月 13 日公布・2016 年 4 月施行＝改正行服法下の審査庁・総務大臣にみなし上級庁権限法定

　[注 1]　技術士試験不合格事件に関する最高判昭 41・2・8 民集 20 巻 2 号 196 頁によれば、「国家試験における合格、不合格の判定も学問または技術上の知識、能力、意見等の優劣、当否の判断を内容とする行為であるから、その試験実施機関の最終判断に委せられるべきものであって、その判断の当否を審査し具体的に法令を適用して、その争を解決調整できるものとはいえない」。

> **（手数料）**
> **第 4 条の 19**　　都道府県は、地方自治法（昭和 22 年法律第 67 号）
> 第 227 条の規定に基づき行政書士試験に係る手数料を徴収する場合
> においては、第 4 条第 1 項の規定により指定試験機関が行う行政書
> 士試験を受けようとする者に、条例で定めるところにより、当該手
> 数料を当該指定試験機関へ納めさせ、その収入とすることができる。
> **第 5 条**（削除）

都道府県事務手数料からセンターの受験手数料へ

　行政書士試験の施行は本法上都道府県の法定自治事務であって（3 条 2 項）、ためにいわゆる受験料は、地方自治法にいう自治体の事務「手数料」に当り（同法 227 条）、条例で金額を定めることになる（同 228 条 1 項前段）。もっとも国家試験の受験手数料として、「全国的に統一して定めることが特に必要と認められる」標準事務手数料に当るので（同 228 条 1 項後段）、「地方公共団体の手数料の標準に関する政令」（令 5・9・6 公布）によって標準額が 10,400 円と定められ（表 44 号）、都道府県の手数料条例でもすべて 10,400 円に統一されている。

　しかし本法 4 条に基づいて実際の試験事務実施は指定試験機関・試験センターが受任して行なうので、本条はそれを想定して、受験手数料をセンターの収入として収納できるむね都道府県条例[1] で定めうるものと規定したのである。そこで毎年度のセンター試験案内において、10,400 円の“受験手数料”をセンターの所定口座に払い込むことが記されている。

【本 2 か条の改正沿革】
①　前掲 4 条の 2〜5 の改正沿革に同じ　②　旧第 5 条の削除は、2003（平成 15）年 7 月の「行政書士法人」創設の改正に伴い「欠格事由」条項を 2 条の 2 に移したことによるもの

[注 1]　たとえば東京都行政書士試験手数料条例 4 条で受験「手数料」10,400 円（3 条）は、指定試験機関に納めその収入とするむね規定している。

第3章 登　　録

（登　録）

第6条　　行政書士となる資格を有する者が、行政書士となるには、行政書士名簿に、住所、氏名、生年月日、事務所の名称及び所在地その他日本行政書士会連合会の会則で定める事項の登録を受けなければならない。

2　行政書士名簿は、日本行政書士会連合会に備える。

3　行政書士名簿の登録は、日本行政書士会連合会が行う。

（登録の申請及び決定）

第6条の2　　前条第1項の規定による登録を受けようとする者は、行政書士となる資格を有することを証する書類を添えて、日本行政書士会連合会に対し、その事務所の所在地の属する都道府県の区域に設立されている行政書士会を経由して、登録の申請をしなければならない。

2　日本行政書士会連合会は、前項の規定による登録の申請を受けた場合において、当該申請者が行政書士となる資格を有し、かつ、次の各号に該当しない者であると認めたときは行政書士名簿に登録し、当該申請者が行政書士となる資格を有せず、又は次の各号の一に該当する者であると認めたときは登録を拒否しなければならない。この場合において、登録を拒否しようとするときは、第18条の4に規定する資格審査会の議決に基づいてしなければならない。

一　心身の故障により行政書士の業務を行うことができない者

二　行政書士の信用又は品位を害するおそれがある者その他行政書士の職責に照らし行政書士としての適格性を欠く者

3　日本行政書士会連合会は、前項の規定により登録を拒否しようと
するときは、あらかじめ、当該申請者にその旨を通知して、相当の
期間内に自ら又はその代理人を通じて弁明する機会を与えなければ
ならない。

4　日本行政書士会連合会は、第2項の規定により登録をしたときは
当該申請者に行政書士証票を交付し、同項の規定により登録を拒否
したときはその旨及びその理由を当該申請者に書面により通知しな
ければならない。

（登録を拒否された場合等の審査請求）

第6条の3　　前条第2項の規定により登録を拒否された者は、当該
処分に不服があるときは、総務大臣に対して審査請求をすることが
できる。

2　前条第1項の規定による登録の申請をした者は、当該申請をした
日から3月を経過しても当該申請に対して何らの処分がされない場
合には、当該登録を拒否されたものとして、総務大臣に対して審査
請求をすることができる。この場合においては、審査請求があつた
日に日本行政書士会連合会が同条第2項の規定により当該登録を拒
否したものとみなす。

3　前2項の場合において、総務大臣は、行政不服審査法第25条第2
項及び第3項並びに第46条第2項の規定の適用については、日本
行政書士会連合会の上級行政庁とみなす。

（変更登録）

第6条の4　　行政書士は、第6条第1項の規定により登録を受けた
事項に変更を生じたときは、遅滞なく、所属する行政書士会を経由
して、日本行政書士会連合会に変更の登録を申請しなければならな
い。

行政書士の日行連「登録」制の意義

1)　本法の制定当初は、行政書士名簿は各都道府県に備え、登録事務は各都道府県知事が行なうことになっていたが、これは行政書士資格が各都道府県の区域内だけの通用であることとつながっていた。1971年の法改正で登録事務が都道府県知事から行政書士会に移管されても同様であった。しかし1983（昭和58）年の法改正で、前述のとおり全国通用資格をうらづける国家試験制となったのに連動して、1985（昭和60）年の本6条改正により、登録の事務・権限が各都道府県行政書士会から日本行政書士会連合会（日行連）に移管され、日行連に「行政書士名簿」（6条1・3項）を備えるとともに「資格審査会」制（18条の4）を設けて登録申請審査を行なうしくみとなっている[1]。そしてこれに、1983年改正による"登録即入会"制（16条の5第1項）が連動し、行政書士の登録・開業が法定行政書士団体と制度的一体であるということになった。

　登録を認められた書士には、「行政書士証票」（本6条の2第4項）、「行政書士登録証」（日行連会則48条）とともに「行政書士徽章」（日行連規則に基づく）が交付される。

　なお、登録申請書の添付書類については、日行連の会則（40条2項一～八号、3項）に掲げられ、行政書士資格を証する書面のほか、履歴書その他の身上書類（戸籍抄本、住民票写し）、「成年被後見人、被保佐人としての登記がされていないことの証明書」、身分証明書や登録免許税の納付証書である。

2)　本6条の4にいう「変更登録」も、日行連登録制の一環である。1985年改正前の各行政書士会登録制にあっては、行政書士事務所を他の都道府県内に移転すると、そこの行政書士会名簿に"登録移転"（移転登録）しなければならなかった。しかし日行連登録制では、既存の名簿登録について、新規申請と同じく事務所移転先の行政書士会を経由して、「変更登録」（登録変更）をするので足りる。

[注1]　円奈勝治（自治省行政課）「行政書士法の一部改正について」地方自治453号・1985年8月号99頁以下参照。

登録条件である行政書士の適格性

1)　実は日行連登録制においては、行政書士の"開業適格性"を登録時に個別判定するものと本6条の2第2項で法定され、有資格者であっても日行連の登録条件審査をクリアーしてはじめて「行政書士証票」の交付を受けられる（同条第4項）。このしくみは、登録即入会制とともに、行政書士の開業・業務実施を法定の行政書士団体の規律下に置く趣旨を含意していると解される。

本6条の2第2項が登録拒否事由の形で定めている登録条件は、心身の故障による業務不能（一号）に当らない"心身条件"と、信用・品位等で不適格（二号）ではないという"信用品位条件"とである。

2)　"心身的不適格"に関しては、前述した2条の2第二号の欠格事由に改正民法上の「成年被後見人又は被保佐人」のみが挙げられ、初期の認知症などによる「被補助人」（民法14・16条）については、日行連の個別登録審査にゆだねられる趣旨と解されている（詳解115頁、参照）。この被補助人を含め、心身条件に関する開業適格性の審査は、障害者の社会的処遇と行政書士業務に対する社会的信用確保との詳密な衡量判断によるべきところと考えられる。

また"信用品位条件"は、本法が「信用又は品位」を守るべき行政書士の責務を規定し（10条）、「行政書士たるにふさわしくない重大な非行があったとき」に都道府県知事による業務の禁停止処分を予定していること（14条1項）、に関連している。たとえば交通犯罪などで罰金刑に処せられた場合、前記の欠格事由には当らないが、その罪状が行政書士としての信用を害するとして登録拒否の理由になることはありえよう。

日行連による登録拒否に先きだつ「弁明の機会」

日行連が登録を拒否した場合、それが行政庁の処分（行政処分）に当ることは、後述する総務大臣あて審査請求ができるむねの規定（6条の3第1項）によって法定されている。そしてそれは行政手続法（行手法）にいう「申請拒否処分」（2条三号、8条）の一種であるが、同法ではその事前手続を定めてはいない。しかし登録拒否処分は、行政書士の有資格者に対しても、上記の心身・信用品位条件を満たさないとの理由でなされうるので、申請者の手続法的保障

が必要だとして、本法では資格審査会の議決（6条の2第2項）のほか、「弁明する機会」を特例的に規定している（同条第3項）。

　本法は「弁明」手続に関して、事前通知と申請者本人または代理人の弁明を書いているだけであるが、そのあり方は、行手法が一般の「不利益処分」に先きだつ「弁明の機会」について定めているところ（同法29・30条）を参考とすべきであろう。

　この点、日行連の「行政書士登録事務取扱規則」によると、日行連が登録拒否の原案を有したときは「登録拒否予告通知書」を出し、それに対して所定期間内に「弁明書」を提出するものとされる（11・12条）。そして「弁明を認めることができないとき」に登録拒否処分が決定される（13条）。

　ところで、この登録拒否原案を固めるのが「資格審査会の議決」であるが、日行連会則によると、関係行政書士会は、「登録申請書の進達にあたっては、当該申請者の登録に関し必要な調査を行ない、その調査に関する資料を添付するとともに、単位会の会長の意見を付するものとする」（会則42条）。

　そして、上記の登録拒否予告通知書には、申請拒否原案の理由が十分具体的に記されているべきものと解される（行手法30条二号の「処分の原因となる事実」の類推）。

登録拒否を争う総務大臣への「審査請求」

　1）　日行連は法定法人とはいえ行政処分を行なう行政庁に該当するかは解釈上定かではないため（詳解119頁、参照）、本6条の3第1項で登録拒否は「行政不服審査法による審査請求」のできる行政処分であると確認規定するとともに、総務大臣が特例的に審査庁となることを併せ創設規定したのである。

　総務大臣は、日行連に対して報告要求・勧告の監督権を有するが（本法18条の6）、登録事務に関し指揮監督権ある上級行政庁ではない。そこで本6条の3第1項にいう「審査請求」は、上級庁でない行政庁に対し第三者的不服審査を求める特例法定の場合（行服法4条）であると見られる。なお、日行連が登録拒否処分を申請者に通知する際には、原則3か月以内に総務大臣あての審査請求をなしうるむねの教示をしなければならない（同法82条1項）。

2)　本6条の3第2項によると、申請日から3か月すぎても登録・拒否処分を日行連が決めない"不作為"の場合には、申請者は総務大臣あてに拒否処分取消しの審査請求をすることができ、その場合は審査請求日に拒否処分があったものとみなされる。本条項の書き方はいささか奇異であって、ふつうは申請者が一定日数後には拒否処分があったものと「みなすことができる」という定め方である（生活保護法24条4項＝保護申請後30日、肥料取締法34条1項＝登録申請後50日など）。本条項により3か月後に登録拒否処分が当然あったものとみなされるわけではなく、申請者は日行連の登録措置を待ってもよい。が、申請者が審査請求をしたら、日行連は総務大臣の前でみなし拒否処分を弁護しなければならないのである。

3)　一般に行服法によれば、審査庁が上級行政庁であるときは裁決で原処分を審査請求人に有利に変更することもできるが（46条2項一号、48条）、総務大臣は日行連の上級行政庁ではない。

しかし、登録拒否を不服審査する行政庁として、「執行停止」権限および、拒否処分を取り消す際に日行連に登録「処分をすべき旨を命ずる」権限を持つことが適当である限り、総務大臣を「上級庁とみなす」のがよいであろう（本6条の3第3項による行服法25条2・3項、46条2項の適用）。

【本4か条の改正沿革】
①　現行の本4か条が成ったのは、1985（昭和60）年10月23日公布・翌年4月1日施行の改正（当初の自治大臣権限が2001年に総務大臣へ）　②　2014（平成26）年6月13日公布・2016年4月施行＝改正行服法下の審査庁・総務大臣の上級行政庁みなし

（登録の取消し）

第6条の5　　日本行政書士会連合会は、行政書士の登録を受けた者が、偽りその他不正の手段により当該登録を受けたことが判明したときは、当該登録を取り消さなければならない。

2　日本行政書士会連合会は、前項の規定により登録を取り消したときは、その旨及びその理由を当該処分を受ける者に**書面により**通知

しなければならない。

3　第6条の2第2項後段並びに第6条の3第1項及び第3項の規定
は、第1項の規定による登録の取消しに準用する。この場合におい
て、同上第3項中「第46条第2項」とあるのは、「第46条第1項」
と読み替えるものとする。

（登録の抹消）

第7条　　日本行政書士会連合会は、行政書士の登録を受けた者が次
の各号のいずれかに該当する場合には、その登録を抹消しなければ
ならない。

一　第2条の2第二号から第四号まで又は第六号から第八号までに
掲げる事由のいずれかに該当するに至つたとき。

二　その業を廃止しようとする旨の届出があつたとき。

三　死亡したとき。

四　前条第1項の規定による登録の取消しの処分を受けたとき。

2　日本行政書士会連合会は、行政書士の登録を受けた者が次の各号
のいずれかに該当する場合には、その登録を抹消することができる。

一　引き続き2年以上行政書士の業務を行わないとき。

二　心身の故障により行政書士の業務を行うことができないとき。

3　第6条の2第2項後段、第6条の3第1項及び第3項並びに前条
第2項の規定は、前項の規定による登録の抹消について準用する。
この場合において、第6条の3第3項中「第46条第2項」とある
のは、「第46条第1項」と読み替えるものとする。

（行政書士証票の返還）

第7条の2　　行政書士の登録が抹消されたときは、その者、その法
定代理人又はその相続人は、遅滞なく、行政書士証票を日本行政書
士会連合会に返還しなければならない。行政書士が第14条の規定
により業務の停止の処分を受けた場合においても、また同様とする。

　2　日本行政書士会連合会は、前項後段の規定に該当する行政書士が、行政書士の業務を行うことができることとなつたときは、その申請により、行政書士証票をその者に再交付しなければならない。

（特定行政書士の付記）
第7条の3　日本行政書士会連合会は、行政書士が第1条の3第2項に規定する研修の課程を修了したときは、遅滞なく、当該行政書士の登録に特定行政書士である旨の付記をしなければならない。
　2　日本行政書士会連合会は、前項の規定により行政書士名簿に付記をしたときは、その旨を当該行政書士に書面により通知しなければならない。

（登録の細目）
第7条の4　この法律に定めるもののほか、行政書士の登録に関し必要な事項は、日本行政書士会連合会の会則で定める。

行政書士の登録取消処分とその手続

　1)　登録の抹消と取消しとは、本来はその法効果が異なる。本7条に基づく「抹消」は、将来に向っての登録行政処分の"撤回・廃止"を意味するのに対し、本6条の5に基づく「取消し」は登録を遡って失効させる場合である。
　たしかに、行政書士の欠格事由に当る無資格者であることが登録後に判明した場合は、事の性質上登録の抹消でなく取消しに適する。そして、その登録行政処分の無効論も成り立ちうるが、無資格者も登録して行政書士業務を行なうとそこに第三者法律関係を生じその効果を全て覆滅することはできがたい。加えて、本6条の5第1項の明文では、登録が「偽りその他不正の手段」による場合の取消処分のみが規定されている。本条項をそう入した1985（昭和60）年改正は、無資格判明者の登録抹消問題に発したとされるのだが（自治省行政課・円奈勝治「行政書士法の一部改正について」地方自治453号・1985年8月号

102-3頁）、本条項は「虚偽・不正登録」を取消事由と書いたため、なお法解釈の余地を残している。

2)　無資格者の故意の虚偽申請登録については、その後1997（平成9）年改正により懲役罰則が定められているが（21条一号）、無資格申請の故意・過失の別は、たとえば公務員勤務・行政事務従事年数などにかんがみるとケースによって微妙であろう。本6条の5第1項にいう「虚偽・不正」申請には私文書偽造なども含まれるが、その事実認定も係争になりえよう。そこで同条3項の準用規定では、登録拒否の事前手続である日行連「資格審査会」の議決（6条の2第2項後段）を必要的とし、かつ事後に総務大臣審査請求（6条の3第1・3項）も可としているのである。

そしてこの点は、行政手続法（行手法）の手続規定の適用問題に連動する。登録取消しが「名あて人の資格又は地位を直接にはく奪する不利益処分」に該当し、かつ「その資格の不存在……の事実が……客観的な資料により直接証明されたもの」でない場合であるとき、「聴聞」が必要的となると解される（行手法13条1項一号ロ、2項二号。上記本法6条の5第3項で、「弁明の機会」の6条の2第3項は準用されていない）。

現に、日行連の「行政書士登録事務取扱規則」において「登録の取消しをしようとするときに、聴聞を行わなければならない」とし（22条1項）、「聴聞等手続規則」で聴聞審理の公開原則も定められている（9条）。

3)　虚偽・不正申請でない過失の無資格登録者については、本6条の5によらず解釈上当然に登録取消処分をなし得、ただその場合は処分日から3年の欠格事由（2条の2第六号）には当らずその間に有資格となれば再登録されうると解されている（詳解124頁、円奈・前掲論説103頁）。

しかし、本条項と別に登録取消処分を条理解釈上可とすることは、本条項の事前・事後手続が類推されないかぎり問題が大きい。この点に関する筆者の解釈は、次項のコメントにおいて述べたい。

行政書士の登録抹消処分とその事由および手続

1)　本7条に基づき行政書士の登録を日行連が「抹消」する措置の実質は、

その事由によってかなり異なる。

a) 行政書士の死亡または廃業の届出に基づく登録の抹消は、争いや行政処分性を敢えて想定しなくてもよいであろう。むしろ本法施行規則（12条）における、本人または四親等内の遺族・同世帯者からの、行政書士会を経由した日行連届出義務が重要なしくみである。

b) 前6条の5に基づき登録取消しを受けた者の登録抹消も、当然の後行処分であって新たな係争性は考えられない。行手法上も聴聞不要な場合（前述の13条2項二号）に該当していよう。

c) 上記と未成年者であること以外の欠格事由（2条の2第二〜五号、七・八号）に該当してしまった事実が上記の手続で届け出られた場合の登録抹消も、ふつうは係争性に乏しいであろう（後述する場合を別として）。

d) 本7条2項が日行連に授権している、2年以上の継続的不就業および心身の故障による業務不能な場合における登録抹消処分にあっては、その事実認定・評価をめぐって大いに判断の余地がありえ、ために資格審査会の議決の事前手続と総務大臣審査請求とが準用されている（本7条3項）。そうである以上、行手法に則った「聴聞」手続が適用になる（同法13条1項一号ロに該当する）。

　現に、日行連の前記「登録事務取扱規則」により、「法7条2項による行政書士の登録を抹消しようとするときは、聴聞を行わなければならない」とされている（23条1項）。この場合に、聴聞通知書において「処分の原因となる事実」（行手法15条1項二号）を十分具体的に記載することが肝要である。

　　上記の「心身の故障」による業務不能な場合を抹消事由に加えたのは、前述した登録拒否事由に改正民法上の「被補助人」をはじめとする心身的不適格者を含むものとされているのと同趣旨で、1999（平成11）年改正による。しかし登録申請拒否とは異なり、長く現役であった行政書士の「心身の故障」を問う場面なので、2年以上不就業の抹消事由の場合とともに、所属行政書士会の調査による進達という運用が適するはずであろう。その上での本人聴聞権の保障である。

　2）　さて前項のコメントで問題になった、本人過失による無資格登録者につ

いては、法条外に登録取消処分を認めるのでなく、本 7 条 1 項一号にいう欠格事由に「該当するに至ったとき」を、広義に解してそれに含まれるとして手続的保障づきで登録抹消処分をなしうるもの、と筆者は解釈する。

登録における特定行政書士の付記

2014 年の改正 1 条の 3 第 2 項によって、行政「不服申立て」代理の業務を為しうるのは、日行連の会則に基づく所定「研修」を修了した有資格の行政書士、すなわち「特定行政書士」に限ることとされているので、本 7 条の 3 第 1 項に基づき、特定行政書士である旨を登録時に行政書士名簿（6 条 1・3 項）に付記するものとされたのは、当然であろう（2019 年 2 月当時、行政書士 4 万 8 千人のうち特定行政書士は 3800 人余であった）。

しかしながら、「登録」の根拠規定は 6 条および 6 条の 2 ならびに 6 条の 4 であるから、「特定行政書士の付記」は 6 条の 2 第 5 項および 6 条の 4 第 2 項あたりに位置づけるべきであった。

6 条の 3 以降は登録の拒否・取消し・抹消にかかわる諸規定ゆえ、「特定行政書士の付記」を 7 条の 3 に位置づけたのは、登録の細目を日行連会則に委任する 7 条の 4 に前置したにしても、分かりにくく適当でなかったと思われる。

日行連会則への登録細目事項の委任

本 7 条の 4 が 1971（昭和 46）年に新設されたときは、都道府県規則への委任であったが、1985（昭和 60）年改正により、登録処分権限を有するにいたった日行連の会則に「登録の細目」の定めが委任されている。

会則への委任事項は、登録の申請・取消し・抹消、行政書士名簿その他と認められ、さらに会則に独自に定められた主要事項は登録「手数料」であって、登録 25,000 円、所属行政書士会変更 5,000 円、登録事項変更 4,000 円等とされている。

【本 5 か条の改正沿革】
○　本 6 条の 5 は、①　1985（昭和 60）年 6 月 14 日公布・翌年 4 月 1 日施行の改正で新設　②　2014（平成 26）年 6 月 13 日公布・2016 年 4 月施行＝改正行服法下の適用諸条読

み替え（7条3項も同じ）

○　本7条は、①　1971（昭和46）年6月4日公布・72年12月1日施行改正で2年不就業抹消の2項を追加　②　1985年上記改正で日行連権限　③　1999（平成11）年12月8日公布・翌年4月1日施行改正（民法改正関係）で2項に心身故障抹消事由を追加　④　2008（平成20）年1月17日公布・7月1日施行で、抹消事由に欠格条項改正を組み入れ

○　本7条の2は、①　2001年6月27日公布・翌年7月1日施行改正で、行政書士証票の導入により新設

○　本7条の3は、2014（平成26）年6月27日公布・12月27日施行の本法改正（1条の3第2項に伴なう）で新設

○　本7条の4（旧7条の3）は、①　1971年上記改正で新設　②　1985年上記改正で都道府県規則から日行連会則への委任へ　③　2014年上記改正で7条の4に繰下げ、一部改正

第4章　行政書士の義務

（事務所）

第8条　行政書士（行政書士の使用人である行政書士又は行政書士法人の社員若しくは使用人である行政書士（第3項において「使用人である行政書士等」という。）を除く。次項、次条、第10条の2及び第11条において同じ。）は、その業務を行うための事務所を設けなければならない。

2　行政書士は、前項の事務所を2以上設けてはならない。

3　使用人である行政書士等は、その業務を行うための事務所を設けてはならない。

（帳簿の備付及び保存）

第9条　行政書士は、その業務に関する帳簿を備え、これに事件の名称、年月日、受けた報酬の額、依頼者の住所氏名その他都道府県知事の定める事項を記載しなければならない。

2　行政書士は、前項の帳簿をその関係書類とともに、帳簿閉鎖の時から2年間保存しなければならない。行政書士でなくなつたときも、また同様とする。

【関係条項】

第13条の22（第1項）　都道府県知事は、必要があると認めるときは、……当該職員に行政書士又は行政書士法人の事務所に立ち入り、その業務に関する帳簿及び関係書類を……検査させることができる。

第23条（第1項）　第9条……の規定に違反した者は、100万円以下の罰金に処する。

行政書士事務所の法的意義

1)　2004（平成16）年8月施行の本法改正に基づく「行政書士法人」の制度が発足して、事務所の法的しくみが、"独立個人行政書士" と行政書士法人ないし「使用人」行政書士とで、かなり異なる次第となり、本8条1・2項は"独立個人行政書士"（以下たんに "個人行政書士" という）の事務所に関する定めである。本8条3項は "使用人行政書士"・"法人社員行政書士" に事務所設置を禁じている。

そもそも事務所は、行政書士の業務を公正に社会的責任をもって遂行する施設設備的拠点であって、その実質的機能が個人行政書士と行政書士法人とではかなり異なりうる。"個人行政書士" の事務所は自宅住居であってもよく、書士個人の正確・迅速な業務遂行を保証する趣旨で、本8条2項で事務所は単一でなくてはならないとしている[1]（同旨、詳解132頁）。行政書士法人が「主たる事務所」と「従たる事務所」を定款で定めうる（13条の8第3項三号）のと、異なっているし、個人行政書士は自分名義の事務所は廃止しなければ行政書士法人の社員になれないのである（後述）。

2)　個人行政書士の事務所に関する法的しくみは、以下のとおりである。

a)　事務所の名称・所在地およびその変更は、所属行政書士会を経由し日行連に登録すべき事項である（本法6条1項、6条の4）。

b)「行政書士（氏名）事務所」を明らかにする表札を掲示しなければならない[2]（本法施行規則2条の14第1項）。

c)「事務所の見やすい場所に、その業務に関し受ける報酬の額を掲示しなければならない」（本法10条の2第1項）。

d)　所定の業務「帳簿」等を備え付け2年間保存する（本9条）のは、ふつう事務所においてであることが、都道府県の立入検査受忍規定（13条の22第1項）で予定されている。

［注1］　1971（昭和46）年改正で、補助者のみを置く出張所を禁ずる趣旨で、認可された「出張所」を認めた2項を削り単一事務所制としたのであった。

［注2］　本法14条に基づき都道府県知事から業務停止処分を受けた期間中は、表札を撤去しておかなければならない（施行規則2条の14第2項）。

e) 事務所外で業務してもよいが[3]、作成書類に押す「職印」や所定様式の
「領収書」（本法施行規則 11 条、10 条）の常時保管はふつう事務所であろう。

f) 事務所における「使用人・従業者」（本法 19 条の 3。後述）の住所氏名は
所属行政書士会に届け出なければならない（本法施行規則 5 条 2 項）。

行政書士業務に関する「帳簿」備付け義務

1)　行政書士には「誠実に業務を行な」い「信用」を旨とすべき責務が法定
されており（10 条）、原則事務所における業務「帳簿」等の備付けは、その証
しの一つにほかならない。そして次に述べる所定の業務「帳簿」を備え付け 2
年間保存する義務（本 9 条）を全うすることは、行政書士の書類作成能力を証
明する基本条件と言えるであろう。

2)　法定の帳簿記帳事項は、受任事件の名称・年月日・報酬収受額・依頼者
住所氏名であり、その余は都道府県規則である「行政書士法施行細則」に委任
されている（本 9 条 1 項）。規則では、事件の受託番号、作成書類の枚数などが
ふつう定められ（詳解 134 頁）、帳簿様式も示されている（たとえば東京都規則 7
条 1・2 項）。この帳簿と関係書類および下記の領収書副本の備付け・保存は、
1999・2005 年の省令改正で、稼動する「電磁的記録」でよいとされる（本法に
係る民間情報技術利用法施行規則 4・6 条）。

本法条にいう「関係書類」には、省令所定の依頼者あて「領収書」（日行連
の定める様式）が含まれ、その副本は年月日順に 5 年間保存しなければならな
いとされている（本法施行規則 10 条）。なお、帳簿の 2 年保存義務は行政書士
を廃業しても罰則づきで続くものである（本 9 条 2 項、23 条 1 項）。

【本 2 か条の改正沿革】
○　本 8 条は、①　1971（昭和 46）年 6 月 4 日公布・12 月 1 日施行改正で「出張所」認可
制の 2 項を廃止　②　1985（昭和 60）年 6 月 14 日公布・翌年 4 月 1 日施行改正で事務所 2

[注 3]　かつて「行政書士は、事務所以外の場所でその業務に従事してはならない」と規定されて
いたが（施行規則旧 3 条）、事務所外業務が増大している実態にかんがみ、1999（平成 11）年
12 月 16 日公布・翌年 4 月 1 日施行の省令改正で廃止された（前田俊和（自治省行政課）「行政
書士制度の変更について」地方自治 632 号・2000 年 7 月号 96 頁）。

以上を禁ずる2項を新設　③　2003（平成15）年7月30日公布・翌年8月1日施行の「行政書士法人」創設にともなう1項改正・3項追加

○　本9条は、①　上記1971年の2項改正で帳簿等保存年限を1年から2年に延長

（行政書士の責務）

第10条　　行政書士は、誠実にその業務を行なうとともに、行政書士の信用又は品位を害するような行為をしてはならない。

行政書士が全うすべき職業倫理

1)　一般に専門士業の法制は、業務独占とともに業務規律体制を国民の権利・利便のために定めており、概してその具体的な業務規律を士業団体の自主規制に俟つこととしている。それは、専門士業の業務規律の具体化は、それぞれの"職業倫理"を責務として全うすることにかかわっているからである。本条が「行政書士の責務」（責務は努力義務）としているのはその故である（巻末資料8の日行連「行政書士倫理」、兼子仁「行政書士法と倫理」行政書士とうきょう2011年4月号8-11頁、参照）。

しかし同時に、専門士業の"職業倫理"はたんなる道徳規範ではなく、士業法制において法規範化されている部面が存するのである。本条にいう業務・行動上の誠実・信用・品位確保の責務は、本法全体において以下のような法制度的担保を付されていると言える。

①　日行連による登録許否審査の基準（6条の2第2項二号）

②　日行連会則の定め（18条の2第一号。「品位保持」）と会員指導（18条2項）

③　各行政書士会の会則規定と会員指導・注意勧告（16条五号、15条2項、17条の2）

④　登録申請時の日行連に対する意見進達（日行連会則41・42条）

⑤　都道府県知事の行政書士「懲戒処分」権（14条。「重大な非行」）

⑥　一般国民からの行政書士懲戒請求（14条の3第1・2項）

2)　本条が定める行政書士の職業倫理的責務の内訳で、法令規定化されているものは次のようである（詳解 136 頁以下参照）。

業務上の誠実・信用確保の責務として、 ① 事務所での報酬額掲示義務（本法 10 条の 2、施行規則 3 条の 2）、 ② 依頼に応ずる義務（法 11 条、施規 8 条）、 ③ 秘密を守る義務（法 12 条）、 ④ 依頼順迅速処理（施規 7 条）、 ⑤ 依頼に沿う枚数の書類作成（施規 9 条 1・2 項）、 ⑥ 帳簿記帳義務（法 9 条）、 ⑦ 業務他人任せの禁止（施規 4 条）。

行動面での品位保持責務として、 ⑧ 不正不当な業務依頼誘致の禁止（施規 6 条 2 項）、 ⑨ 親切丁寧な応接（同条 1 項）、 ⑩「品位保持」を定めた日行連・行政書士会会則の遵守（法 18 条の 2 第一号、18 条の 3、16 条五号、16 条の 6、日行連会則 58 条）。

なお、上記のうち罰則づきの義務とされているものは、② 依頼応諾義務（罰則・法 23 条 1 項）、③ 守秘義務（同 22 条）、⑥ 帳簿記帳義務（同 23 条 1 項）、だけである。

3)　日行連は、かねて 1979 年いらい「行政書士倫理綱領」を定めていたが、行政書士業務の信頼性が拡充されるべき時代に職務上請求書の不正使用問題がクローズアップされたことから、2006（平成 18）年 1 月に新内規「行政書士倫理」を制定している。それは、在来の倫理綱領のほか、全 4 章 33 条に及ぶが、概して上記法令上の義務・責務が確認されており、特徴点として依頼者との関係における法令順守や金銭トラブル防止が強調されていると読める。なお、すでに単位会で倫理規程を有している例もあったが、両者間は役割分担となろうか。

4)　こうした行政書士法令・日行連規則等に定められた行政書士の職業倫理は、法令遵守態度が "コンプライアンス" として社会的に重視されるなか、"まちの法律家" にとってきわめて重要であって、内訳を分かりやすくする整理がいろいろにだいじである。

業務外の人格面を別として、業務上の職業倫理も、書類作成・処理と口頭法律事務とで、やや異なって整理されえよう。書類業務に関しては、職務上請求書の適正取扱い（日行連特別規則）、預り金・書類の適正管理（行政書士倫理

19・20条）が含まれ、口頭業務には、相談説明・助言責務（同倫理2条）、処理報告責務（同上17条2項）が、かかわろう。

　なお、他士業法の独占規定に反しない注意義務は、書類・口頭の両業務に亘って肝要にちがいない（以上、兼子・前掲講演記録・行政書士とうきょう2011年4月号8頁以下参照）。

【本条の改正沿革】
①　1971（昭和46）年6月4日公布・12月1日施行改正で新設

　　（報酬の額の掲示等）
　第10条の2　　行政書士は、その事務所の見やすい場所に、その業務に関し受ける報酬の額を掲示しなければならない。
　2　行政書士会及び日本行政書士会連合会は、依頼者の選択及び行政書士の業務の利便に資するため、行政書士がその業務に関し受ける報酬の額について、統計を作成し、これを公表するよう努めなければならない。

行政書士の報酬と独占禁止法の原則

（1）　独禁法における価格競争制限の禁止原則

　のちに述べる1999（平成11）年改正で本条2項が新設される以前は、本条は1項のみであった。そして別途、自治大臣認可の日行連会則に行政書士「報酬の基準」が定められ、その下で都道府県知事認可を受ける各行政書士会の会則に「報酬に関する規定」が設けられ、行政書士はそれらの会則を遵守する立場で、報酬額表を事務所に掲示していたのであった。

　ところが、かねて日行連および各行政書士会は独禁法（「私的独占の禁止及び公正取引の確保に関する法律」）上の「事業者団体」（同法2条2項）に当ると公正取引委員会から見られていたので、上記の会則報酬規定制とその運用に対しては、独禁法による価格競争制限禁止の原則との関係が問われていた。

　たしかに独禁法は、事業者団体による「構成事業者の活動を不当に制限する」競争制限行為を禁じており（8条1項一・四号）、わけても最低価格や確定価格を決めて構成事業者に遵守させることは違法な価格カルテルに当る、と公取委は公示している（1995・平成7年10月「事業者団体の活動に関する独占禁止法上の指針」）。もっとも事業者団体の各事業法令に基づく行為は認められるが、独禁法の適用除外までを定める場合はその明示法律規定が必要であって（22条）、独禁法適用除外法のリストに行政書士法は挙げられていない（同法1・2条）。

　そこで、かつて本法に基づき日行連会則の基準に則った各行政書士会の会則報酬規定がともどもに行政認可を受けていても、それは独禁法の上記原則の下に立つため、行政書士会が標準報酬を確定額として会員指導をしたり"不当割引"を禁止したりすることは、独禁法違反であると公取委から指摘されていたのであった。その関連で、行政認可を受けた標準報酬は概して書類枚数・時間日当に関してで、業務1件当りの"件別基準報酬額表"は認可されていなかった。

　実は、報酬の最高限度額を定めることは消費者に有利で独禁法原則に反しないはずだが、かつて本条に存した最高報酬額という定めも、1985（昭和60）年改正で廃されている。

（2）　行政書士会の会則における報酬規定の廃止問題

　1998（平成10）年3月の規制緩和推進の閣議決定において、日行連・行政書士会の会則上の報酬規定を廃止する方針が示され、これに対して行政書士団体は強く反発した。各行政書士も依頼者国民に報酬根拠を説明しがたくなると懸念したのであった。

　しかしながら、1999（平成11）年2月の「行政書士制度のあり方に関する懇談会」（前述した"あり方懇"）報告書は討議の結果、「独禁法の趣旨に反しないよう留意しつつ、……報酬について行政書士会及び日本行政書士会連合会が情報提供を行うよう努める旨の規定を行政書士法に設けることが適当である」としている。結局、独禁法の競争制限禁止原則の力によって、"規制緩和"時代に日行連・行政書士会会則における報酬規定は廃止され、本条の新2項に日行

連・行政書士会の報酬統計公表の権限が定められる次第となった（99 年 7 月公布の地方分権一括法に含まれた本法改正の翌 2000 年 4 月施行。兼子仁「行政書士制度の発展と展望」『東京都行政書士会五十年史』2001 年 5 月、129 頁以下参照）。

行政書士の報酬の適正を期する行政書士団体の権限

2000 年の本法改正によって行政書士の報酬は会則規定から解放され自由設定方式になったのだが、依頼者国民と受任行政書士との双方の利便になる報酬適正化策を、行政書士団体が独禁法原則と調和するように図る手だてとして、報酬統計の作成・公表を本条の新 2 項が規定している。

日行連は報酬統計調査規則に基づいて 2 年に 1 度、無作為抽出の会員から調査票を回収、その結果を、各種許可・免許申請、会社設立、会計書類、契約書、遺言書等ごとに報酬金額の平均・最小・最大・最頻値を一覧表の形で公表している[1]。

21 世紀の"まちの法律家"である行政書士業にふさわしい報酬額の透明・適正な設定をめぐって、今後とも制度的な検討の進められることが望ましく、報酬統計のとり方には行政書士団体に裁量の余地を本条が予定していると解してよい。各都道府県行政書士会は、行政書士業務に多分に地域差が存する以上、地域的な統計方法を工夫する権限を有していると解される。

【本条の改正沿革】
①　1971（昭和 46）年 6 月 4 日公布・同年 12 月 1 日施行の 1 項＝行政書士会会則で報酬最高額の定め　②　1985（昭和 60）年 6 月 14 日公布・翌年 4 月 1 日施行＝上記 1 項削除　③　1999（平成 11）年 7 月 16 日公布・翌年 4 月 1 日施行＝会則報酬規定削除にともなう新 2 項に統計公表責務

[注 1]　たとえば、2003 年 1 月の統計調査結果は『日本行政』366 号・同年 5 月号 2 頁以下に掲載され、各種件別の平均・最小・最大・最頻値の金額（万円）が、建設業知事許可 13.5、3、57、15、農地転用許可 7、1、28、5、宅建免許 10、4、31、10、道路位置指定 23、2.5、120、20、車庫証明 8.7、0.2、12.3、0.5、産廃業許可 12.6、3、49、10、帰化許可 23、5、50、20、有限会社設立 12、2、40、10、遺言書等 8.6、0.3、750、2、契約書 2.3、0.1、50、1 などと公表されていた（参考まで）。

（依頼に応ずる義務）

第 11 条　行政書士は、正当な事由がある場合でなければ、依頼を拒むことができない。

【関係条項】

第 23 条（第 1 項）……第 11 条の規定に違反した者は、100 万円以下の罰金に処する。

業務依頼を原則的に応諾すべき義務

1)　国民からの業務の依頼に対して行政書士が原則的な応諾義務を法定され、その違反に罰則が付されているのは、専門士業の業務独占が国民の権利実現など社会公共的理由に基づくことに対応している。

そこで例外的に依頼を断わる場合の手続として、正当な「事由を説明しなけれなばなら」ず、「依頼人から請求があるときは、その事由を記載した文書を交付しなければならない」と省令規定されている（施行規則 8 条）。

2)　もっとも依頼応諾義務の例外を成す「正当な事由」については、妥当な解釈が求められよう。

a) 書士の病気・事故等の場合——しかし長期にわたる心身の故障ともなると、むしろ登録抹消の事由である（7 条 2 項）。

b) 緊急案件について他の受託業務との関係で即応できない場合——しかるべく他事務所の書士を紹介することがありえよう。

c)「依頼人がその書類を犯罪その他不法な用途に供せんとする意図が明白な場合」（詳解 140 頁）——犯罪を知って協力するようでは幇助犯（刑法 62 条 1 項）ともなってしまう。

d) 他法律で行政書士の業務たりえない制限にわたる場合——他士業法の罰則に該当する。

e)"法定外業務"にわたる依頼の部分——1 条の 3 のコメントで述べたとおり、"非独占法定業務"は原則応諾しなければならないが、弁護士法 72 条

と接する"法定外業務"を委任契約で受任するかどうかは、書士の任意であると条理解釈される。

f)　1条の4に基づき"使用人行政書士"が行なう業務については、依頼を受け応諾を決するのは雇用主書士または行政書士法人代表社員であって、使用人書士自身への依頼は代理応諾のほかは受けられない。

なお、報酬協議が不調な場合については微妙であるが、事務所掲示報酬額を基準とし、依頼業務内容の質量にかんがみて相当と考えられる報酬契約が結べない場合は、正当の事由に当ると解されえよう。しかしこの場合、書士の側に依頼案件に応じた適正報酬である所以を依頼者に説得的に説明する責任が強く伴なうことは当然である。

（秘密を守る義務）

第 12 条　　行政書士は、正当な理由がなく、その業務上取り扱つた事項について知り得た秘密を漏らしてはならない。行政書士でなくなつた後も、また同様とする。

【関係条項】

第 22 条　第 12 条又は第 19 条の 3 の規定に違反した者は、1 年以下の懲役又は 100 万円以下の罰金に処する。

2　前項の罪は、告訴がなければ公訴を提起することができない。

第 19 条の 3　行政書士又は行政書士法人の使用人その他の従業者は、正当な理由がなく、その業務上取り扱つた事項について知り得た秘密を漏らしてはならない。……使用人その他の従業者でなくなつた後も、また同様とする。

業務事項に関する守秘義務の意義

1)　本条の「正当な理由がなく、業務上取り扱つた事項について知り得た秘密を漏らしてはならない」という表現は、刑法 134 条 1 項が民間人である医師

や弁護士の秘密漏示罪を定めているのとほぼ同じであるが、刑法罰則が 6 月以下懲役・10 万円以下罰金であるのよりも本条に付された本法 22 条 1 項の罰則（1 年以下懲役・100 万円以下罰金）の方が重い。指定試験機関役職員の場合より以上である（20 条の 2）。

　さらに、本条前段の守秘義務に違反すると、犯罪処罰とともに、それ自体で懲戒処分事由に該当し都道府県知事から業務禁停止の処分を受けることになりうる点（本法 14 条 1 項）、公務員の服務違反と同様である。行政書士を廃業した後は、本条後段と罰則とで守秘義務違反罪だけとなる。

　2）　こうした行政書士の守秘義務は、専門士業の法制的規律の重要な一環にほかならないが、行政書士の業務が弁護士・税理士・社労士と同様に依頼者の重要秘密情報に接しやすいことから、違反罰則の上記上限が司法書士・弁理士より高められているのである（税理士法 59 条 1 項二号の懲役 2 年以下・罰金 100 万円以下、社労士法 32 条の 2 第 1 項二号の懲役 1 年以下・罰金同上に対し、司法書士法 76 条 1 項・弁理士法 80 条 1 項の懲役 6 月以下は下まわっている）。

　他方で、行政書士事務所の「使用人・従業者」の守秘義務を本法は近時改正において重視して罰則づきで規定している（19 条の 3。税理士法 54 条、社労士法 27 条の 2、弁理士法 77 条が同じ）。使用人・従業者の守秘義務違反が行政書士の暗黙の指示に基づくと認められるような場合は、行政書士自身も本条の義務違反をしたものとして処罰ないし懲戒処分されうると解される。

「業務事項につき知り得た秘密」の内容

　1）　公務員の守秘義務の対象は「職務上知ることのできた秘密」とされている（国公法 100 条 1 項、地公法 34 条 1 項）のに対し、本条では「業務上取り扱った事項について知り得た秘密」に限定している。しかし前述のように、行政書士の業務事項自体が多岐にわたり依頼者である法人・個人の重要秘密情報に接しやすいので要注意である。

　a) 個人秘密は、遺産分割協議書・身元保証書・社員履歴調書などの作成に関し保護すべきプライバシー個人情報が該当しよう。

　b) 法人団体秘密（法人秘）は、非公開とされる法人（団体）情報として、内

部会議録・経理帳簿・経営事項審査書類などに含まれる企業秘密・営業ノウハウなどと解される。

2)　それらの業務事項秘密であっても例外的に守秘義務外となる「正当な理由」としては、「本人の許諾や法令の規定に基づく義務があること等」とされている（詳解141頁）。が、とくに個人情報については、法律の一般規定に基づく照会への対応は、必要最小限にすべきものと解される（刑訴法197条2項の犯罪捜査照会、弁護士法23条の2の弁護士会照会を含めて）。それに対し情報公開法・条例に基づいて公開・開示された法人情報は、本条にいう「秘密」には当らなくなる。

情報主体である個人・法人が同意している情報を他に提供することは「正当な理由」に当る。それとつながっているのが、本条違反の罰則22条2項による「親告罪」の定めである。本条の守秘義務違反が犯罪として起訴されるのは、情報主体が被害者告訴をしている場合に限られる。ここには、刑事法廷に当該秘密情報の公開されることを個人・法人の情報主体が良しとしない意思の尊重が見出されよう（ほぼ同旨、詳解246-7頁）。

（会則の遵守義務）

第13条　　行政書士は、その所属する行政書士会及び日本行政書士会連合会の会則を守らなければならない。

会則遵守義務の意義

1)　行政書士が、その所属する都道府県行政書士会および登録先である日行連の会則（行政庁認可ずみ）をそれぞれ遵守すべきなのは、登録即入会制をとる法定行政書士団体の構成員であることからも当然かつ肝要であろう。行政書士団体がその法定目的である行政書士の業務規律を図るしくみの基本が会則遵守だからである。このことは、登記即入会制をとる後述の「行政書士法人」にとっても同様で、本条が準用されている（13条の7）。

2)　もっとも、「会則を守る」といっても、会則事項によって法的意味あい
がかなり異なる。強行義務規定にはまさに履行義務が伴ない、その不遵守は本
法の違反として懲戒処分事由に該当する（14 条、14 条の 2 第 1 項）。ただし会
費納入義務等の違反は、次に述べられるとおり、所属書士会内で是正措置の対
象となる。それに対して、「品位保持」に努めるべきとの会則条項は、性質上
"責務・努力義務"の定めであって、その遵守も第一次的には書士会役員によ
る「指導」に俟つことになるはずである（15 条 2 項参照）。

守るべき会則事項

（1）　各行政書士会の会則事項の遵守

都道府県行政書士会の会則はのちに述べる法定事項（16 条各号）を定め、都
道府県知事の認可を受ける（16 条の 2）。その委任に基づき細目事項は「会則
施行規則」で規定され、これも会則の一部として遵守すべきところである（以
下には、東京都行政書士会会則・施行規則の条項を例示する）。なお、変更登録・
登録事項変更に所属書士会を経由すべきことは法定義務であって（6 条の 4）、
会則規定は確認的である。

①　入会金・会費の納入義務（東京会会則 16・17 条）

②　名義の貸し借りの禁止（同 21 条）

③　業務における会員証の携行義務（同施行規則 5 条 2 項）

④　業務上の誠実・公正迅速・研修、品位保持・人格向上の責務（会則 18〜
　　20 条）

⑤　日行連様式による報酬額表の事務所掲示（同 28 条）

⑥　業務報酬の領収証の交付と副本 5 年保存（同 28 条の 2）

⑦　使用人・従業者（補助者）の採用・解職届（同施行規則 13 条。本法施行規
　　則 5 条 2 項に基づく）

⑧　使用人・従業者に対する指導監督義務（会則 26 条、同施行規則 16 条 1 項）

⑨　役員・会員としての会議協力義務（会則上の諸会議規定）

⑩　業務禁止処分の届出（会則 27 条）

このうちで①の会費納入を 6 か月以上滞納した場合（長期会費滞納会員）は、

1か月以上催告のうえ綱紀委員会が業務継続意思を確認し、なお3か月納入しないと業務継続意思なしとみなされる（会則24条）。

（2）　日行連の会則事項の遵守

　日本行政書士会連合会会則はのちに見る法定事項（18条の2）を定め、総務大臣の認可を受ける（18条の5）。その委任に基づき細目事項は「会則施行規則」で規定され、これも会則の一部を成す。ただし日行連会則の多くは組織条項であって、単位書士会や役員にとっての義務規定にとどまる。

　各行政書士にとって日行連会則を守るべき義務事項は、以下のようである。なお、廃業時の「行政書士証票」の返還は法定義務（7条の2第1項）の確認にすぎない。

　①　変更登録・諸証明等につき所定の手数料の納入（会則47条。登録手数料額は法7条の4のコメントで前述）

　②　名義の貸し借りの禁止（同61条）

　③　業務上の誠実・信用確保・研修、品位保持・人格向上の責務（59・60条）

　④　事務所に掲げる報酬額表の様式（同63条）

　このうち②③④は、単位書士会会則と競合している。

【本条の改正沿革】

①　1960（昭和35）年5月20日公布・10月1日施行の改正で旧16条の6（書士会会則遵守義務）新設　②　1985（昭和60）年6月14日公布・翌年4月1日施行の改正で旧18条の3（日行連会則遵守義務）新設　③　2003（平成15）年7月30日公布・翌年8月1日施行の改正で本条新設（旧16条の6と18条の3とを統合移設）

> **（研修）**
> **第13条の2**　行政書士は、その所属する行政書士会及び日本行政書士会連合会が実施する研修を受け、その資質の向上を図るように努めなければならない。

行政書士にとって研修が必須であること

1)　かねて行政書士の"業務研修"は、各行政書士会の企画開発部や建設宅建・風俗営業・国際など諸部が行なう研修会として、また日行連の企画開発部が行なう全国研修会として営々と行なわれてきた。すでに述べられたとおり行政書士の業務が行政関係をとってもその全般にわたるため、各書士が業務の拡大を欲するときにはそうした業務研修に臨むことが必要であろう。各都道府県書士会と日行連の月刊機関誌（『行政書士とうきょう』などと『日本行政』）には、毎号業務研修に関する広告・報告情報が掲載されている。

2)　それに加えて司法改革時代の今日、行政書士には重ねて"法務基盤研修"が肝要であるとされている。

2001年6月の司法制度改革審議会意見書に、行政書士については「その専門性を訴訟の場で活用する必要性や相応の実績等が明らかになった将来において、出廷陳述など一定の範囲・態様の訴訟手続への関与の在り方を個別的に検討する」と記された。そしてその方向を進める方途が、行政書士試験のレベルアップを図る改善と、「研修」の制度化であると考えられ、行政書士の「研修責務」を定める本条の新設となったのである。2004年8月施行の本法改正により、本条のほか、行政書士会および日行連の会則に「研修」規定が定められるべきものとされた（16条八号、18条の2第一号）。

ここで新たに肝要とされたのはいわば"法務基盤研修"であって、2001年改正で法定業務化された民事契約書類の代理作成を含め、訴訟・争訟代理を専門的にうらづけるような"法務サービス能力"の養成である。

それをめざして日行連は2003年11月に「研修センター」を発足させ、"司法研修・知的財産権研修・法定業務研修"を実施しつつある。そこでは根幹的に、六法と行政法の科目が位置づけられる。2006年には中央研修所の設立も決められた。また、たとえば東京都行政書士会も2002年度に研修センターを設置し、同趣旨を実行している。こうした法務基盤研修では、行政書士にも弁護士と同様な、判例をふまえた紛争法律関係に関する"法解釈能力"の向上が求められている[1]。

さらに、2006年日行連の「行政書士倫理」制定をきっかけに、士業「倫理

研修」が各行政書士会で大いに重んじられている。

　3)　2014 年の本法改正により、行政「不服申立て」代理業務を行なえる「特定行政書士」は、日行連の会則に基づく特別研修の修了者でなければならないと規定されている（1 条の 3 第 2 項）。

　日行連の定めによれば、「特定行政書士法定研修」は、「行政不服申立手続代理業務」に「必要な学識及び実務能力」に関する「講義及び事例研究並びに考査により行うもの」で、「行政不服申立てに関する法令及び実務」や上記業務「倫理」等を対象に、「中央研修所」が主催する（連合会会則 62 条の 3 第 1 項二号・第 2 項、連合会中央研修所規則 4 条 2 項。毎年度各都道府県で行われる）[2]。

　入管の「申請取次行政書士」も、日行連の所定研修による地方法務局長届出者であるが、入管法令に基づくしくみであって（39 頁前述）、「特定行政書士」の研修が本法での特別規定に根拠づけられているのと異なる。

【本条の改正沿革】
　①　2003（平成 15）年 7 月 30 日公布・翌年 8 月 1 日施行の改正で本条そう入新設

　［注 1］　行政書士試験合格者が開業登録前に参加ができる会員外の研修を、各行政書士会が行なえるように本法を改正することが、今日的需要に応えて望ましいと考えられる。
　［注 2］　米山高志「平成 26 年の行政書士法改正による特定行政書士の誕生について」地方自治 820 号・2016 年 2 月号 59 頁以下参照。

第5章　　行政書士法人

（設立）

第13条の3　　行政書士は、この章の定めるところにより、行政書士法人（第1条の2及び第1条の3第1項（第二号を除く。）に規定する業務を行うことを目的として、行政書士が設立した法人をいう。以下同じ。）を設立することができる。

（名称）

第13条の4　　行政書士法人は、その名称中に行政書士法人という文字を使用しなければならない。

（社員の資格）

第13条の5　　行政書士法人の社員は、行政書士でなければならない。

2　次に掲げる者は、社員となることができない。

一　第14条の規定により業務の停止の処分を受け、当該業務の停止の期間を経過しない者

二　第14条の2第1項の規定により行政書士法人が解散又は業務の全部の停止の処分を受けた場合において、その処分を受けた日以前30日内にその社員であつた者でその処分を受けた日から3年（業務の全部の停止の処分を受けた場合にあつては、当該業務の全部の停止の期間）を経過しないもの

行政書士法人の法的性質は

（1）　行政書士が設立する共同業務法人の法認

2003（平成 15）年の本法改正前にあっては、行政書士の法定業務を為しうる
のは自然人に限られ法人は不可であるとされ、また行政書士が他の行政書士を
使用人として業務を行なわせることも不可であると解されていた（前述した 1
条の 4 の新設で改変）。したがって、複数の行政書士が共同で受任して業務を行
なう "権利能力なき社団" も合法的には存在しえなかった。

それに対して規制改革と司法制度改革の国策の流れにおいて、法律専門職種
と認められた行政書士の業務体制の整備を国民の利便向上を念頭に推進すると
いう趣旨で、「行政書士法人」という共同業務主体の法認（法律による承認）が
一気になされるところとなったのである（詳解 144 頁、総務省自治行政局・小澤
研也「行政書士法の一部を改正する法律等について」地方自治 2003 年 9 月号 78 頁、
同上・矢部祐介「行政書士法の一部を改正する法律について」地方自治 2020 年 3 月
号 29〜30 頁、参照）。

この新法制により、後述するように、"行政書士事務所の法人化と複数化"
が目立つだけでなく、行政書士間の共同業務関係と雇用関係、また行政書士会
における「法人会員」が新規発生しており、行政書士制度に大きな変動がもた
らされている。加えて、本法に、在来の行政書士会・日行連や指定試験機関と
いう法定公益法人のほかに、一般法上の法人制度が深くかかわることとなった
点も注目されてよいであろう。

（2）　行政書士「社員」が構成する「合名会社」類似の社団法人

a)「行政書士法人」は、2 人以上の行政書士を設立出資者「社員」とする法
定の社団法人である（本 13 条の 3、13 条の 5、13 条の 8 第 1 項）。その設立目的
が行政書士業務の共同遂行であるから（13 条の 3）、営利社団法人であって、
後述するとおりその設立は定款認証を経るいわゆる準則主義として日行連への
「届出」制である（13 条の 10 第 1 項）。

b) しかし営利法人といっても、一般の株式会社的企業ではありえず、民法
上の「組合」の実質をもついわゆる人的会社である「合名会社」[1] に類する社
団法人として、新会社法における合名会社をふくむ「持分会社」に関する諸規

定が行政書士法人には多く準用されることになる（後出 13 条の 21 第 1～5 項）。

　c）その結果、法人が弁済できない債務につき社員行政書士が連帯して無限責任を負わなければならない原則である（13 条の 21 第 1 項で準用する会社法 580 条 1 項）。総社員の同意で法人を解散できるが（13 条の 19 第 1 項二号）、債務を完済できないときは清算人から破産手続開始の申立てをし（13 条の 21 第 2 項で準用する会社法 656 条 1 項）、破産法の適用上で行政書士法人は合名会社とみなされている（13 条の 21 第 8 項）。

　（ 3 ）　行政書士法人の名称独占

　法定の行政書士法人には名称独占があり（本 13 条の 4）、その半面で、「○○行政書士法人」または「行政書士法人○○」などと名乗る必要がある。

行政書士法人の社員とは

　1 ）　2019（令和元）年改正前の 13 条の 3（および 13 条の 8 第 1 項）では、行政書士法人は業務を「組織的に行う」目的で書士 2 人以上が「共同して」設立すべきものと書かれていたが、同改正により行政書士 1 人でも「法人」を設立できるように定められるにいたっている。

　その結果、1 人法人の場合、その行政書士「社員」が「代表者」でもある（後掲の 13 条の 5、13 条の 8 第 1・3 項。13 条の 14、13 条の 20 に関する記述参考）。

　この 1 人法人制の法認は、行政書士界における法人化の進展、社会信用力の向上、事務所と個人資産の分離、などに連なりうると評価されている（日行連会長・常住豊「令和元年改正法律の成立について」日本行政 2020 年 1 月号 4 頁、参考）。

　2 ）　原則として 2 人以上である行政書士法人の「社員」は（本法 13 条の 8 第 1 項、13 条の 19 第 2 項）、定款で定める単一の法人の出資者であり（13 条の 8 第 3 項五号、13 条の 16）、持分会社的な無限責任者である（上記の 13 条の 21 第 1 項で準用する会社法 580 条 1 項）。

　［注 1 ］　鈴木竹雄・竹内昭夫『会社法』法律学全集、有斐閣、1988 年版 18-9 頁・528 頁以下、川島武宜『民法総則』法律学全集、1990 年版 100 頁、五十嵐清『私法入門』有斐閣、1995 年版 87-8・96-7 頁、参照。

3)　定款の定めにより法人の業務執行権を有し（13条の20第1項）、法人が設ける各事務所に分担的に常駐しなければならない（13条の14）。そして法人の業務範囲で個人競業をしてはならない（13条の16）。

4)　業務停止処分を受けた個人行政書士や解散・業務停止処分を受けた法人の社員につき欠格事由の定めがあり（本13条の5第2項）、その該当者、およびその他社員の同意あるときなどに、「法定脱退」のしくみがある（13条の18）。

【本3か条の改正沿革】
①　2003（平成15）年7月30日公布・翌年8月1日施行の改正で新設　②　2008（平成20）年1月17日公布・7月1日施行＝本13条の5第二号改正で法人社員の被処分欠格期間を2年から3年へ　③　2019（令和元）年12月4日公布・13条の2一部改正＝書士1人法人設立の容認

（業務の範囲）
第13条の6　　行政書士法人は、第1条の2及び第1条の3第1項（第二号を除く。）に規定する業務を行うほか、定款で定めるところにより、次に掲げる業務を行うことができる。ただし、第一号の総務省令で定める業務を行うことができる行政書士に関し法令上の制限がある場合における当該業務及び第二号に掲げる業務（以下「特定業務」という。）については、社員のうちに当該特定業務を行うことができる行政書士がある行政書士法人に限り、行うことができる。
一　法令等に基づき行政書士が行うことができる業務のうち第1条の2及び第1条の3第1項（第二号を除く。）に規定する業務に準ずるものとして総務省令で定める業務の全部又は一部
二　第1条の3第1項第二号に掲げる業務

行政書士法人の「特定業務」とは何か

　行政書士法人の業務については、法律による基本的な授権が必要である。

　本条が法人業務として認めたのは、a) 本法における行政書士の法定業務（1条の2および1条の3関係）、およびb) 他の法令等に基づく「行政書士」業務のうちa) に準ずるものとして総務省令で規定し定款で定めているもの、である。それに、c) 他法律で「行政書士法人」の業務と明記されたものも加わる。

　a) の本法所定の「特定業務」に、2014年改正により1条の3第2項に基づく「特定行政書士」による行政不服申立て代理が、定款に定めるものとして追加されている（本条ただし書き二号）。

　b) の省令規定業務には、1条の3のコメントに挙げられた「出入国関係申請取次事務」がある（本法施行規則12条の2第一号。2006年の第二号で、使用人書士の書士事務所への労働者派遣の法認を追加）。ところがこの「申請取次事務」は法務大臣認定の行政書士のみが行なえるので、これを法人業務とするためには有資格行政書士が居る法人でなくてはならない道理である。そこで本条では、そうした法人業務を「特定業務」と名づけ、有資格行政書士を社員（13条の13第2項にいう「特定社員」）として擁する法人に限るとしている（詳解148-9頁以下参照）。

　上記c) の法人業務には、① 税理士法に基づく自動車関係税・ゴルフ場利用税等に関する税務書類の作成（同法改正51条の2）、② 社会保険労務士の業務を為しうる1980（昭和55）年9月1日以前の入会行政書士を社員とする法人の同業務が挙げられる（社労士法附則2項）。現に②の社労業務は「特定業務」の一つであるとみなされている（本法の2003年改正附則2条2項）。

　こうした特定業務の執行は、法人事務所における「特定社員」の常駐義務（13条の15）にもつながるところとして肝要である。

【本条の改正沿革】
　① 　本条新設の沿革は、前記13条の3以下3か条のそれと同じ

（登記）

第13条の7　　行政書士法人は、政令で定めるところにより、登記をしなければならない。

2　前項の規定により登記をしなければならない事項は、登記の後でなければ、これをもつて第三者に対抗することができない。

（設立の手続）

第13条の8　　行政書士法人を設立するには、その社員となろうとする行政書士が、定款を定めなければならない。

2　会社法（平成17年法律第86号）第30条第1項の規定は、行政書士法人の定款について準用する。

3　定款には、少なくとも次に掲げる事項を記載しなければならない。

　一　目的

　二　名称

　三　主たる事務所及び従たる事務所の所在地

　四　社員の氏名、住所及び特定業務を行うことを目的とする行政書士法人にあつては、当該特定業務を行うことができる行政書士である社員（以下「特定社員」という。）であるか否かの別

　五　社員の出資に関する事項

（成立の時期）

第13条の9　　行政書士法人は、その主たる事務所の所在地において設立の登記をすることによつて成立する。

（成立の届出等）

第13条の10　　行政書士法人は、成立したときは、成立の日から2週間以内に、登記事項証明書及び定款の写しを添えて、その旨を、その主たる事務所の所在地の属する都道府県の区域に設立されてい

る行政書士会（以下「主たる事務所の所在地の行政書士会」という。）を経由して、日本行政書士会連合会に届け出なければならない。

2　日本行政書士会連合会は、その会則の定めるところにより、行政書士法人名簿を作成し、その事務所に備えて置かなければならない。

（定款の変更）

第 13 条の 11　行政書士法人は、定款に別段の定めがある場合を除き、総社員の同意によつて、定款の変更をすることができる。

2　行政書士法人は、定款を変更したときは、変更の日から 2 週間以内に、変更に係る事項を、主たる事務所の所在地の行政書士会を経由して、日本行政書士会連合会に届け出なければならない。

行政書士法人の設立とその手続

（1）　定款の記載事項と行政書士法人の組織編成

法定された「行政書士法人」も、個々には社団法人として「定款」に基づいて設立されることとなる。定款の必要的記載事項に、各行政書士法人の組織編成が示される。

a) 業務項目を定める「目的」規定

b) 行政書士法人としての「名称」

c)「主たる事務所」と「従たる事務所」（主事務所と副事務所）の所在地——副事務所は異なる都道府県にも設けることができる（社員常駐に関する 13 条の 14 参照）。

d)「社員」の氏名・住所および「特定社員」（特定業務の有資格書士）の別

e) 社員による出資の状況（金銭・現物等の出資）

そのほか、定款の任意的記載事項として法定されているものが有る。

f) 法人代表権ないし業務執行権を有する社員に関する特別の定め（13 条の 13、13 条の 12 第 1 項）

g) 法人の解散または社員の脱退の理由に関する特別の定め（13 条の 19 第 1

項一号、13 条の 18 第二号)[1]

さらに、法定外の任意事項として、特定社員を含む社員の事務所常駐の件や、使用人行政書士名などの定款記載も有りえよう。

（2）　行政書士法人の設立の登記とその効果

同法人を設立する対外手続としては、まず、定款を対外的に有効なものとするため公証人の認証を受ける（本 13 条の 8 第 2 項が準用する会社法 30 条 1 項。行政書士の身分確認などがなされる）。次に、主たる事務所所在地で 2 週間以内に設立の登記をすると、法人が有効に成立する（本 13 条の 9、下記登記令 3 条 1 項）。さらに、副事務所での活動を可能にするための登記を、「組合等登記令」（昭和 39 年政令第 29 号、巻末資料 2）により設立登記から 2 週間以内に、同じく法人の「目的と業務」、名称、事務所、代表者氏名・住所・資格・解散事由の特別の定め、等についてすべきことになる（本 13 条の 7、同政令 2 条、3 条 3 項）。

そもそも営利社団法人をはじめ法人は取引主体となるので、取引の相手方となりうる一般第三者に、法人の内部組織情報を公示しておく必要がある[2]。定款が登記事項とされるのはその故で、わけても合名会社的社団の無限責任社員の表示は法人の社会的信用にかかわろう。なお、行政書士社員が法人の所定登記を怠ると、100 万円以下の過料の制裁を受けうる（25 条一号）。

行政書士法人の成立は日行連に届け出る

（1）　行政書士会を経由する日行連「届出」義務

設立の登記によって有効に成立した行政書士法人は、自動的に主事務所の所在地の行政書士会の会員となる（16 条の 6 第 1 項）。そこでその所属行政書士会を経由して、2 週間以内に登記簿謄本と定款の写しを添えて、日行連に届け出なければならない（本 13 条の 10 第 1 項。届出手数料につき日行連会則、また行政書士法人届出事務取扱規則がある）。日行連には、会則の定めによる「行政書士法人名簿」が備えられている（本 13 条の 10 第 2 項）。この届出は、前述した

　［注 1］　詳解 172・176 頁、小澤研也（総務省行政課）「行政書士法の一部を改正する法律等について」地方自治 670 号・2003 年 9 月号 83 頁、参考。
　［注 2］　川島武宜『民法総則』法律学全集、1990 年版 103・109 頁参照。

準則主義として、登記とは異なり法人の対外的効力にはかかわらない。

（2）　定款変更の届出

　定款の変更はすべて登記しないと対外的な対抗力を生じえないが（本13条の7）、とくに従たる事務所（副事務所）の新設・移転は登記によってその所在地の行政書士会に自動入会することとなる（16条の6第2項）ので重要である。

　原則として総社員の同意に基づく定款の変更はすべて、2週間以内に主たる事務所の所在地の行政書士会を経由して日行連に届け出なければならないが（本13条の11第1・2項）、とくに従たる事務所の新設・移転・廃止という定款変更は、登記によって入会した行政書士会を経由して、登記事項証明書と定款の写しを添えて登記から2週間以内に別途日行連への届出をすることとされている（16条の6第4項）。

　（3）　法人設立無効の訴えが社員・請算人から2年以内に起こされうる（後掲の本法13条の21第4項に基づく会社法828条〜846条の準用）。

【本5か条の改正沿革】

①　本5か条新設の沿革は、前記13条の3以下3か条のそれと同じ　②　2005（平成17）年7月26日公布・翌年5月1日施行の会社法の整備法にともなう本13条の8第2項改正および本13条の11第1項新設（旧第1項を2項に）　③　2019（令和元）年12月4日公布・13条の8第1項改正＝書士1人法人設立手続の容認

（業務を執行する権限）

第13条の12　　行政書士法人の社員は、定款で別段の定めがある場合を除き、すべて業務を執行する権利を有し、義務を負う。

2　特定業務を行うことを目的とする行政書士法人における当該特定業務については、前項の規定にかかわらず、当該特定業務に係る特定社員のみが業務を執行する権利を有し、義務を負う。

（法人の代表）

第13条の13　　行政書士法人の業務を執行する社員は、各自行政書

士法人を代表する。ただし、定款又は総社員の同意によつて、業務を執行する社員のうち特に行政書士法人を代表すべきものを定めることを妨げない。

2 特定業務を行うことを目的とする行政書士法人における当該特定業務については、前項本文の規定にかかわらず、当該特定業務に係る特定社員のみが各自行政書士法人を代表する。ただし、当該特定社員の全員の同意によつて、当該特定社員のうち特に当該特定業務について行政書士法人を代表すべきものを定めることを妨げない。

3 行政書士法人を代表する社員は、定款によつて禁止されていないときに限り、特定の行為の代理を他人に委任することができる。

（社員の常駐）

第 13 条の 14 行政書士法人は、その事務所に、当該事務所の所在地の属する都道府県の区域に設立されている行政書士会の会員である社員を常駐させなければならない。

（特定業務の取扱い）

第 13 条の 15 特定業務を行うことを目的とする行政書士法人は、当該特定業務に係る特定社員が常駐していない事務所においては、当該特定業務を取り扱うことができない。

行政書士法人の代表権と業務執行権

（1） 社員行政書士の法人業務執行権

「特定業務」以外については、とくに定款で限定しないかぎり、社員行政書士は行政書士法人の業務執行権を各自平等に有する（本 13 条の 12 第 1 項、詳解 166 頁）。行政書士法人の「組合」ないし合名会社的性質の表われである。

のみならず、許可申請代理業務の受任契約は行政書士法人の名で締結するとしても、実際に許可申請上の手続的意思表示を代理する許可申請代理人は自然

人でなければならない以上、社員ないし使用人の行政書士が指定されてそれに当ることになるものと解される（訴訟代理人弁護士の法人内指定に関する弁護士法30条の6前段を参照）。これは、社員行政書士による法人の業務執行、また使用人書士にとっては法人業務の履行補助に当る。細目の申請書類や契約書類などを代理作成する際にも同様なことがありえよう。

　こうした場合における文書上の表示は、行政書士法人・社員　行政書士○○、また使用人であれば、行政書士法人・所属　行政書士○○で、署名・個人職印という形になるものであろう。

　（2）　代表社員による法人代表権

　業務執行権を持つ"業務執行社員"は、その業務執行の限りで各自法人を代表することになる（本13条の13第1項本文）。とくに「常務」に属することは、他の社員に異議のないかぎり"常務""事務局長"社員の専権でよい（13条の21第1項に基づき準用される会社法599条4・5項）。

　しかしながら、業務受任契約や事務所賃借契約を行政書士法人としてしたり、日行連に届出をするなど、法人を全体的に代表すべき業務執行については、特に法人代表者を「代表社員」として限定することを定款または総社員の同意で決めることができる（本13条の13第1項ただし書き）。代表社員を複数とする共同代表制も可と解される。

　こうした法人全体の代表表示は、行政書士法人・代表社員　行政書士○○で署名・法人職印の形になろう。

法人事務所における行政書士社員の常駐義務

　すでに述べられたとおり行政書士法人は、従たる事務所を他の都道府県内に設けることができるが、その地の行政書士会の法人会員になることでもあり、業務の責任体制として、必ずその地の行政書士会会員である行政書士が法人社員として常駐していなければならない（本13条の14）。特定業務を行なう事務所には「特定社員」が常駐することが必要である（本13条の15）。

　「常駐」とは、その事務所における「執務が常態となっていること」で、週の大半を主たる事務所で執務しているようでは、従たる事務所に常駐している

とは言えない（同旨、高中正彦『弁護士法人制度解説』2001年、三省堂、46頁）。もっとも、業務出張は不可欠であるから、「常駐」執務の場所が事務所でなくても、業務遂行の本拠が事務所であればよい。

　しかしながら従たる法人事務所に、使用人行政書士や従業者しか執務していないという実態では、法人が本法違反を犯すことになる。

【本4か条の改正沿革】
①　本4か条新設の沿革は、前記13条の3以下3か条のそれと同じ　②　2006（平成18）年6月2日公布・2008（平成20）年12月1日施行［一般法人法の整備法］＝本13条の3に3項を追加

　　（社員の競業の禁止）
第13条の16　　行政書士法人の社員は、自己若しくは第三者のためにその行政書士法人の業務の範囲に属する業務を行い、又は他の行政書士法人の社員となつてはならない。
2　行政書士法人の社員が前項の規定に違反して自己又は第三者のためにその行政書士法人の業務の範囲に属する業務を行つたときは、当該業務によつて当該社員又は第三者が得た利益の額は、行政書士法人に生じた損害の額と推定する。

　　（行政書士の義務に関する規定の準用）
第13条の17　　第8条第1項、第9条から第11条まで及び第13条の規定は、行政書士法人について準用する。

法人社員である行政書士の競業避止義務

　すでに述べられたとおり行政書士法人が法認された趣旨が、書士業務の向上と国民の利便の増進なのであって、法人社員となった行政書士が個人的に設立法人と競業をすることは、矛盾しているので禁じられる（本13条の16前段）。

すなわち、社員の個人的競業は利益相反行為であるとともに法人業務の低下にもつながる。

「自己または第三者のために業務を行う」とは、自分自身や第三者の利益のために個人行政書士として受任して法人と競争的に業務することを指す。そしてそもそも、法人社員となった行政書士は個人の事務所を持つことが認められていない（本 8 条 3 項）。

また同じ主旨から、社員行政書士は他の行政書士法人の社員を兼ねることも許されない（本 13 条の 16 後段）。これらの競業禁止は、他の社員の同意によって免除されえない強行法的な義務である。

社員行政書士がこれらの競業避止義務に反した場合、法人に対して損害賠償責任を負うほか、他社員の過半数決議により除名または業務執行権・代表権の喪失宣告を裁判所に請求されうる（13 条の 21 第 1 項で準用する会社法 596 条、859〜862 条。法人の損害額の推定が本 13 条の 16 第 2 項で改正そう入されている）。

なお、使用人行政書士が複数の行政書士法人に勤務することは、法律上は禁じられていない（本 13 条の 16 は社員書士の義務規定である）。

行政書士法人に準用された業務上の義務

　1)　本法 8 条 1 項による事務所設置義務の準用は当然として、法人は従たる事務所を設けることができるので、同条 2 項は準用されない。

　2)　9 条の業務帳簿の備付け・保存義務は適用されるが、行政書士法人の帳簿類には、持分会社帳簿に関する会社法規定が準用される（13 条の 21 第 1 項による会社法 615 条・617 条の準用）。法人帳簿としては、会計帳簿のほか貸借対照表があり、資産評価を伴う（会社法準用にともなう本法施行規則改正 12 条の 2〜4 が細目規定をしている）。そして帳簿その他の営業資料の保存年限は、個人行政書士事務所の 2 年（9 条 2 項）をこえて 10 年である（会社法同上）。

　3)　10 条に基づく業務誠実と信用・品位保持の義務は、主には法人の社員・使用人である行政書士が守るべきところであろう。

　4)　10 条の 2 第 1 項による業務報酬額の事務所内掲示義務は、法人も同様。

　5)　11 条にいう依頼応諾義務は、法人自身の義務となるが、実際には依頼

に対応する社員・使用人行政書士の行為規範である。

6)　13条の行政書士会・日行連の会則を守る義務も、法人会員に課されているわけだが、その遵守行動は、主には社員・使用人・従業者がその執務において為すべきところであろう。

なお、業務上の守秘義務を定める12条は行政書士法人には準用されていない。しかし、社員・使用人行政書士の各自に罰則づきの守秘義務が適用され（12条、22条1項）、従業者についても同様なのであって（19条の3、22条1項）、法人に守秘義務を課すのは両罰方式を採るべきこととなるが、本法では法人両罰規定を設けない態度がここにも表わされていると見られる。

行政書士法人の業務過誤に基づく損害賠償責任

行政書士の"業務過誤"責任という問題は、行政書士業務の拡大と国民からの懲戒請求制の新設とに伴って比重を増すように思われるが、本書としては今後の研究にゆだねたい。ただし、特に行政書士法人の業務過誤責任については、その法人業務にともなう義務の一種としてここで付言しておこう。

行政書士法人への会社法600条の準用（本法13条の21第1項）により代表権社員の職務執行に基づく法人の賠償責任が明記されている。

前述したように、許可申請代理や契約書類代理作成などに関し、社員行政書士が法人業務の執行を行なった場合であれば、その過失により依頼者国民に発生せしめた損害については、法人の不法行為責任が生ずると解される（業務受任契約に基づく債務不履行責任はまた別論として）。その過失要件は、行政書士業務の具体的実質に伴う専門職能的な注意義務の違反であると解されよう。また、使用人行政書士の法人業務履行補助途上における過失に基づく法人の不法行為責任についても、同様である。

こうした場合に、加害行為者である行政書士の個人賠償責任が連帯的に存するのかどうかは法解釈上の問題であるが[1]、もし法人に賠償能力が欠けている

[注1]　川島武宜『民法総則』法律学全集、1990年版130-1頁は、法人責任と併存する理事や被用者の不法行為責任を認めている。

ときは「社員」行政書士には無限連帯責任が存することは間違いない。

【本2か条の改正沿革】
① 本2か条の新設沿革は、前記13条の3以下3か条のそれと同じ　② 前記13条の8・11と同じ会社法にともなう改正で本13条の16に第2項を新設

（法定脱退）

第13条の18　　行政書士法人の社員は、次に掲げる理由によつて脱退する。

一　行政書士の登録の抹消

二　定款に定める理由の発生

三　総社員の同意

四　第13条の5第2項各号のいずれかに該当することとなつたこと。

五　除名

（解散）

第13条の19　　行政書士法人は、次に掲げる理由によつて解散する。

一　定款に定める理由の発生

二　総社員の同意

三　他の行政書士法人との合併

四　破産手続開始の決定

五　解散を命ずる裁判

六　第14条の2第1項第三号の規定による解散の処分

七　社員の死亡

2　行政書士法人は、前項第三号の事由以外の事由により解散したときは、解散の日から2週間以内に、その旨を、主たる事務所の所在地の行政書士会を経由して、日本行政書士会連合会に届け出なければならない。

（行政書士法人の継続）

第 13 条の 19 の 2　　行政書士法人の清算人は、社員の死亡により前条第 1 項第七号に該当するに至つた場合に限り、当該社員の相続人（第 13 条の 21 第 2 項において準用する会社法第 675 条において準用する同法第 608 条第 5 項の規定により社員の権利を行使する者が定められている場合にはその者）の同意を得て、新たに社員を加入させて行政書士法人を継続することができる。

（裁判所による監督）

第 13 条の 19 の 3　　行政書士法人の解散及び清算は、裁判所の監督に属する。

2　裁判所は、職権で、いつでも前項の監督に必要な検査をすることができる。

3　行政書士法人の解散及び清算を監督する裁判所は、行政書士法人を監督する都道府県知事に対し、意見を求め、又は調査を嘱託することができる。

4　前項に規定する都道府県知事は、同項に規定する裁判所に対し、意見を述べることができる。

（解散及び清算の監督に関する事件の管轄）

第 13 条の 19 の 4　　行政書士法人の解散及び清算の監督に関する事件は、その主たる事務所の所在地を管轄する地方裁判所の管轄に属する。

（検査役の選任）

第 13 条の 19 の 5　　裁判所は、行政書士法人の解散及び清算の監督に必要な調査をさせるため、検査役を選任することができる。

2　前項の検査役の選任の裁判に対しては、不服を申し立てることができない。

3　裁判所は、第 1 項の検査役を選任した場合には、行政書士法人が当該検査役に対して支払う報酬の額を定めることができる。この場合においては、裁判所は、当該行政書士法人及び検査役の陳述を聴かなければならない。

（合併）

第 13 条の 20　行政書士法人は、総社員の同意があるときは、他の行政書士法人と合併することができる。

2　合併は、合併後存続する行政書士法人又は合併により設立する行政書士法人が、その主たる事務所の所在地において登記することによつて、その効力を生ずる。

3　行政書士法人は、合併したときは、合併の日から 2 週間以内に、登記事項証明書（合併により設立する行政書士法人にあつては、登記事項証明書及び定款の写し）を添えて、その旨を、主たる事務所の所在地の行政書士会を経由して、日本行政書士会連合会に届け出なければならない。

4　合併後存続する行政書士法人又は合併により設立する行政書士法人は、当該合併により消滅する行政書士法人の権利義務を承継する。

（債権者の異議等）

第 13 条の 20 の 2　合併をする行政書士法人の債権者は、当該行政書士法人に対し、合併について異議を述べることができる。

2　合併をする行政書士法人は、次に掲げる事項を官報に公告し、かつ、知れている債権者には、各別にこれを催告しなければならない。ただし、第三号の期間は、1 月を下ることができない。

一　合併をする旨

二　合併により消滅する行政書士法人及び合併後存続する行政書士法人又は合併により設立する行政書士法人の名称及び主たる事務所の所在地

　　三　債権者が一定の期間内に異議を述べることができる旨

3　前項の規定にかかわらず、合併をする行政書士法人が同項の規定による公告を、官報のほか、第6項において準用する会社法第939条第1項の規定による定款の定めに従い、同項第二号又は第三号に掲げる方法によりするときは、前項の規定による各別の催告は、することを要しない。

4　債権者が第2項第三号の期間内に異議を述べなかつたときは、当該債権者は、当該合併について承認をしたものとみなす。

5　債権者が第2項第三号の期間内に異議を述べたときは、合併をする行政書士法人は、当該債権者に対し、弁済し、若しくは相当の担保を提供し、又は当該債権者に弁済を受けさせることを目的として信託会社等（信託会社及び信託業務を営む金融機関（金融機関の信託業務の兼営等に関する法律（昭和18年法律第43号）第1条第1項の認可を受けた金融機関をいう。）をいう。）に相当の財産を信託しなければならない。ただし、当該合併をしても当該債権者を害するおそれがないときは、この限りでない。

6　会社法第939条第1項（第二号及び第三号に係る部分に限る。）及び第3項、第940条第1項（第三号に係る部分に限る。）及び第3項、第941条、第946条、第947条、第951条第2項、第953条並びに第955条の規定は、行政書士法人が第2項の規定による公告をする場合について準用する。この場合において、同法第939条第1項及び第3項中「公告方法」とあるのは「合併の公告の方法」と、同法第946条第3項中「商号」とあるのは「名称」と読み替えるものとする。

（合併の無効の訴え）

第13条の20の3　　会社法第828条第1項（第七号及び第八号に係る部分に限る。）及び第2項（第七号及び第八号に係る部分に限る。）、第834条（第七号及び第八号に係る部分に限る。）、第835条

第1項、第836条第2項及び第3項、第837条から第839条まで、第843条（第1項第三号及び第四号並びに第2項ただし書を除く。）並びに第846条の規定は行政書士法人の合併の無効の訴えについて、同法第868条第6項、第870条第2項（第六号に係る部分に限る。）、870条の2、第871条本文、第872条（第五号に係る部分に限る。）、第872条の2、第873条本文、第875条及び第876条の規定はこの条において準用する同法第843条第4項の申立てについて、それぞれ準用する。

社員行政書士が法人を脱退するしくみ

（1）　告知による任意脱退（予告による任意退社）

　行政書士法人の社員は、6か月前に予告することによって、会計年度の終りに会社法人を退社できる（13条の21第1項が準用する会社法606条1項）。「やむを得ない事由があるとき」はいつでも退社できるとも規定されているが（同上会社法第3項）、これは事の性質上から文字通りやむをえないと他社員に認められる場合に限られよう。

　脱退した社員は、その持分の払戻しを金銭の形で受ける（13条の21第1項が準用する会社法611条1・3項）。が、脱退の登記後2年間は法人の債務弁済について責任を負わなければならない（同上第1項準用の会社法612条）。

　なお、社員の持分を他に譲渡することは、他の社員の承認があれば可であるが（同上第1項準用の会社法585条1項）、全持分を非社員行政書士に譲渡するときは、その行政書士が新社員として加入することになる。

（2）　「法定脱退」の事由

　社員行政書士が本法上当然に「法定脱退」となる事由が、本13条の18に五つ規定されている。

　①行政書士としての登録が日行連によって抹消された場合（前掲7条1・2項に基づき、本人の死亡や行政書士の欠格事由該当をふくむ）、②定款に定める理由の発生（定年制の定めなど）、③総社員の同意、④法人社員としての欠格事

由（前掲 13 条の 5 第 2 項）に該当したとき、⑤ 除名（13 条の 21 第 1 項が準用する会社法 859 条に基づき、出資義務不尽・不正業務行為などを理由に他社員の過半数決議で請求された裁判による除名判決）。

このうち③ 総社員の同意による脱退は、本人告知による任意脱退と事実上は重なると見られる（詳解 172 頁）。

行政書士法人が合併する手続

行政書士法人の合併は、本 13 条の 20 に基づき、総社員が同意するとき他の行政書士法人と行なうことができ（1 項）、主たる事務所の所在地で登記して有効となる（2 項）。そして登記後 2 週間以内に、その地の行政書士会を経由して日行連に届け出る（3 項）。

新設合併では、旧法人はすべて解散となり（13 条の 19 第 1 項三号）、行政書士会を退会するとともに（16 条の 6 第 6 項）、新合併法人が登記によりその主事務所地の行政書士会に自動入会する（同条第 1 項）。吸収合併の場合には、吸収される法人だけが解散して、書士会退会となるだけである。

いずれにせよ、合併にともなう解散には後述する清算の手続がなく、合併法人が旧解散法人の権利義務を包括的に引き継ぐ（本 13 条の 20 第 4 項）。

合併する行政書士法人は、そのむねを官報で「公告」したうえ、債権者に各別に催告して異議がないかを問うことになっている（本 13 条の 20 の 2 第 2 項）。定款の定めにより公告は、新聞公告または電子公告によってもよい（同条第 3 項、および第 6 項で準用する会社法 939 条 1 項二・三号・2 項、940 条 1 項三号・3 項。新聞・電子公告であれば各別の債権者催告を要しない）。この際、電子公告調査機関の働きが法定されている（本 13 条の 20 の 2 第 6 項で準用する会社法 941 条・946 条・947 条・951 条 2 項、953 条、955 条）。そこで、債権者が所定期間内に異議を述べなければ合併承認とみなされるが（本 13 条の 20 の 2 第 4 項）、異議が述べられたときは、法人が弁済か相当の担保提供ないし財産信託をするのが原則である（同条 5 項）。

さらにまた、社員・債権者等による「合併無効の訴え」が 6 か月以内に出されうるが（本 13 条の 20 の 3 が準用する会社法 828 条 1 項七・八号、2 項）、その訴

訟のしくみは、のちに示される「設立無効の訴え」等と大体同じである（同上本条が準用する会社法834条、835条1項、836条2・3項（出訴債権者による担保提供）、837条〜839条、843条1項二・三号・2項本文（無効判決効）、846条、868条（無効判決後の債務負担に関する法人からの申立て）、870条2項五号、870条の2、871〜873条、875条・876条）。

　なお、将来的には、国民への法務サービスをワンストップ化させることを目ざして、弁護士法人・司法書士法人・税理士法人・行政書士法人・特許業務法人などが総合法人に合同合併できるような法制への改革が望ましいように考えられるが、それは業務提携へ向けて諸士業法の変更を伴う大課題であろう。社員資格を限定している現行法下では、弁護士法人も行政書士法人も同業法人間の合併しか認められていない。

行政書士法人の解散の手続および清算等の効果

　1)　行政書士法人は「解散」によって業務を停止するが、直ちに法人でなくなるわけではない。破産の場合以外は「清算」手続に入り、清算の結了により法人格が消滅するまでは法人存続とみなされる（13条の21第2項が準用する会社法645条）。もっとも合併以外の法人解散の登記から2週間以内に所属行政書士会を経由して日行連に届け出なくてはならず（本13条の19第3項）、同時に法人会員は行政書士会を退会することになる（16条の6第6項）。

　また、社員行政書士に無限連帯責任があるため、法人財産で債務を完済できない"債務超過"という一般の破産原因があっても破産手続開始決定ができない「合名会社」と破産法16条2項上みなされ（13条の21第8項、後述）、社員の無限責任は清算中も存続して、債権者からの請求がないと解散登記後5年経てはじめて消滅する（同上第2項準用の会社法673条）。

　裁判所選任の破産管財人以外では、「清算人」は社員過半数で別に選任しないかぎり法人の業務執行社員がその任に当る（同上第2項準用の会社法647条1項）。清算人は法人債務を完済した後でなければ、残余財産を社員に分配できない（同上会社法664条）。こうした「法定清算」手続が持分会社的法人にとっ

ても原則とされるが（同上準用の会社法644条）、総社員で決め債権者を保護する財産処分による「任意清算」もなしうる（同上準用の会社法668〜671条）。

　2）　上記のような清算手続に連なる行政書士法人の「解散」は、本13条の19第1項に基づき、以下七つの法定事由ある場合になしうる。

　　a）定款に定める理由の発生——たとえば「特定社員」の死亡・脱退、過半数社員の解散同意[1] など。

　　b）総社員の同意——自主解散の本来的場合にちがいないが、社員相互間の不和対立などを[2]「やむを得ない事由」として一部社員から解散の裁判請求ができることになっている（13条の21第5項準用の会社法833条2項）。

　　c）他の行政書士法人との合併（前述）。

　　d）破産——上述のように債務超過というだけでは破産原因にならないが、債権者や社員からの破産申立てを調査した裁判所が社員の支払能力をふくめて"支払不能"だと認めて破産手続開始の決定をすれば、合名会社的法人であっても破産解散となる（破産法18・19条、30条、32条[2]）。

　　e）解散を命ずる裁判——その1は、上記の一部社員が請求した通常民事訴訟の裁判に基づく解散判決の場合である（13条の21第5項準用の会社法833条2項）。

　　　　その2は、法務大臣、債権者等または社員から非訟事件手続として請求された「解散命令」を裁判所が発するしくみで（同上第3項準用の会社法824条、本13条の19の2・3。裁判所による検査役の選任、本13条の19の4）、1年以上の休業や違法業務行為で公益的見地から法人の存立を許すべからざるものと認められる場合（会社法824条1項）である。

　　f）解散の処分——のちに述べる都道府県知事による法人の懲戒処分としての「解散」処分である（14条の2第1項三号）。

　　g）旧第2項の解散事由であった社員が1人となり6か月を経たときは、2019年改正の13条の19の2そう入にともない削除された。

［注1］　高中正彦『弁護士法人制度解説』三省堂、2001年版62-3頁参照。
［注2］　中田淳一『破産法・和議法』法律学全集、有斐閣、1990年版38・43頁参照。

1人法人の行政書士が死亡した場合の法人継続策

　行政書士1人法人で社員書士が死亡すると、13条の19第1項七号にいう全「社員の死亡」による「解散」と同等に当るはずだが、13条の19の2のそう入改正で、清算人が社員書士の相続人の同意に基づく新社員加入によって法人継続をさせうると特別規定されたことになる。

　これは、依頼者国民の保護を主に1人法人事務所の業務継続を図る策と解されよう。

【本9か条の改正沿革】

①　旧3か条の新設沿革は、前記13条の3以下3か条のそれと同じ　②　前記13条の8～11と同じ会社法にともなう改正で本13条の20第4項および本13条の20の2・3を新設　③　2006（平成18）年6月2日公布・2008（平成20）年12月1日施行［一般法人法の整備法］＝13条の19の2～4（3か条）追加　④　2011（平成23）年5月25日公布・2013（平成25）年1月1日施行［非訟事件手続法の施行整理法］＝13条19の4第4項削除、13条の20の3中、会社法870条2項五号、870条の2、872条五号、872条の2改正　⑤　2019（令和元）年12月4日公布による13条の19の2そう入改正＝書士1人法人の継続特例、それにともない、13条の19七号挿入、2項削除、3項を2項に、13条の19の2以下3・4を3・4・5に修正。

（一般社団法人及び一般財団法人に関する法律及び会社法の準用等）

第13条の21　　一般社団法人及び一般財団法人に関する法律（平成18年法律第48号）第4条並びに会社法第600条、第614条から第619条まで、第621条及び第622条の規定は行政書士法人について、同法第580条第1項、第581条、第582条、第585条第1項及び第4項、第586条、第593条、第595条、第596条、第599条第4項及び第5項、第601条、第605条、第606条、第609条第1項及び第2項、第611条（第1項ただし書を除く。）、第612条並びに第613条の規定は行政書士法人の社員について、同法第589条第1項の規定は行政書士法人の社員であると誤認させる行為をした者の責任について、同法第859条から第862条までの規定は行政書士法人

の社員の除名並びに業務を執行する権利及び代表権の消滅の訴えについて、それぞれ準用する。この場合において、同法第 613 条中「商号」とあるのは「名称」と、同法第 615 条第 1 項、第 617 条第 1 項及び第 2 項並びに第 618 条第 1 項第二号中「法務省令」とあるのは「総務省令」と、同法第 617 条第 3 項中「電磁的記録」とあるのは「電磁的記録（行政書士法第 1 条の 2 第 1 項に規定する電磁的記録をいう。次条第 1 項第二号において同じ。）」と、同法第 859 条第二号中「第 594 条第 1 項（第 598 条第 2 項において準用する場合を含む。）」とあるのは「行政書士法第 13 条の 16 第 1 項」と読み替えるものとする。

2　会社法第 644 条（第三号を除く。）、第 645 条から第 649 条まで、第 650 条第 1 項及び第 2 項、第 651 条第 1 項及び第 2 項（同法第 594 条の準用に係る部分を除く。）、第 652 条、第 653 条、第 655 条から第 659 条まで、第 662 条から第 664 条まで、第 666 条から第 673 条まで、第 675 条、第 863 条、第 864 条、第 868 条第 1 項、第 869 条、第 870 条第 1 項（第一号及び第二号に係る部分に限る。）、第 871 条、第 872 条（第四号に係る部分に限る。）、第 874 条（第一号及び第四号に係る部分に限る。）、第 875 条並びに第 876 条の規定は、行政書士法人の解散及び清算について準用する。この場合において、同法第 644 条第一号中「第 641 条第五号」とあるのは「行政書士法第 13 条の 19 第 1 項第三号」と、同法第 647 条第 3 項中「第 641 条第四号又は第七号」とあるのは「行政書士法第 13 条の 19 第 1 項第五号から第七号まで」と、同法第 658 条第 1 項及び第 669 条中「法務省令」とあるのは「総務省令」と、同法第 668 条第 1 項及び第 669 条中「第 641 条第一号から第三号まで」とあるのは「行政書士法第 13 条の 19 第 1 項第一号又は第二号」と、同法第 670 条第 3 項中「第 939 条第 1 項」とあるのは「行政書士法第 13 条の 20 の 2 第 6 項において準用する第 939 条第 1 項」と、同法第 673 条第 1 項中「第 580 条」とあるのは「行政書士法第 13 条の 21 第 1 項にお

いて準用する第 580 条第 1 項」と読み替えるものとする。

3　会社法第 824 条、第 826 条、第 868 条第 1 項、第 870 条第 1 項（第十号に係る部分に限る。）、第 871 条本文、第 872 条（第四号に係る部分に限る。）、第 873 条本文、第 875 条、第 876 条、第 904 条及び第 937 条第 1 項（第三号ロに係る部分に限る。）の規定は行政書士法人の解散の命令について、同法第 825 条、第 868 条第 1 項、第 870 条第 1 項（第一号に係る部分に限る。）、第 871 条、第 872 条（第一号及び第四号に係る部分に限る。）、第 873 条、第 874 条（第二号及び第三号に係る部分に限る。）、第 875 条、第 876 条、第 905 条及び第 906 条の規定はこの項において準用する同法第 824 条第 1 項の申立てがあつた場合における行政書士法人の財産の保全について、それぞれ準用する。

4　会社法第 828 条第 1 項（第一号に係る部分に限る。）及び第 2 項（第一号に係る部分に限る。）、第 834 条（第一号に係る部分に限る。）、第 835 条第 1 項、第 837 条から第 839 条まで並びに第 846 条の規定は、行政書士法人の設立の無効の訴えについて準用する。

5　会社法第 833 条第 2 項、第 834 条（第二十一号に係る部分に限る。）、第 835 条第 1 項、第 837 条、第 838 条、第 846 条及び第 937 条第 1 項（第一号リに係る部分に限る。）の規定は、行政書士法人の解散の訴えについて準用する。

6　清算が結了したときは、清算人は、その旨を日本行政書士会連合会に届け出なければならない。

7　破産法（平成 16 年法律第 75 号）第 16 条の規定の適用については、行政書士法人は、合名会社とみなす。

行政書士法人に対する一般法人法等の準用

行政書士法人にも、民法に代って「法人」に関する一般法律となった「一般社団法人及び一般財団法人に関する法律」（一般法人法）等が補充的意味あいで

準用されている（本条1～7項）。

まず、一般法人法4条（主たる事務所の所在地が法人の「住所」）。

また、破産法16条（合名会社の債務超過破産を否定）の適用上、「行政書士法人は合名会社とみなす」と書かれている（本条7項）。今次の改正で、民法の「組合」に関する規定の準用はなくなったが、すでにコメントもされたとおり、行政書士法人は「合名会社」類似の法人であるため、新会社法における「持分会社」（575条1項で合名会社、合資会社、合同会社の総称）に関する諸規定が、以下のとおり数多く準用されるところとなった。

行政書士法人に対する会社法等の準用

（1）　行政書士法人の会計帳簿等に関する会社法の準用（本条1項）

「持分会社」らしい会計経理の公正を担保するため、所定の会計帳簿と計算書類に関する会社法の規定が準用される。　614条（企業会計原則）、615条（会計帳簿の作成・10年保存義務）、616条（裁判所からの帳簿提出命令）、617条（貸借対照表その他の計算書類の作成・10年保存義務）、618条（社員の計算書類閲覧請求権）、619条（裁判所からの計算書類提出命令）、621条（社員への利益配当）、622条（損益分配の割合）。

このうち615条1項、617条1・2項を承ける形で（法務省令を総務省令と読み替える）、本法施行規則の改正が、会計帳簿・貸借対照表の記載細目や電磁的計算書類の表示方法について定めている（12条の2の2～4）。

（2）　行政書士法人の社員に関する会社法の準用（本条1項）

行政書士法人がみなしを受ける「合名会社」は、「持分会社」の1種であり、その無限責任社員としての社員の権利と責任に関する会社法の規定が行政書士法人の社員について準用される。　580条1項（社員の無限責任）、581条（社員の抗弁権）、582条（社員の出資責任）、585条1・4項、586条（社員の持分譲渡）、593条（業務執行社員の職務上の義務）、595条（同上社員の利益相反取引制限）、596条（同上社員の損害賠償責任）、599条4・5項（同上社員の会社代表権）、600条（代表社員の損害賠償責任）、601条（社員との訴訟における会社代表者）、605条（加入社員の責任）、606条（社員の任意退社）、609条1・2項（持分差押債

権者による社員退社強制）、611 条（退社社員の持分払戻し）、612 条（退社社員の責任）、613 条（退社社員による商号（名称）変更請求）、さらに 589 条（社員と誤認させた行為者の責任）、859 条〜862 条（社員除名の訴え、社員の業務執行権・代表権消滅の訴え。859 条二号につき本法 13 条の 16 第 1 項への読み替え）。

（3）　行政書士法人の設立無効の訴えに関する会社法の準用（本条 4 項）

828 条 1 項一号・2 項（設立日から 2 年以内の社員等による無効の訴え）、834 条一号（法人が被告）、835 条 1 項（主事務所の地裁管轄）、837 条〜839 条（弁論併合、判決の効力範囲）、846 条（敗訴原告の法人に対する損害賠償責任）。

（4）　行政書士法人の解散および清算に関する会社法等の準用（本条 2・3・5 項）

法人の清算に関して、会社法 644 条一・二号（清算の開始原因、一号につき本法 13 条の 19 第 1 項三号読み替え）、645 条（清算結了までの法人存続）、646 条〜651 条（清算人の設置・就任・解散・職務・業務執行・法人との委任関係。647 条 3 項につき本法 13 条の 19 第 1 項五号〜七号の読み替え）、652 条・653 条（清算人の損害賠償責任）、655 条（清算人の法人代表権）、656 条（清算人による破産手続開始申立て）、657 条（清算人の報酬）、658 条・659 条（清算人による財産目録等の作成・社員通知義務と裁判所の提出命令権。法務省令の総務省令読み替えによる本法施行規則の改正 12 条の 2 の 5・6 が財産目録・貸借対照表の細目を定める）、662 条〜664 条（清算法人による債務弁済・社員出資履行請求・残余財産分配制限）、666 条（残余財産の社員分配割合）、667 条（清算法人による清算計算の社員による承認）、668 条〜671 条（法人による任意清算における財産処分方法の定め、財産目録の作成、債権者の異議・同意。668 条 1 項・669 条につき本法 13 条の 19 第 1 項一・二号の読み替え、670 条 3 項につき本法 13 条の 20 の 2 第 6 項の読み替えあり）、672 条（清算人による帳簿資料の保存義務）、673 条（社員責任の原則 5 年消滅時効）、675 条（清算法人社員の死亡による相続人等による持分承継）、863 条・864 条（清算法人財産処分の取消しの訴えとその被告）、868 条 1 項、869 条、870 条 1 項一・二号、871 条、872 条四号、874 条一・四号、875 条、876 条（主事務所管轄の地裁における非訟事件の手続・不服申立て・最高裁規則の定め）。

法人の解散命令・財産保全に関して、会社法 824 条（裁判所による法人解散

命令および債権者等によるその申立て）、825 条（裁判所による、申立てにかかる法人財産の保全処分）、826 条（裁判所その他官庁による法務大臣への職務上の通知義務）、833 条 2 項（社員による解散の訴え）、834 条 21 号（同上訴えの法人被告）、835 条 1 項（主事務所の地裁管轄）、837 条・838 条（同上訴えの手続・判決効力）、846 条（敗訴原告の賠償責任）、868 条 1 項、870 条 1 項一・十号、871 条、872 条四号、873 条、874 条二・三号、875 条、876 条（以上同上コメント）、904 条～905 条（解散命令手続の特則としての法務大臣関与、利害関係人の計算資料閲覧権等）、937 条 1 項一号リ・三号ロ（解散命令裁判にともなう書記官による登記嘱託）。

（5）　行政書士法人の清算結了は清算人から日行連に届け出なければならない（本条 6 項）

【本条の改正沿革】

①　本条の新設沿革は、前記の 13 条の 3 以下 3 か条のそれと同じ　②　2004（平成 16）年 6 月 2 日公布・翌年 1 月 1 日施行の破産法改正で第 8 項の形式的改正　③　2004 年 6 月 9 日公布・翌年 2 月 1 日施行の電子公告導入の商法改正で旧第 6 項の改正　④　2005（平成 17）年 7 月 26 日公布・翌年 5 月 1 日施行の会社法の制定にともなう整備法による第 1〜5 項の全改正および第 6・7 項新設　⑤　2006（平成 18）年 6 月 2 日公布・2008（平成 20）年 12 月 1 日施行［一般法人法の整備法］＝第 1 項で民法に代る一般法人法の適用など　⑥　2011（平成 23）年 5 月 25 日・2013（平成 25）年 1 月 1 日施行［非訟事件手続法の施行整理法］＝13 条の 21 第 2 項中、会社法 870 条 1 項一・二号、第三項中、870 条 1 項十号・一号改正

第6章　監　　督

（立入検査）

第 13 条の 22　　都道府県知事は、必要があると認めるときは、日没から日出までの時間を除き、当該職員に行政書士又は行政書士法人の事務所に立ち入り、その業務に関する帳簿及び関係書類（これらの作成又は保存に代えて電磁的記録の作成又は保存がされている場合における当該電磁的記録を含む。）を検査させることができる。

2　前項の場合においては、都道府県知事は、当該職員にその身分を証明する証票を携帯させなければならない。

3　当該職員は、第1項の立入検査をする場合においては、その身分を証明する証票を関係者に呈示しなければならない。

4　第1項の規定による立入検査の権限は、犯罪捜査のために認められたものと解釈してはならない。

【関係条項】

第 23 条の 2　第 13 条の 22 第 1 項の規定による当該職員の検査を拒み、妨げ又は忌避した者は、30 万円以下の罰金に処する。

行政書士・法人事務所への都道府県知事の立入検査の法的意義

（1）　監督機関である都道府県知事の権限

　本法に基づく都道府県知事の権限は、すべて法定自治事務に属し、前述した試験制度とのかかわりを除くと、行政書士会および各行政書士に対する以下のような監督権限であって、本条の事務所立入検査権はまさにその一環である。

a) 行政書士会に対する知事監督——会則認可（16条の2）、会員異動・違反情報の報告受理（17条）、報告徴収・業務勧告（18条の6）

b) 行政書士・法人に対する知事監督——事務所備付け帳簿の記載事項設定（9条1項）、立入検査（本13条の22）、懲戒処分権（14条、14条の2、14条の4、14条の5）、懲戒請求の調査権（14条の3、17条2項）

以上のうち、各行政書士会から違反会員についての知事報告義務は従来から有ったが、2003年改正で後述する国民から知事への懲戒請求制度が新設されたため、懲戒処分権者である都道府県の本条に基づく事務所立入検査権も改めて重視されるべきところとなっている。

（2）　間接強制による任意立入権のしくみ

事務所への検査立入りを行政書士の側で拒否することができるか。関係条項の罰則（23条の2）に示されるとおり、正当な理由によらない自己都合による立入り拒否は罰金犯罪であって告発されうる。しかし、立入り拒否に対して都道府県職員が押し入って強制立入りすることは違法であると解されている。その意味で、罰則の間接強制づきだが"任意立入り"なのである（行政法学でいう純粋な「即時強制」には当らない）。

この点は、税務調査拒否刑事事件の最高裁大法廷判例（昭47・11・22判例時報684号17頁、川崎民商事件）において、所得税法に定める税務検査立入りが令状なしのしくみでも実力強制立入りでなく間接強制の任意立入りであるが故に、憲法35条の捜索令状主義に反しないと解された際に確定されている。

本条4項が、1項の立入検査をもっぱら犯罪捜査の目的でしてはならないと定めているのも、憲法35条の脱法行為をさせないためである。もっとも、監督行政目的で立入り検査をした結果何らかの犯罪を発見したときにそれを告発することは、4項に反しない（同旨、詳解202頁）。

立入検査の具体的しくみ

本条の立入検査が"任意立入り"であるとしても、不当拒否が処罰される間接強制にちがいないので、その適法要件はそれなりに限定されていなくてはならない。

a) 日が沈んだ夜間には行なえないという時間的制限（本条1項）

b) 立入検査職員が身分証票を携帯し呈示する義務（2・3項。東京都の行政書

士法施行細則8条に基づく証明書の別記様式、参照)——これは憲法35条に
いう裁判官許可の「令状」制に代るしくみとして肝要である。

c) 検査の対象は業務に関する帳簿その他の関係書類に限られる (1項)——
税務調査等のような質問権限までは法定されていない。

d) 立入検査できる場合につき本条の文言上は「必要があると認めるとき」
であるが (1項)、事務所はとくに個人行政書士にとっては私的な業務場所
であるから、監督行政上の客観的必要性のある場合でなければならないと
解される——もっとも、懲戒請求のケースをはじめ法規違反検査の場合に
限られず、業務実態調査における抽出検査なども客観的必要の要件を満た
すであろう (ほぼ同旨、詳解202頁)。

e) 事前通知は、最高裁の判例 (昭48・7・10判例時報708号18頁、荒川民商
事件) で一般義務的でなく具体的事情によるとされているが、監督行政目
的に反しない限り透明手続としてなるべく為すべきところと解される——
帳簿隠しや改ざんは逆に帳簿備付け義務に反することになろう。なお、検
査時に第三者行政書士等の立会いを要求することは、権利とは解されない
が、運用上の保障として望ましく、事前通知はそれにも関係している。

以上の適法要件に違反した立入検査であることは、拒否罪刑事訴訟で抗弁さ
れうるほか、懲戒処分の争訟において違法収集情報であると主張されうるはず
である。

【本条の改正沿革】
①　2003 (平成15) 年7月30日公布・翌年8月1日施行の改正で旧13条を移設　②
2004 (平成16) 年12月1日公布・翌年4月1日施行の民間情報通信技術利用法の整備法
として1項中の「関係書類」にかっこ書きを加える　③　2006 (平成18) 年6月7日公
布・翌年4月1日施行の地方自治法一部改正にともない「吏員」を「職員」に改正

（行政書士に対する懲戒）
第14条　　　行政書士が、この法律若しくはこれに基づく命令、規則
その他都道府県知事の処分に違反したとき又は行政書士たるにふさ

わしくない重大な非行があつたときは、都道府県知事は、当該行政
書士に対し、次に掲げる処分をすることができる。

一　戒告
二　2年以内の業務の停止
三　業務の禁止

（行政書士法人に対する懲戒）

第14条の2　行政書士法人が、この法律又はこの法律に基づく命
令、規則その他都道府県知事の処分に違反したとき又は運営が著し
く不当と認められるときは、その主たる事務所の所在地を管轄する
都道府県知事は、当該行政書士法人に対し、次に掲げる処分をする
ことができる。

一　戒告
二　2年以内の業務の全部又は一部の停止
三　解散

2　行政書士法人が、この法律又はこの法律に基づく命令、規則その
他都道府県知事の処分に違反したとき又は運営が著しく不当と認め
られるときは、その従たる事務所の所在地を管轄する都道府県知事
は、当該行政書士法人に対し、次に掲げる処分をすることができる。
ただし、当該違反等が当該従たる事務所に関するものであるときに
限る。

一　戒告
二　当該都道府県の区域内にある当該行政書士法人の事務所につい
　　ての2年以内の業務の全部又は一部の停止

3　都道府県知事は、前2項の規定による処分を行つたときは、総務
省令で定めるところにより、当該行政書士法人の他の事務所の所在
地を管轄する都道府県知事にその旨を通知しなければならない。

4　第1項又は第2項の規定による処分の手続に付された行政書士法
人は、清算が結了した後においても、この条の規定の適用について

は、当該手続が結了するまで、なお存続するものとみなす。

5　第 1 項又は第 2 項の規定は、これらの項の規定により行政書士法人を処分する場合において、当該行政書士法人の社員につき前条に該当する事実があるときは、その社員である行政書士に対し、懲戒処分を併せて行うことを妨げるものと解してはならない。

行政書士・法人に対する都道府県知事の懲戒処分権の意義

1)　前条のコメントに述べられたとおり、従来から都道府県知事は行政書士に対する監督機関であったが、2003（平成 15）年の本法改正前の本条では、違反行政書士に対する"業務禁停止"の処分だけが規定され、いわば外枠維持的な紀律制度にとどめられていた。実際の処分例も、法令違反書士の業務停止処分が年によって生ずる程度であった。

2)　ところが 2003 年の改正において、後述する一般国民からの行政書士・法人に対する"懲戒請求"制度が法定され（14 条の 3 第 1・2 項）、都道府県知事による行政書士・法人の「処分」が改めて「懲戒」制度としてクローズアップされるところとなっている。そして、違反行政書士・法人に対する懲戒紀律を強める意味あいで、本 14 条・14 条の 2 に「戒告」処分が追加規定され、これを含めてすべての「懲戒処分」は公表されるしくみとなった（14 条の 5）。

しかも、弁護士・法人に対する懲戒処分が所属弁護士会と日弁連によるいわば専門士業団体の自己紀律であるのに対し（弁護士法 56 条 2 項、60 条）、行政書士・法人の懲戒は他の専門士業と同様だが監督行政機関の権限とされているので、行政的紀律が強化されたことに注意しなければならない（従前より各行政書士会から違反書士に関する報告制は存したが）。

3)　2008 年改正で、業務停止処分の上限が 1 年から 2 年に引き上げられた。

懲戒処分とその法効果

（1）　行政書士の懲戒処分（本 14 条）

都道府県知事が決定する個人行政書士に対する「懲戒処分」は、以下の「戒

告」と“業務禁停止”の３段階であって、その伴う法効果とともに整理してみ
よう。なお、法規違反が犯罪処罰されるのとは目的のちがいから併科されうる。

　a) 戒告　　行政書士会の会長が会員に対して行なう“口頭注意”が業務上
　　の指導措置であるのとちがい、「戒告」は法規違反等について将来を戒め
　　る懲戒処分の最も軽い段階である。それが公告されることによって懲戒責
　　任あることを公表する点に制裁効果が示されよう。後述する行政書士法人
　　に対する戒告処分も同様である。

　b) ２年以内の業務停止　　たとえ日数による停止処分であっても、法的に
　　行政書士業務に従事することが法禁されるので、法規に基づく不利益効果
　　が伴う。① 日行連への行政書士証票の一時返還義務（法７条の２第１項後
　　段）、② 行政書士事務所表札を期間中はずす義務（法施行規則２条の14第２
　　項）、③ 所属行政書士会への届出義務（東京都行政書士会会則27条など）、
　　④ 期間中は行政書士法人の社員になれない（法13条の５第２項一号）。
　　　なお、期間中にもし行政書士業務を敢行した場合、登録行政書士の地位
　　はあるため本法19条（非行政書士の業務禁止）の違反には当らないが、本
　　法に基づく処分の違反にちがいなく業務停止処分を受けることになる（同
　　旨、詳解202-3頁）。

　c) 業務禁止　　事の性質上、停止処分以上の不利益効果を出ずる。① 所属
　　行政書士会への届出義務（東京都行政書士会会則27条など）、② 向う３年間
　　は行政書士の欠格事由該当（法２条の２第七号）、③ 日行連への欠格該当の
　　届出義務（法施行規則12条一号）、④ 日行連による登録抹消（法７条１項一
　　号）、⑤ 登録抹消により、行政書士証票の返還義務と所属書士会の自動退
　　会（法７条の２第１項前段、16条の５第３項）。

（２）　行政書士法人に対する懲戒処分（本14条の2）

a)「戒告」　　個人行政書士の場合とほぼ同様。

b) ２年以内の業務停止　　法人業務の一部停止もありうる（14条の２第１項
　　二号等）。また、従たる事務所管轄の都道府県知事も、その区域内におけ
　　る当該事務所業務の違反につき停止処分をなしうる（同条２項二号）。

c)「解散」　　主たる事務所管轄の都道府県知事は行政書士法人「解散の処

分」をなし得、これにより法人解散となる（14条の2第1項三号、13条の
19第1項六号）。

　なお、以上の法人処分と並んで、法人業務を執行した「社員」行政書士の法
規違反については、別途上記の書士処分がなされうる（14条の2第5項）。

　（3）　懲戒処分に関する行政争訟

　都道府県知事による行政書士・法人の懲戒処分は、法定自治事務としての行
政処分に当るので、行政「不服申立て」は処分庁知事にあてた「審査請求」と
なる（全面改正行服法4条一号）。そして、聴聞を経る業務禁停止・解散処分に
ついても、聴聞手続上の処分・不作為以外は不服申立てできることとなってい
る（行服法改正にともなう改正行手法27条）。

　また、処分の取消訴訟は、とくに不服申立て前置制も法定されていないので、
執行停止申請づきで直接出訴することも可である（行訴法3条2項、8条1項、
25条2項）。

　（4）　所属行政書士会による懲戒的処分

　行政書士・法人の法規違反および会則の違反に対し、制裁的な会員処分が行
なわれうるむね行政書士会会則で定められている。これは法定行政処分ではな
いが、次のように会員の権利制限措置であると、行政処分に当る懲戒的処分の
一種と解される。

　たとえば東京都行政書士会会則によると、本人「弁明の機会」を経て綱紀委
員会の答申に基づく「会員の処分」は、「廃業の勧告及び会員の権利の停止、1
年以内の会員の権利の停止、訓告」とされている（23条1項、22条2・3項）。
これらは広義の懲戒的処分の性質をもつとはいえ、書士団体による会員紀律措
置であって、都道府県知事による法定処分とは目的・効果を異にするので、併
科されうるものと解してよいであろう。

【本2か条の改正沿革】

○　本14条は、①　1971（昭和46）年10月15日公布・12月1日施行改正により見出し
と二号の「登録の取消」を「登録の禁止」に変更　②　2003（平成15）年7月30日公
布・翌年8月1日施行改正により、14条の2として一号に「戒告」を加えるとともに旧
2〜4項の手続条項を新14条の3へ移設　③　2008（平成20）年1月17日公布・7月1日
施行＝業務停止処分の上限を1年から2年に引き上げ

○　本14条の2は、①　上記②改正により新設　②　上記③に同じ改正

（懲戒の手続）

第14条の3　何人も、行政書士又は行政書士法人について第14条又は前条第1項若しくは第2項に該当する事実があると思料するときは、当該行政書士又は当該行政書士法人の事務所の所在地を管轄する都道府県知事に対し、当該事実を通知し、適当な措置をとることを求めることができる。

2　前項の規定による通知があつたときは、同項の都道府県知事は、通知された事実について必要な調査をしなければならない。

3　都道府県知事は、第14条第二号又は前条第1項第二号若しくは第2項第二号の処分をしようとするときは、行政手続法第13条第1項の規定による意見陳述のための手続の区分にかかわらず、聴聞を行わなければならない。

4　前項に規定する処分又は第14条第三号若しくは前条第1項第三号の処分に係る行政手続法第15条第1項の通知は、聴聞の期日の1週間前までにしなければならない。

5　前項の聴聞の期日における審理は、公開により行わなければならない。

（登録の抹消の制限等）

第14条の4　都道府県知事は、行政書士に対し第14条第二号又は第三号に掲げる処分をしようとする場合においては、行政手続法第15条第1項の通知を発送し、又は同条第3項前段の掲示をした後直ちに日本行政書士会連合会にその旨を通知しなければならない。

2　日本行政書士会連合会は、行政書士について前項の通知を受けた場合においては、都道府県知事から第14条第二号又は第三号に掲げる処分の手続が結了した旨の通知を受けるまでは、当該行政書士

について第 7 条第 1 項第二号又は第 2 項各号の規定による登録の抹
消をすることができない。

（懲戒処分の公告）

第 14 条の 5　　都道府県知事は、第 14 条又は第 14 条の 2 の規定に
より処分をしたときは、遅滞なく、その旨を当該都道府県の公報を
もつて公告しなければならない。

都道府県知事による行政書士・法人の懲戒処分の手続

（1）　「戒告」処分に先きだつ弁明の機会（行政手続法 13 条 1 項二号）

　たんなる「戒告」であっても、行政書士・法人の法規違反等の懲戒責任が公
的な懲戒処分として都道府県の公報に公告されるので（本 14 条の 5）、相手方
書士・法人の権利・法益を制限する「不利益処分」（行手法 2 条四号）に当ると
解される。すると、本法に別段の定めがなくても、一般手続法の規定（行手法
13 条 1 項二号）によって「弁明の機会」を相手方に事前保障する必要がある。

　「弁明の機会」は原則「弁明書」の提出であるが（同法 29 条）、都道府県知
事からの処分原案通知書が（「弁明の機会の付与の通知」）、一定日数前に処分原
因事実（違反事実）を示して送付されなければならない（同 30 条）。実際には、
所属行政書士会からの違反事案報告（本法 17 条 2 項）に基づく場合が多いであ
ろう（同 17 条の 2 による事前の注意勧告もありうる）。

（2）　業務停止処分に先きだつ「聴聞」（本 14 条の 3 第 3 項）

　あとに述べるとおり、行政手続法では「名あて人の資格又は地位を直接には
く奪する不利益処分をしようとするとき」には当然に正式「聴聞」をしなけれ
ばならないと一般規定しているので（13 条 1 項一号ロ）、業務禁止・法人解散
の処分はそれに該当するが、業務停止処分はそれに当らない。しかし行政書
士・法人にとって短期間でも違反業務停止が公告される事態は深刻なので、行
手法の一般原則の特例として、本 14 条の 3 第 3 項で「聴聞」を必要的と規定

したのである。

1994（平成6）年10月施行の行手法は、効果のきびしい「不利益処分」については、刑事訴訟モデルの正式口頭「聴聞」手続を相手方国民に保障することにしている。本法はそれを業務停止処分に準用したので、下記の法定手続が執られなければならない。加えて本14条の3第5項では、行手法聴聞にない「審理の公開」をも規定しているので、いっそう刑事裁判に近づけられている。

　①期日の1週間前までに聴聞通知書を出し（本14条の3第4項）、それには予定処分内容、根拠法令条項、「処分の原因となる事実」、期日・場所、担当行政組織の表示を記す（行手法15条1項）。　②本人と代理人は予定処分の根拠資料を閲覧請求できる（同法18条）。　③行政庁の指名職員である「主宰者」の許可を得て本人・代理人は、「補佐人」とともに出頭、行政庁職員に対して質問することもできる（同20条3・4項）。　④都道府県知事による処分決定は、本人側の陳述に関する主宰者の聴聞調書と報告書を参酌してなされる（同24・26条）。なお、各都道府県の聴聞規則も適用されるので注意を要する。

（3）　業務禁止・「解散」処分に先きだつ聴聞（行手法13条1項一号ロ）

　本14条の3第4項は、行政書士の業務禁止または法人の解散処分に行手法の一般規定に基づく聴聞が必要的であることを窺わせるとともに、第5項と相まって聴聞の公開手続を定めている。また、停止処分とも共通するが本14条の4により、日行連が当該行政書士の登録抹消の手続を進めないように定められているが、これは主に当該行政書士が懲戒処分を避けるために自主廃業の届出をして登録抹消を狙う余地をふさいだものであろう。懲戒手続中の行政書士法人が「清算」結了となっても法人存続とみなされるのも（前出14条の2第4項）、同旨である。

国民から都道府県知事に対する行政書士・法人の懲戒請求

　1）　2004（平成16）年8月施行の本法改正で新設された、一般国民からの行政書士・法人に関する懲戒請求の制度は、すでに他士業法において定められている。ただし、弁護士法に基づくそれ（58条1項）が所属弁護士会あてであるのとちがい監督行政機関である都道府県知事に対するものであって、それだけ

行政書士・法人にとって紀律力のインパクトの強いものであろう。

　もっとも、弁護士懲戒請求者が弁護士会の綱紀委員会で懲戒不相当と議決されたら日弁連に異議の申出ができても（法61条1項）、懲戒請求は被害者救済を主目的とする制度ではないとされており、そうした異議申出権を定めない本法上の懲戒請求は、けっして被害者国民に行政書士・法人の懲戒処分請求権までを保障しているわけではない。その主旨は、本14条の3第1・2項の定め方にも表われている。

　2）　まず、①懲戒請求できる「何人」（14条の3第1項）は、行政書士・法人の業務にかかわる被害者に限らず、文字どおり国民のすべて・一般人である。次に、②請求者は行政書士・法人による法規違反等の懲戒事由に当る事実を示すのだが、それに対応して都道府県知事がなすべきなのは、「必要な調査」に基づく「適当な措置」であって（同条第1・2項）、懲戒処分の決定に限られない。しかし他方、一たん対応調査が進行した後に請求が取り下げられても、本法に基づく懲戒処分手続は都道府県知事の判断で進められうると解される。また、対応調査・措置の結果は請求者国民に通知されるべきである。

　3）　弁護士法に基づく懲戒請求の処理手続は、綱紀委員会の懲戒相当議決のあと懲戒委員会の聴聞と合議が学識経験者・判検事委員を含めて行なわれ、日弁連における「審査請求」審査を経た懲戒処分裁決の取消訴訟は、地裁段階を審級省略した高裁からのそれとされている（58条3項、59条、60条、62条、細目は弁護会の規則に基づく）。都道府県知事による懲戒請求の対応手続も、本14条の3第3〜5項等による前述の聴聞・弁明手続のほか、条例・規則・要綱に基づく学識経験者・行政書士会代表の委員を含む合議機関への諮問を経るしくみによることが望ましいように考えられる。

【本3か条の改正沿革】
　①　1993（平成5）年11月12日公布・翌年10月1日施行の行政手続法の整備法として、旧14条2〜4項を現14条の3第3〜5項のとおり改めた　②　2003（平成15）年7月30日公布・翌年8月1日施行改正により、旧14条2〜4項を本14条の3第3〜5項に移設するとともに、本14条の4および14条の5を新設

第7章　行政書士会及び日本行政書士会連合会

（行政書士会）

第15条　　行政書士は、都道府県の区域ごとに、会則を定めて、一箇の行政書士会を設立しなければならない。

2　行政書士会は、会員の品位を保持し、その業務の改善進歩を図るため、会員の指導及び連絡に関する事務を行うことを目的とする。

3　行政書士会は、法人とする。

4　一般社団法人及び一般財団法人に関する法律第4条及び第78条の規定は、行政書士会に準用する。

［順不同］

（行政書士会の登記）

第16条の3　　行政書士会は、政令で定めるところにより、登記をしなければならない。

2　前項の規定により登記をしなければならない事項は、登記の後でなければ、これをもつて第三者に対抗することができない。

法定公益社団法人である行政書士会

（１）　本法上の沿革とその法制的主旨

　都道府県行政書士会と後述する日本行政書士会連合会（"日行連"と略称）は、本法が規定する法定の公益社団法人である（法人税法2条六号・別表第二、4条1項ただし書き、参照）。それとして、同じく本法上の「指定試験機関」が法定受託の一般公益法人であり、「行政書士法人」が法定営利社団法人であるのと、比べられよう。

　しかしそれは、本法が歴史をかけて発展してきた成果と目されるところであって、行政書士会・日行連の法制的沿革とその主旨は、しっかり押えておく必要がある。そこにはまさに、行政書士の試験・登録・入会・紀律につながる行政書士制度の形成の各段階が示されていると言える。

　a）本法の制定時（1951 年）から、「行政書士会」と「行政書士会連合会」とは、法定の行政書士団体とされていたが、当初は、任意設立・任意加入制であった（旧 15 条 1 項、18 条。各書士は知事登録制、旧 6 条 1 項）。

　b）それが 1960（昭和 35）年改正によって、行政士書会も日行連も "強制設立" となり（旧 15 条 1 項、18 条 1 項）、かつ行政書士の書士会 "強制加入"（入会開業）制（旧 19 条 1 項本文）となった（入退会規定をふくむ書士会会則の知事認可制も、旧 16 条の 2）。

　当時、行政書士会は 29 都道府県（うち連合会加入は 22）にとどまり、各会でも未加入書士の方がはるかに多かった。

　この "強制設立・強制入会" 制は、行政書士会による行政書士への自主的な指導と規律の体制を確立させるという考えに立つ改正であった（自治庁行政課・柳庸夫「行政書士法の一部改正について」地方自治 150 号・1960 年 6 月号 19 頁）。たしかにそれによって、行政書士の品位保持と業務改善進歩のため会員の指導・連絡の事務に任ずる（15 条 2 項）という法定公益目的を全うしやすい専門士業団体のしくみに進んだと目されよう。

　c）ついで 1971（昭和 46）年の改正で、行政書士会および日行連に法人格が法認されている（15 条 3 項、旧 18 条の 3）。行政書士の登録が都道府県知事から各行政書士会の権限に移管された（旧 6 条 2 項）のと、同時的であった。

　行政書士会自体が法人登記をすることとなるが（16 条の 3）、これは行政書士の登録事務を法定された行政書士会の組織を法的に強化する必要からでもあった（自治省行政課・手嶋博利「行政書士法の一部改正について」地方自治 285 号・1971 年 8 月号 87 頁）。

　d）さらに、1983（昭和 58）年改正において、行政書士試験が国家試験化され行政書士資格が全国通用するようになったことに伴い、行政書士会への登録と同時に当然入会とみなされる "登録即入会"（自動入会）制（16 条の 5 第 1 項。

登録抹消・退会制の7条2項も）が採られている。それ以前の、登録後入会届の
しくみでは（旧19条1項）、登録行政書士で入会・開業しない場合もかなり多
かったので、この自動入会制は強制加入制を開業につなげる意味あいを有して
重要であろう。

　e）その後の1985（昭和60）年改正により、行政書士登録は単位会から連合
会・日行連の権限に移されたが（6条）、行政書士の全国資格性にかんがみて当
然と目されよう（それに伴い登録移転制が「変更登録」制に変った）。

　それ以上に、かねて行政書士会に"登録資格審査会"が任意設置されていた
のに対して、日行連における「資格審査会」が法定されるところとなっている
が（後述する18条の4）、それは前述した登録申請・抹消等の審査において、申
請者または対象書士の心身的業務遂行能力や信用品位適性について士業団体自
治的な実質審査をすること（6条の2第2項、7条2項二号）とつながっており、
注目される。

　（2）　行政書士会が法人であることに伴なうしくみ

　まず本16条の3第1項により、設立された行政書士会は「組合等登記令」
[巻末資料2] に基づく登記をしているはずである。その登記事項は、目的・業
務、名称、事務所、代表権者の氏名・住所・資格等であって（同政令2条）、変
更の登記もしなければならない（同上5・6・17条）。

　次に本15条4項が準用する一般法人法78条に基づき、法人としての不法行
為責任が予定されている。多く有るべきところではないが、①役員等の職務
上の第三者加害につき、②法人の目的外行為による加害にあっては議決賛成
役員等との連帯により、行政書士会法人の損害賠償責任が発生する。

行政書士会の法定目的とその範囲内における事業活動

　（1）　行政書士会の法定「目的」規定とその意義

　本15条2項により、「行政書士会は、会員の品位を保持し、その業務の改善
進歩を図るため、会員の指導及び連絡に関する事務を行うことを目的とする」。
これは司法書士法（52条2項）、社労士法（25条の26第2項）などと同文であ
り、弁護士法（31条1項）とも近似しており（税理士法49条6項は若干異なる）、

専門士業団体の目的規定には共通性のあることが分かる。

　法的に注目すべきなのは、法定の専門士業団体に法人格を認めた場合の設立「目的」を、各社団法人の定款・会則にゆだねずに法律で規定しているということである。そこから、その法定目的には士業団体の事業活動を限定する効果を伴うことが、後述する最高裁の判例に示されている（税理士会政治献金事件の平8・3・19）。

　もっとも、各行政書士会の会則において、法定目的に付帯する「目的」条項を定めるとともに、それを具体化する「事業」内容を書いてはいる。たとえば東京都行政書士会会則では、法定「目的」事項のほか「登録に関する受任事務」を書き（3条）、また「事業」として、「業務関係法規」や「業務改善」の「調査研究及び周知」、「会員の福利厚生及び共済」「行政書士試験の実施に関する事務の協力に関すること」「その他、本会の目的達成に必要な事項」を挙げている（4条四・五・十二・十四・十五号）。

　この行政書士会の目的内活動として、"公民業務受託"という社会貢献が、比重を増している。「相談会」への協力は会員書士の業務と重なるが、成年後見人の推薦やADRセンターなどは新たな専門業務の造成にかかわり、さらに一部行政事務への参画や審議会等委員候補の推薦は「業務」外に亘る。

（2）　　行政書士会の事業活動が「目的の範囲内」かどうか

　この問題に関しては、他士業の事件ではあるが最高裁の二つの重要判例が存している。

a）群馬司法書士会の他単位会への災害復興支援寄付事件（最高判平14・4・25 判例時報1785号31頁）

群馬司法書士会は1995年2月の臨時総会で、阪神大震災で被災した兵庫県司法書士会に対し復興支援拠出会3,000万円を寄付するため会員から登記業務1件につき50円の特別負担金徴収をすると決議した。それに対して会員6名から同決議は「目的の範囲外」等で無効であるとして、負担金支払義務の不存在確認の訴えが起こされた。原告の1審勝訴、2審で逆転敗訴のあと最高裁の第一小法廷は上告棄却とし、請求棄却が確定している。

　判旨によると、① 司法書士会の法定目的には、「他の司法書士会との間で業

務その他について提携、協力、援助等をすることもその活動範囲に含まれる」ので、本件拠出金の寄付は会の「権利能力の範囲内にある」、② 本件負担金の徴収は「会員の政治的又は宗教的立場や思想信条の自由を害するものではなく」、「社会通念上過大な負担」ではないから、会員の協力義務を否定すべき多数決とは認められない。

　b) 南九州税理士会から税理士政治連盟への政治資金寄付のための特別会費
　　徴収事件（最高判平 8・3・19 判例時報 1571 号 16 頁）

　南九州税理士会は 1978 年 6 月の定期総会において、税理士法改正運動に要する資金として、"民主的税理士制度及び租税制度を確立するため必要な政治活動"を目的とし政治資金規正法上の政治団体となっている南九州税理士政治連盟に寄付する特別会費 5,000 円を全会員から徴収するむねの決議を行なった。そしてこの特別会費を納入しない会員に役員選挙権・被選挙権を停止したため、同会員から本件特別会費納入義務不存在確認と慰謝料請求との訴えが起こされた。原告の 1 審勝訴のあと、2 審で逆転敗訴となっていたが、最高裁の第三小法廷は破棄自判と損害賠償請求差戻しとを行なっている。

　判旨によると、①「税理士会が……政治団体に金員の寄付をすることは、たとえ税理士に係る法令の制定改廃に関する政治的要求を実現するためのものであっても、法 49 条 2 項で定められた税理士会の目的の範囲外の行為であり、右……特別会費を徴収する旨の決議は無効であると解すべきである」、② 税理士会は会社とは異なる「いわゆる強制加入団体であり」「その構成員である会員には、様々な思想・信条及び主義・主張を有する者が存在することが当然に予定されている」ので、「特に、政党など規正法上の政治団体に対して金員の寄付をするかどうかは、選挙における投票の自由と表裏を成すものとして、会員各人が市民としての個人的な政治的思想、見解、判断等に基づいて自主的に決定すべき事柄であるというべきである」。

　c) 最高裁判例に対する論評

　行政書士会が行なえる事業の限界を法定「目的の範囲」の内外として判定する態度は、法定公益社団法人に関するところとして妥当と考えられる。ただし、各事業に関する書士会の多数決が会員の思想信条の自由を侵害するか否かは、

事柄の性質や会員への負担度にかんがみて具体的に判断すべきであろう。

　そこで、群馬司法書士会事件の前記判旨は、寄付金額に関して問題をはらんでいるとしても、大筋妥当と目される。それに対して税理士会政治献金事件の上記判旨は、法学者の賛成が多いようなのであるが[1]、疑問だと考える。

　①書士会から政治団体への寄付も、一般政治献金ではなく当該士業法制の改正・改革要求にかかる政治活動資金のそれであれば、「業務の改善進歩を図る」という法定目的の範囲内であると解される。現代圧力政治の状況下では、書士会の立法運動は有力な政党や政治団体との現実的な連携なしに有力になされえないのは、公知の事実だからである。

　②また、書士会・士業団体が政治団体への資金寄付を決することは、常に判旨の言う「選挙における投票の自由と表裏を成すもの」ではなく、当該士業法制の改正・改革の政治活動の資金である限り、強制加入団体であってもその組織的集団活動の方針である以上多数決に依らざるをえず、必ず各会員の思想信条の自由を害すると解すべきではない[2]。判旨の解釈では、専門士業団体の立法運動の現実的な力を削ぐことになる。また、会員の思想信条の自由との調整は、かえって特別負担金の方が明確になりやすく、寄付目的と金額の適正さなどに照らして具体的に判断されやすいところと思われる。

　そうした難点にもかかわらず、上記の最高判は、そのご行政書士会に関する下級審判例上で通用しているので、活動実務にあっては当面踏まえていかなくてはならないであろう。

　すなわち、大阪高判（平20・11・12判例時報2085号96頁、和歌山県行政書士会事件）は、行政書士会が政治連盟に寄付することは「目的」範囲外で違法であるとしつつ（最高判平8・3・19の引用）、それを含む会費を徴収する会則の違法無効を来すことはないと解し（税理士会事件の最高判平5・5・27を引用）、ただ政治連盟への入会の強要は不法行為に当たると判示している。

　［注1］　税理士会事件最高判の研究として、森泉章・判例時報1588号198頁、など。
　［注2］　戸波江二・ジュリスト別冊『平成4年重要判例解説』8頁は、税理士会事件2審判決研究として、会自体として政治的中立を守る献金であれば会員の思想の自由を侵さないとする。

【本 2 か条の改正沿革】

○　本 15 条は、①　1960（昭和 35）年 5 月 20 日公布・10 月 1 日施行で第 1 項を「設立できる」から現行義務規定に改正　②　1971（昭和 46）年 6 月 4 日公布・12 月 1 日一部翌年 12 月 1 日施行改正で、第 2 項に登録事務を追加、法人格付与の第 3・4 項を新設　③　1985（昭和 60）年 6 月 14 日公布・翌年 4 月 1 日施行改正で第 2 項中「登録事務」を削除（日行連へ移管）　④　1999（平成 11）年 7 月 16 日公布・翌年 4 月 1 日施行改正で第 4 項中の民法のかっこ書き削除　⑤　2003（平成 15）年 7 月 30 日公布・翌年 8 月 1 日施行で第 2 項中「行政書士の品位」を「会員の品位」と改正（法人会員の登場による）　⑥　2006（平成 18）年 6 月 2 日公布・2008（平成 20）年 12 月 1 日施行［一般法人法の整備法］＝第 4 項で民法に代る一般法人法の適用

○　本 16 条の 3 は、①　1971（昭和 46）年 6 月 4 日公布・翌年 12 月 1 日施行改正で新設

（行政書士会の会則）

第 16 条　　行政書士会の会則には、次の事項を記載しなければならない。

一　名称及び事務所の所在地

二　役員に関する規定

三　入会及び退会に関する規定

四　会議に関する規定

五　会員の品位保持に関する規定

六　会費に関する規定

七　資産及び会計に関する規定

八　行政書士の研修に関する規定

九　その他重要な会務に関する規定

（会則の認可）

第 16 条の 2　　行政書士会の会則を定め、又はこれを変更するには、都道府県知事の認可を受けなければならない。ただし、行政書士会の事務所の所在地その他の総務省令で定める事項に係る会則の変更

については、この限りでない。

（行政書士会の役員）

第 16 条の 4　　行政書士会に、会長、副会長及び会則で定めるその他の役員を置く。

2　会長は、行政書士会を代表し、その会務を総理する。

3　副会長は、会長の定めるところにより、会長を補佐し、会長に事故あるときはその職務を代理し、会長が欠員のときはその職務を行なう。

行政書士会会則における必要的記載事項

　各行政書士会の会則は都道府県知事の認可を受けるもので（本 16 条の 2）、その必要的記載事項が本 16 条により指定されている。この知事認可制は、すでに書士事務所の立入検査に関する 13 条の 22 のコメントで述べられたとおり、都道府県知事が行政書士・法人および行政書士会に対する監督機関であることの表われである。以下に、書士会会則での法定記載事項を、種別分けしよう。

　a) 法人である書士会の名称と事務所の所在地（16 条一号）

　b) 役員の規定（16 条二号）──本 16 条の 4 が会長・副会長のほかの役員につき会則に委任しており、その内訳は次項のコメントで取りあげる。

　c) 行政書士の入退会に関する規定（16 条三号）──日行連への登録が行政書士会への自動入会・開業資格制につながっているしくみ（6 条、16 条の 5）については、すでに関係法条のコメントで記している。退会は、登録の取消し・抹消や行政書士法人の解散の場合のほか、事務所の他都道府県への移転の際に生ずる（16 条の 5 第 2・3 項、16 条の 6 第 2・3・6 項。東京会会則 14 条など参照）。

　d) 会議の規定（16 条四号）──その会則条項は行政書士会の組織編成を示すところとして、次項に述べる。

　e) 会員の品位保持に関する定め（16 条五号）──行政書士・法人の品位保持

は、行政書士会の設立目的事項と法定されているところである（15条2項）。「品位保持」の職業倫理的責務を定める第10条のコメントで述べたとおり、その業務上の義務については本法および施行規則が規定し、書士会の会則では、「関係法令及び関係規則のほか会則を遵守し、誠実にその業務を行なわなければならない」と一般規定するほか、とくに名義貸等の禁止（法施行規則4条）を強調している（たとえば東京会会則18条、21条。なお、東京会「倫理規程」も存した）。

　さらに、後掲17条の2に基づく「注意勧告」が、会員書士の法規・知事処分への違反行為を防止する目的で、各行政書士会により為されうるものと定められるにいたっている（2019年改正）。

f) 会費に関する規定（16条六号）——行政書士・法人が行政書士会に納入する会費は、各単位会および日行連の経常財源であって、きわめて重要にちがいない。会則における内訳としては、入会金（たとえば東京会会則16条によると20万円）と会費（同上17条によると東京会では月額6千円を毎年度4期に分け納入する。細目は同会則施行規則）とから成る。なお、会費滞納者に会員権を制限する処分をすることはできるが（東京会会則23条）、退会処分はできない（本法16条の5で退会事由が限定されている）。

g) 資産及び会計に関する規定——法定専門士業団体の法人業務として肝要であるが、本書では立ち入らない。

h) 行政書士の研修の定め（16条八号）——司法改革下の2003（平成15）年改正で行政書士が行政書士会・日行連の研修を受ける責務が新規定（13条の2）されたこととつながっている。

i) 重要「会務」に関する規定（16条九号）——「会の目的、組織、事業、会員の権利、義務等」が重要事項に当るとされている（詳解215頁）。実際の会則では、次項での組織編成規定のほか、各会の事業がつぎのように掲げられているのが注目されよう。

　①連合会から受任した登録事務の一部、行政書士試験の実施に関する事務に協力すること（たとえば東京会会則4条二・十号）、②講演会・研修会、業務関係法規の調査研究と周知、広報誌等の発行（同条四・七・九号）

など、　③会員の福利厚生と共済（同条八号）、　④「その他本会の目的達成に必要な事項」(同条十一号。相談会協力等の公民業務受託の特別条項やADR・成年後見センターの設営を含む）。

　すでに15条のコメントにおいて、裁判例を主として行政書士会の事業が法定「目的の範囲内」であるか否かという問題を論じたのであったが、法定法人としての目的の範囲内で何を「重要な会務」と見るかは、多分に各行政書士会の主体的な判断にゆだねられていると解される。

会則に基づく行政書士会の組織編成

　ここでは、東京都行政書士会（東京会）の会則等を例にして、行政書士会（単位会）の組織編成について調べてみたい（資産・会計については除く）。

a)　事務所をその都道府県区域内に有する行政書士・行政書士法人を会員とする（会則12条参照）。所定区域ごとの「支部」を設ける（会則56条）。

b)　役員——法定の会長・副会長（本16条の4）のほか、会則で、理事・監事を一定数以内で設け（29条。副会長の員数の限度も）、役員の個人会員中からの総会選任[1]と約2年の任期を定めている（30・31条）。役員選任規則がある。また日行連・連合会の代議員は、個人会員中から理事会で選任する（会則施行規則42条）。なお別に、名誉会長、顧問・相談役も委嘱されうる（同施行規則41条）。

c)　会議——①総会は、各支部の総会で所定の個人会員数割合で選出された「代議員」をもって構成する（会則34・38条）。　②理事会は、会長・副会長・理事が構成し、総会議決事項や重要会務執行について議する（48〜53条。特別委員会を設置することができる、57条2項）。　③綱紀委員会が置か

[注1]　ちなみに、県行政書士会の定時総会における会長選挙の無効確認等を訴える裁判事件が発生している。確定した判決（青森地裁平11・5・19判例時報1694号128頁）によると、一支部の総会の成立と代議員選出をめぐる争いが持ち込まれ、書士会総会において同支部代議員の議決権を多数票決で否定したうえでなされた会長選挙は違法・有責であるが、選挙結果に異動を及ぼさない限り選挙無効とは解されない。

[注2]　東京会の場合、かねて総務部、経理部、法規部、広報部、厚生部、監察部、企画開発部、運輸交通部、建設宅建環境部、生活安全・保健衛生部、知的財産・経営会計部、国際部、市民法務部、デジタル推進部の14部である。

れ、会員紀律について調査審議する（55条、施行規則18〜22条）。

d）業務組織——①各区域内に事務所を持つ全会員が所属する「支部」の総会で選任される支部長が「支部長会」を組織し、理事会付議事項等を議する（会則施行規則25条、28〜33条）。　②各支部で、支部長・副支部長その他の役員が総会選任され、支部細則を定める（同25・26条）。

　　　③書士会の業務分担組織として「部」制[2]が採られ、部長・次長・部員が会長任命される（会則施行規則34〜36条）。

　　　④事務局は会則に基づき（54条1項）、会長が任命する事務局長・事務局次長に下の職員により編成される（施行規則39・40条）。

【本3か条の改正沿革】

○　本16条は、①　1960（昭和35）年5月20日公布・10月1日施行改正で「入会・退会」規定の三号を新設　②　1971（昭和46）年6月4日公布・12月1日施行改正で「報酬に関する規定」、会費・資産会計に関する規定を追加　③　1999（平成11）年7月16日公布・翌年4月1日施行改正で「報酬」規定の六号を削除　④　2003（平成15）年7月30日公布・翌年8月1日施行改正で「研修」の八号追加

○　本16条の2は、①　上記1960年改正で本文新設　②　1986（昭和61）年12月26日公布・施行の改正で但書きを追加　③　1999（平成11）年12月22日公布・2001（平成13）年1月6日施行で自治省令を「総務省令」に改正

○　本16条の4は、①　上記1971年改正で新設

（行政書士の入会及び退会）

第16条の5　　　行政書士は、第6条の2第2項の規定による登録を受けた時に、当然、その事務所の所在地の属する都道府県の区域に設立されている行政書士会の会員となる。

2　行政書士は、他の都道府県の区域内に事務所を移転したときは、その移転があつたときに、当然、従前の行政書士会を退会し、当該都道府県の区域に設立されている行政書士会の会員となる。

3　行政書士は、第7条第1項各号の一に該当するに至つたとき又は同条第2項の規定により登録を抹消されたときは、その時に、当然、

その所属する行政書士会を退会する。

登録即入会制であること

（1）　日行連登録にともなう事務所地の書士会への自動入会

登録即入会制の意義については、15 条のコメントに前述している。

本条 1 項の法定効果として、行政書士は 6 条の 2 第 1 項に基づく日行連「登録」の日に、事務所が在り経由申請をした都道府県行政書士会に当然入会することになる（たとえば東京都行政書士会会則 12 条 2 項一号、会員名簿に関する 15 条も）。そして書士会から「会員証」を交付され（本法施行規則 13 条）、事務所に掲げる「会員章」を取得する（東京会会則施行規則 5 条 1 項）。その際、入会金と会費を納入しなければならない（東京会会則 16・17 条。入会金 20 万円は入会直後の「入会届」に添えて納入する、会則施行規則 3 条）。

（2）　事務所の他府県移転にともなう入退会

本条 2 項により、事務所を他の都道府県内に移転すると、書士会での退会・入会を招く。

ただし、事務所の移転を日行連へ変更登録（6 条の 4）したことによって、移転日に退会し（東京会会則 14 条 3 項）、移転先の書士会に自動入会することとなる（同上 12 条 1 項二号参考）。退会者は旧書士会の会員証・会員章を返還し（同上会則施行規則 5 条 3 項）、入会する新書士会に入会金を納めなければならない。

（3）　登録抹消事由に基づく退会

本法 7 条に基づき日行連から登録を抹消された行政書士は、本条 3 項により行政書士会を当然退会することとなるが、その退会日は抹消事由によって異なる。

7 条 2 項に基づき、日行連が資格審査会を経て、心身の故障または 2 年以上不就業の行政書士を登録抹消としたときは、その抹消日に書士会退会となる（東京会会則 14 条 2 項）。それに対し 7 条 1 項に基づき、本人または近親者の届出によって日行連が、欠格事由該当や廃業または死亡による登録を抹消した場合には（届出義務は本法施行規則 12 条）、それらの抹消原因事実の発生日に退会

するものとされる（東京会会則 14 条 1 項）。

（4）　法人の社員または使用人行政書士の会員性

　次条により行政書士法人の書士会入会のことが定められているが、行政書士法人を設立しその社員となる行政書士は、すでに「行政書士」として個人的に登録・入会しているのでなければならず、社員行政書士は法人事務所の所在地での書士会会員として法人事務所に常駐することになっている（13 条の 14）。ところが法人社員や使用人である行政書士は自己の事務所を設けることができないはずなので（8 条 3 項）、法人成立後直ちに自己の個人事務所を廃止するとともにその常駐する法人事務所をもって自己の事務所としてその地の行政書士会の個人会員であり続けるものと解釈すべきであろう（そのご常駐事務所を変更したときは、自己の事務所を移転したものとして本条 2 項を適用する）。この点は本条の改正により明記されることが望ましい。

【本条の改正沿革】

①　1960（昭和 35）年 5 月 20 日公布・10 月 1 日施行改正で旧 16 条の 3 が登録書士会への入会届制を定める　②　1971（昭和 46）年 6 月 4 日公布・12 月 1 日施行改正で 16 条の 5 に繰り下げ　③　1983（昭和 58）年 1 月 29 日公布・4 月 1 日施行で、第 1 項をほぼ現行に改正し第 2 項として現行第 3 項を追加　④　1985（昭和 60）年 6 月 14 日公布・翌年 4 月 1 日施行改正で、第 1 項を微調整し第 2 項を第 3 項とし現行の第 2 項をそう入

（行政書士法人の入会及び退会）

第 16 条の 6　行政書士法人は、その成立の時に、主たる事務所の所在地の行政書士会の会員となる。

2　行政書士法人は、その事務所の所在地の属する都道府県の区域外に事務所を設け、又は移転したときは、事務所の新所在地（従たる事務所を設け、又は移転したときにあつては、主たる事務所の所在地）においてその旨の登記をした時に、当該事務所（従たる事務所を設け、又は移転したときにあつては、当該従たる事務所）の所在地の属する都道府県の区域に設立されている行政書士会の会員となる。

3　行政書士法人は、その事務所の移転又は廃止により、当該事務所の所在地の属する都道府県の区域内に事務所を有しないこととなつたときは、旧所在地（従たる事務所を移転し、又は廃止したときにあつては、主たる事務所の所在地）においてその旨の登記をした時に、当該都道府県の区域に設立されている行政書士会を退会する。

4　行政書士法人は、第 2 項の規定により新たに行政書士会の会員となつたときは、会員となつた日から 2 週間以内に、登記事項証明書及び定款の写しを添えて、その旨を、当該行政書士会を経由して、日本行政書士会連合会に届け出なければならない。

5　行政書士法人は、第 3 項の規定により行政書士会を退会したときは、退会の日から 2 週間以内に、その旨を、当該行政書士会を経由して、日本行政書士会連合会に届け出なければならない。

6　行政書士法人は、解散した時に、その所属するすべての行政書士会を退会する。

登記即自動入会制であること

1)　本条第 1 項によって、行政書士法人は、設立登記され成立したときに、主事務所の在る都道府県の行政書士会に自動入会し、その「法人会員」となる。もしその後、主事務所を他都道府県内に移転したときは、新所在地で登記すると、そこの行政書士会の会員となり、旧所在地でも登記して旧所属書士会は退会することになる（本条 2・3 項）。そしていずれも 2 週間以内に行政書士会を経由して日行連に届け出なければならない（本条 4・5 項）。

2)　行政書士法人は個人行政書士とはちがって、従たる事務所（副事務所）を設け複数の事務所が持てるので、複数の都道府県行政書士会の会員ともなることになる。

　副事務所を他の都道府県内に新設・移転した場合、新所在地で登記してそこの行政書士会に自動入会し、旧所在地でも登記して旧所属書士会を退会することになる（本条 2・3 項）。また、たんに副事務所を廃止したときは、その登記

によってそこの行政書士会を退会する（本条3項）。さらに、行政書士法人が解散してその登記をすると、当然すべての所属書士会を退会したことになる（本条6項）。

　そしていずれも2週間以内に所属書士会を経由して日行連に届け出なければならない（本条4・5項、13条の19第2項）。

法人会員としての権利義務

　行政書士法人も行政書士会の会員にちがいないが（16条の6第1項）、自然人・生ま身の個人行政書士（「個人会員」）と比べて、「法人会員」なるが故にその権利義務はおのずから限られている。

a) 会費・入会金は会則上で法人も個人会員と同一に定められているため、むしろ社員・使用人行政書士によるいわばダブリの納入負担が目立つ。が、これは滞納者に対する行政書士会の処分における会員権の制限条項に示されているように、個人会員の運営参加権が大であることに見合っているところと解される（法人会員の書士会運営参加は社員・使用人行政書士を通じて行なうことが予定されている）。

b) 法人会員にも、所属書士会の「会議及び研修会等に出席する権利」「施設等を使用する権利」「文書の送付を受け……物品の斡旋、頒布を受ける権利」「福利厚生事業に参加し……共済……給付等を受ける権利」が会則上保障されるが（東京会会則23条の2第1・2項参考）、個人会員のように「役員の選任に関する権利」は存しない（同上23条2項一号参考）。なお、書士会の研修を受ける義務も個人会員のみである（同上46条の2、本法13条の2）。

c) 法人会員向けの会員証の様式が定められ（携帯義務は個人会員のみ）、法人もその職印を届け出なければならない（本法施行規則12条の3、11条）。なお、業務報酬の掲示義務や所定領収証の発行についても個人行政書士の定めが法人に準用される（同上12条の3、10条、本法13条の17、10条の2）。

d) 法人会員が所属書士会から処分を受ける場合、その社員個人会員が「併せて処分」されうるのも要注意であろう（本法14条の2第5項）。

【本条の改正沿革】

①　2003（平成 15）年 7 月 30 日公布・翌年 8 月 1 日施行の改正で新設　②　2004（平成 16）年 6 月 18 日公布・翌年 3 月施行［新不動産登記法の整備法］＝4 項改正で「登記事項証明書」

（行政書士会の報告義務）

第 17 条　　行政書士会は、毎年 1 回、会員に関し総務省令で定める事項を都道府県知事に報告しなければならない。

2　行政書士会は、会員が、この法律又はこの法律に基づく命令、規則その他都道府県知事の処分に違反したと認めるときは、その旨を都道府県知事に報告しなければならない。

行政書士会の都道府県知事への会員状況報告義務

　すでに 13 条の 22 のコメントで述べたように、都道府県知事は行政書士会および行政書士・法人の監督機関である。

　行政書士会に対する監督機関である都道府県知事が、書士会に対し報告要求や業務勧告をなしうることは、後出の 18 条の 6 に規定されている。それ以外にも行政書士会は本条第 1 項によって、都道府県知事に年次報告をしなければならず、2003 年改正でその事項は総務省令で定めるとされている（本法施行規則 17 条の 2）。

　本条 2 項に基づく行政書士会による会員の法規違反の報告義務は、従前から存したが、やはり 2003 年改正で一般国民から知事への行政書士・法人の懲戒請求制が規定されるにいたって（前出 14 条の 3 第 1 項）、所属行政書士会からの違反書士・法人の報告というものも、書士会の自主紀律能力を世に示す意味あいで肝要になったと言わなければならない。

【本条の改正沿革】

①　1960（昭和 35）年 5 月 20 日公布・10 月 1 日施行改正で現第 2 項の定めを新設　②

1999（平成11）年7月16日公布・翌年4月1日施行改正で現第1項を新設し旧条を第2項とする。　③　2003（平成15）年7月30日公布・翌年8月1日施行改正で第1項の報告事項を総務省令の定めに委任

（注意勧告）

第17条の2　　行政書士会は、会員がこの法律又はこの法律に基づく命令、規則その他都道府県知事の処分に違反するおそれがあると認めるときは、会則の定めるところにより、当該会員に対して、注意を促し、又は必要な措置を講ずべきことを勧告することができる。

行政書士会による会員書士の法規等違反行為防止の「注意勧告」

　行政書士会はかねて、会員（16条の6第1項で法人を含む）の法律・政省令・規則、都道府県知事の懲戒「処分」に対する違反について、同知事に報告する義務を有してきた（17条第1・2項、前記172頁参照）。併せて行政書士会は、会員の「会則」違反に対する懲戒的処分の会則条項を適用してきており、これは行政書士の品位保持義務（10条、前記106-7頁）にかかる書士指導権に連なってきた（15条2項の会員「指導」事務、会則順守義務も）。

　それに対して2019年末改正でそう入された本17条の2が（1年半後施行）、上記知事への報告に加えて、「会則の定めるところにより」当該会員に対して、注意を促す「勧告」権を書士会に法定したのは、会員書士への「指導」権（15条2項）を強化したことになり、「行政書士のコンプライアンスの維持・向上を担保するもの」と評価されている（日行連会長・常住豊「令和元年改正法律の成立について」日本行政2020年1月号4頁、矢部祐介「行政書士法の一部を改正する法律について」地方自治2020年3月号31-2頁）。

　この法定により、単位書士会の「会則」の関係規定および会則に基づく会員の懲戒的「処分」制（前記152頁の廃業勧告・会員権利停止・訓告、記事参照）にも新たな光が当るであろう。

【本条の改正沿革】

2019 年（令和元）年 12 月 4 日公布の本条をそう入改正。

（日本行政書士会連合会）

第 18 条　　全国の行政書士会は、会則を定めて、日本行政書士会連合会を設立しなければならない。

2　日本行政書士会連合会は、行政書士会の会員の品位を保持し、その業務の改善進歩を図るため、行政書士会及びその会員の指導及び連絡に関する事務を行い、並びに行政書士の登録に関する事務を行うことを目的とする。

［順不同］

（行政書士会に関する規定の準用）

第 18 条の 5　　第 15 条第 3 項及び第 4 項並びに第 16 条の 2 から第 16 条の 4 までの規定は、日本行政書士会連合会に準用する。この場合において、第 16 条の 2 中「都道府県知事」とあるのは、「総務大臣」と読み替えるものとする。

全国的な法定公益社団法人である "日行連"

（1）　本法上の沿革とその法制的主旨

「日本行政書士会連合会」は本法の命名に成る全国団体である法定公益社団法人であって、全国の行政書士会によって設立されるべきものと規定されている（本 18 条 1 項）。

　その法制的成り立ちが、行政書士の試験・登録・紀律にかかわる書士制度の発展を示していることは、前掲 15 条の行政書士会に関するコメントで併せ述べられた。ここでは、"日行連"（ときに「連合会」とも略称）に特徴的な本法沿革に限って整理しておこう。

a) 本法の制定時（1951 年）には、「行政書士会連合会」と法定されたが、任意設立制であった（旧 18 条）。

b) 1960（昭和 35）年改正によって、行政書士会の強制加入制とともに、連合会も強制設立とされ（旧 18 条 1 項）、単位会と同様な目的を規定された（同条 2 項）。

c) 1971（昭和 46）年改正で、「日本行政書士会連合会」に法人格が法認される（旧 18 条、18 条の 3）。

d) 1985（昭和 60）年改正により、日行連が行政書士の登録機関となり（6 条）、日行連に「資格審査会」が必置とされる（18 条の 4）。——これは、1971 年に登録事務が都道府県知事から行政書士会に移っていたものの再移管であり、1983 年に行政書士の国家試験化で全国通用資格制となっていたことに基づく。また併せて、行政書士の日行連会則遵守義務も規定されている（旧 18 条の 3 以来）。

（2）　日行連に特徴的な事業活動

日行連が単位行政書士会と同じく、行政書士の研修、報酬調査、業務実態・法制の調査研究、品位指導、会誌発行などを行なうことはもとより重要である。日行連独自の登録審査が肝要なのは、関係法条コメントに述べるとおりである。

そのほか、後出 18 条の 2 において日行連の会則事項とされる「その他重要な会務に関する規定」（第四号）に当たる日行連会則での定めに、日行連の全国行政書士団体らしい事業活動が示されている。

a) 単位行政書士会の指導および連絡（会則 3 条一号）

b) 行政書士の福利厚生および共済事業（同 3 条九号）——現行の「有限会社全行団」を 1996（平成 8）年に設立し、行政書士と家族を対象にした団体保険として、「団体医療補償」と「行政書士賠償責任補償」を取り扱わせている。

c) その他「本会の目的を達成するために必要なこと」（同 3 条十二号）

① 「行政書士会館」（東京都目黒区青葉台）を 1984 年に建設していたが、2014 年に「虎ノ門タワーズオフィス 10 階」（港区虎ノ門 4-1-28）に事務局を移転させた。

② 　一般財団法人「行政書士試験研究センター」の設立者となって寄付、2000（平成12）年 4 月に法人許可を取得（同センター設立許可申請書）

③ 　行政書士に電子証明書を発行する日行連認証局を 1998 年に設置

④ 　1989（平成元）年に始まった入管「申請取次行政書士」の管理委員会を設けて法務省入国管理局との協調および会員指導（同管理委員会規則）

⑤ 　1981（昭和 56）年 6 月の「日本行政書士政治連盟規約」によると、いわゆる "日政連" は、全国の行政書士を会員とし日行連と連携して「行政書士制度の充実・発展」および「行政書士の社会的経済的地位の向上」を期するための「政治活動」を行なう。

⑥ 　1999（平成 11）年 6 月いらい「司法制度改革対策本部」を設け、司法改革下に行政書士の「隣接法律専門職種」としての法制的地位向上をめざす対外活動を遂行しつつある。

日行連に対する行政書士会規定の準用

本 18 条の 5 は、順不同であるがここで取りあげ、1971 年改正で日行連に法人格が付与されたことに伴う準用法律条項の確認をしておきたい。

　　15 条 3 項＝法人とする

　　同条 4 項＝一般社団法人法 78 条（法人の不法行為能力）、同法 4 条（法人の住所）の準用

　　16 条の 2 ＝会則認可（18 条の 5 読み替えにより総務大臣）

　　16 条の 3 ＝法人登記（18 条の 5 による準用）

　　16 条の 4 ＝役員の定め（同上）

日行連の役員については、次条に関し会則の記載事項を検討するなかに組み入れる。

【本 2 か条の改正沿革】
○ 　本 18 条は、① 　1960（昭和 35）年 5 月 20 日公布・10 月 1 日施行改正で、1 項を設立義務規定にし 2 項を追加　② 　1971（昭和 46）年 6 月 4 日公布・12 月 1 日施行で、見出し・条項中の「行政書士会連合会」を「日本行政書士会連合会」に改正　③ 　1985（昭和 60）年 6 月 14 日公布・翌年 4 月 1 日施行改正で、2 項に行政書士の登録事務を追加

○　本18条の5は、①　上記②の1971年改正で旧18条の3として追加　②　上記③の1985年改正で18条の5に変更　③　1999（平成11）年に12月22日公布・2001（平成13）年1月6日施行の中央省庁等改革関係法施行法で「自治大臣」を「総務大臣」に改正

（日本行政書士会連合会の会則）

第18条の2　　日本行政書士会連合会の会則には、次の事項を記載しなければならない。

一　第16条第一号、第二号及び第四号から第七号までに掲げる事項

二　第1条の3第2項に規定する研修その他の行政書士の研修に関する規定

三　行政書士の登録に関する規定

四　資格審査会に関する規定

五　その他重要な会務に関する規定

日行連会則における必要的記載事項

日行連の会則は総務大臣の認可を受けるもので（18条の5による16条の2の準用）、その必要的記載事項が本条により指定されている。

a） 本条一号が行政書士会会則と同じ事項として準用しているもの——法人の名称と事務所所在地、役員、会議、行政書士の品位保持、会費、資産・会計（準用される16条一・二号、四〜七号）。加えて本条二号が書くのは行政書士「研修」だが、それには特定行政書士を資格認定するための法定特別研修（1条の3第2項）が、日行連会則の事項として含められている（3条六号、62条の2第2項、62条の3第1項一号・2項・3項）。

①ここで単位会の会則と異なるのは、行政書士の入退会の定めがなく、また「会費」も単位会が納入するものである（日行連会則76条1項。同条2項により、毎年4月1日および10月1日の会員数で月額1人1,000円とされている）。

②行政書士の品位保持は、日行連が単位会ともどもその設立目的事項とするところで（本法18条2項）、名義貸し借りの禁止など業務上の責務等を会則規定している（日行連会則61条以下、なお「行政書士倫理」が定められている）。行政書士・法人は日行連の会員ではないが、日行連会則の遵守義務を法定されている（本法13条）。そして、本法施行規則（3条1項）に基づく行政書士事務所における報酬額表の様式や、領収証の様式と職印については、会則施行規則に委任するむねを定めている（会則63・64条）。それに対し、行政書士および行政書士法人の「職印」については、会則で一定の定めをしている（81条、81条の2）。

b）本条三・四号に基づく行政書士の「登録」と「資格審査会」に関する規定——これらはまさに日行連の法定権限事項であり、別途本法7条の2、および18条の4第7項による本法施行規則（18条6項）の委任により、日行連の会則事項とされている（「特定行政書士」の名簿登録・付記につき、会則39条2項九号、44条の2。なお会則47条1項による登録手数料の定めを含む）。

c）本条五号にいう重要「会務」に関する規定——これに当たる会則の定めは、すでに18条のコメントで述べたとおりで、①単位会の指導・連絡（3条一号）、②行政書士の福利厚生・共済事業（3条九号）、③その他「本会の目的を達成するために必要なこと」（3条十二号）、などである（加えて、3条四・五・十・十一号による書士業務の実態・法規の調査研究、会報の発行、指定試験機関への協力、がある）。さらに、2003年の本法改正に基づき、行政書士法人の登記後日行連への届出義務（13条の10第1項）をふまえ、日行連は「行政書士法人名簿」を備えなければならない（13条の10第2項、会則53条の2以下）。

もっとも、何を「重要な会務」であると見るかは、法定法人としての目的の範囲内で、多分に日行連自身の主体的な判断にゆだねられていると解される。したがってこの「その他会務」規定は、必要的記載事項といっても具体的内容は特定されえないものである。

日行連会則には、「行政書士証票」の交付・返還（本法6条の2第4項、7条の2、会則52条）のように本法の規定を確認する定めも少なくないが、「行政書士徽章」と「補助者章」を交付してその業務時着用を義務づけるといった委

任規則の定めも存する（行政書士徽章等規則［巻末資料3］1・2・7条）。

会則に基づく日行連の組織編成

a) 各都道府県の単位会が連合会を組織し、会費を納入する（会則4条、76条）。会費は、単位会の個人・法人会員数に1,000円を乗じた金額を毎月納める（会則施行規則7条1項）。なお、行政書士が登録手数料2万5千円を納入するのに対し、行政書士法人も届出手数料（成立で2万円、入会届出で2千円）を納める（会則47条、53条の12）。

b) 役員——法定の会長・副会長（18条の5で16条の4を準用）のほか、会則で、理事・監事を設け（6・11・12条。副会長をふくめ員数の限度も）、役員の総会選任と約2年の任期を定めている（7〜9条。会長は連続3期6年が限度）。役員選任規則がある。別に、名誉会長、顧問・相談役も委嘱されうる（会則80条）。2008（平成20）年の会則改正で会長会の設置が定められている（33条）。

c) 会議——① 総会は代議員（単位会長や理事を含む各会選出）で構成し（13〜23条。代議員数は単位会の個人会員200人または101人につき1人で最低1人、14条3項）、② 理事会は会長・副会長・理事が構成して、総会等の議案や重要業務を議する（24〜32条。特別委員会を設置することができる）。③ 資格審査会については法令規定を確認しつつ定め（54条以下）、④ 単位会の地域的連絡調整のため「地方協議会」を設ける（78条。会則施行規則8〜12条）。通則的な会議規則がある。

d) 業務組織——会則の委任（37条）に基づく施行規則で、7の部制[1]と部長会を定め（2〜5条の2）、事務局長・次長以下の事務局を設けている（6条）。事務局組織規則・職員就業規則・事務処理規則がある。

e) 研修組織——2003年7月施行の規則で研修センターを設置、2006年に中央研修所の設立を決定（62条の4、前出13条の2のコメント参照）。

［注1］　総務部、経理部、広報部、法規監察部、許認可業務部、法務業務部、国際・企業経営業務部であり、各部の業務は会則施行規則3条に定められている。

【本条の改正沿革】

① 1971（昭和 46）年 6 月 4 日公布・12 月 1 日施行の改正で新設　② 1985（昭和 60）年
6 月 14 日公布・翌年 4 月 1 日施行改正で、現二・三号「登録」「資格審査会」規定を追加
③ 1999（平成 11）年 7 月 16 日に公布・翌年 4 月 1 日施行改正で、旧二号「報酬の基準」
規定を削除　④ 2014（平成 26）年 6 月 27 日公布・12 月 27 日施行改正で、「特定行政書
士」研修を会則事項に特記

第 18 条の 3（削除）

（資格審査会）

第 18 条の 4　　日本行政書士会連合会に、資格審査会を置く。

2　資格審査会は、日本行政書士会連合会の請求により、第 6 条の 2
　　第 2 項の規定による登録の拒否、第 6 条の 5 第 1 項の規定による登
　　録の取消し又は第 7 条第 2 項の規定による登録の抹消について必要
　　な審査を行うものとする。

3　資格審査会は、会長及び委員 4 人をもつて組織する。

4　会長は、日本行政書士会連合会の会長をもつて充てる。

5　委員は、会長が、総務大臣の承認を受けて、行政書士、総務省の
　　職員及び学識経験者のうちから委嘱する。

6　委員の任期は、2 年とする。ただし、欠員が生じた場合の補欠の
　　委員の任期は、前任者の残任期間とする。

7　前各項に規定するもののほか、資格審査会の組織及び運営に関し
　　必要な事項は、総務省令で定める。

日行連における資格審査会の法定

　すでに 6 条のコメントで述べたとおり、1985（昭和 60）年の改正によって日
行連が行政書士の登録に関する審査を行なうこととなり、それまでの各行政書

士会における任意設置の登録資格審査会とちがって、「資格審査会」を日行連（連合会）に置くことが本18条の4第1項により法定されるにいたっている。

　これも6条の2、6条の5、7条のコメントで前述したように、たしかに登録申請の許否や登録抹消の是非に関しては、申請者または対象行政書士の心身状況や就業実態についての専門的かつ裁量的な認定・評価が必要なので、それを公正に行なう資格審査会の役割は大であろう。

　そこで本条では、資格審査会の組織編成の基本を法定するとともに、組織運営に関する総務省令・本法施行規則への委任も特記している（7項）。そして同省令からさらに日行連会則へ委任されている（施行規則18条6項）のは、行政書士団体の自主性にかかわっていよう。

　なお、本18条の3は、日行連の会則遵守義務の規定だったのが、2003年改正による新13条に吸収されたため削除となっている。

資格審査会の法的しくみ

（1）　資格審査会の組織編成

　法定されているのは、日行連（連合会）会長が充てられる会長と委員4人との編制で、委員は、行政書士、総務省職員、学識経験者を総務大臣の承認の下に会長が任期2年原則で委嘱すること、である（本18条の4第3～6項）。

　次に本法施行規則での定めは、① 遅滞なき委員の欠員補充、委員の再任可（18条1・2項）、② 委員の過半数による開会と議決、および出席委員の過半数議決と同会長の会務総理と同数時決定権（同条3～5項）、である。

　また日行連会則における定めは、法令規定事項のほか、① 委員人数の内訳を行政書士・総務省職員各1名と学識経験者2名（会則55条3項）、② 会長招集（同56条）、③ 議事の非公開（57条3項）、④ 会長・委員・事務局職員とその退任者の議事関連秘密の漏洩・窃用の禁止（57条4項）、⑤ 運営等の細目を規則へ委任（58条）、である。

　そこでさらに、日行連の「資格審査会規則」が、日行連会則が理事会の承認を得て定めるとした規則として（会則58条）、① 会長事故時の日行連副会長による指定職務代理（同規則2条）、② 行政書士会からの意見聴取（3条）、③ 議

事録の作成保存（4条）、を定めている。

　なお、資格審査会の議事情報が行政書士等のプライバシーに深くかかわることにかんがみると、上記の会則による会長・委員・事務局職員の守秘義務は、当然のごとく罰則につながっていないことには問題があるように思われる。わけても退任者の義務違反は追及に由ない。そこで、指定試験機関の職員や行政書士法人の使用人・従業者およびそれらの退職者の罰則づき守秘義務（4条の7第1項、20条の2、19条の3、22条1項）と比べて、上記の守秘義務も罰則づきで法定されるべきではないであろうか。

（2）　資格審査会による審査の手続

　日行連（連合会）が、登録に関する行政処分を理事会の議を経て決定する前に、法定の手続が二つある。

　その1が「資格審査会の議決」である（6条の2第2項、6条の5第3項、7条3項）。そして日行連の前記規則によれば、「資格審査会は、審査に関し必要があるときは、行政書士会に出席を求め、その意見を聴取することができる」（3条）。たしかに、対象行政書士の心身・就業状態を把握しているはずなのは、所属単位会であろう。登録申請者についても関係単位会が調査し、会長意見と資料を添えて日行連に進達することになっている（日行連会則41・42条）。

　その2は、登録申請拒否処分に先きだつ「弁明する機会」（6条の2第3項）、登録取消・抹消処分に先きだつ「聴聞」（行政手続法13条1項一号ロ。本法6条の5、7条に関するコメント参照）である。前者の「弁明の機会」では申請者本人または代理人が、登録拒否予告通知に対して弁明書を提出でき（本法6条の2第3項、日行連の登録事務取扱規則12・13条）、後者の「聴聞」では対象行政書士または代理人・補佐人が、聴聞通知における処分原因事実の表示に対して公開審理で反駁の主張・立証ができる（行政手続法15条1項二号・2項、16条、20条）。

　そこで、資格審査会の議決によって登録の申請拒否・取消し・抹消の処分原案が作成され、申請者または対象書士に通知される手続法的しくみであると解される。資格審査会で処分原案を「議決」する形であるが、処分庁である日行連としては、申請者または対象書士が処分原案を弁明・反駁する権利を保障さ

れることを重んじなければならない。もし弁明・聴聞手続に違法・不当性が疑
われる場合には、総務大臣による審査請求の不服審査で追及されることになり
うる（6条の3第1項、6条の5第3項、7条3項）。その際に、先行した資格審
査会の議決の手続・内容の違法・不当性も争われうることが注意されてよい。

　なお、2008（平成20）年の日行連会則改正で、登録・取消し・法人届出の審
査・調査を行なう内部組織として「登録委員会」が設けられた（53条の14）。

【本18条の4の改正沿革】
①　1985（昭和60）年6月14日公布・翌年4月1日施行の改正で新設　②　1999（平成
11）年12月22日公布・2001（平成13）年1月6日施行の中央省庁等改革関係法施行法で
「自治省令」を「総務省令」に改正

（監督）

第18条の6　　都道府県知事は行政書士会につき、総務大臣は日本
　　行政書士会連合会につき、必要があると認めるときは、報告を求め、
　　又はその行なう業務について勧告することができる。

行政書士会の監督機関である都道府県知事

　この旨の本条規定は、行政書士会への強制加入制とした1960年改正におい
て新設されている。

　この知事の監督機関性については、すでに関係する権限条項（13条の22）の
コメントで述べているが、本法が定める知事の行政書士会監督の権限をここで
改めてまとめておこう。

　①会則の認可（16条の2）、　②書士会からの会員異動情報の年次報告受理
（17条1項）、　③書士会からの会員違反事案の報告受理（17条2項）、　④書士
会に対する必要な報告要求および業務改善の勧告（本条）。

　都道府県知事は本法上むしろ行政書士・法人に対する直接の監督権限を懲戒
処分権を含めて有しているので、それら会員の指導・自主紀律権を持つ行政書

士会から有意味な情報を得ることは、行政書士制度の公正な発展にとって重要であると言えよう。しかし同時に都道府県庁が行政書士会の自治を尊重すべきことは、本法の全体が予定しているところである。

総務大臣による日行連の監督

　総務大臣は、すでに論じた指定試験機関の監督機関であるが、旧自治大臣の頃から本条により日行連に対して監督権を有してきた。

　① 会則の認可（18 条の 5 による 16 条の 2 の準用）、　② 必要に応ずる報告要求および業務改善の勧告（本条）、　③ 資格審査会の委員委嘱に対する承認（18 条の 4 第 5 項）、　④ 行政書士の登録申請拒否・登録取消しに対する審査請求にかかる裁決・相当処分命令（6 条の 3 第 1・3 項、6 条の 5 第 3 項）。

　加えて、本法 20 条による委任に基づく総務省令である施行規則が、日行連に関する規定をすることができ、現に資格審査会の組織・運営の基本を定めている（18 条）。総務省令は総務大臣が各省大臣として主任の行政事務について定める国の行政立法だからである（国家行政組織法 12 条 1 項）。

　なお、1985 年改正で設けられた後出の 19 条の 4 によれば、総務大臣が行政書士の資質向上を目的に講習会・資料提供などの「援助」をなしうるが、これは日行連の行政書士指導業務を側面的に支援することを意味するであろう。

【本条の改正沿革】
　①　1960（昭和 35）年 5 月 20 日公布・10 月 1 日施行改正で 18 条の 2 として新設　②　1971（昭和 46）年 6 月 4 日公布・12 月 1 日施行改正で 18 条の 4 に繰り下げ「行政書士会連合会」であったのを日行連に改める　③　1985（昭和 60）年改正で、18 条の 6 に繰り下げ　④　1999（平成 11）年 12 月 22 日公布・2001（平成 13）年 1 月 6 日施行で「自治大臣」を「総務大臣」に改正

第 8 章　雑　　　則

> **（業務の制限）**
> **第 19 条**　　行政書士又は行政書士法人でない者は、業として第 1 条
> の 2 に規定する業務を行うことができない。ただし、他の法律に別
> 段の定めがある場合及び定型的かつ容易に行えるものとして総務省
> 令で定める手続について、当該手続に関し相当の経験又は能力を有
> する者として総務省令で定める者が電磁的記録を作成する場合は、
> この限りでない。
> **2**　総務大臣は、前項に規定する総務省令を定めるときは、あらかじ
> め、当該手続に係る法令を所管する国務大臣の意見を聴くものとす
> る。

【関係条項】
　　第 21 条　次の各号のいずれかに該当する者は、1 年以下の懲役又は 100 万円
　　以下の罰金に処する。
　　一　（略）
　　二　第 19 条第 1 項の規定に違反した者

行政書士の独占業務は他士業者や一般事業者に原則的に禁じられる

　この "非行政書士の業務制限規定" は、その違反罰則（21 条二号）と相まっ
て "行政書士の独占業務" を担保している。しかしこれは、弁護士法 72 条と
同じく、他士業者ないし一般事業者国民の営業を法禁する法律規定であり、罰
則内容として犯罪構成事件を成してもいるので、厳格に解釈しなければならな
い。ここでは、本条の制度的要点を項目立てし、すでに 1 条の 2 のコメントで
詳述されたところは、それを援用するのにとどめたい。

a)「業とする」とは、他人の依頼に継続・反覆的に応ずる態勢で、明示ない
し黙示的に報酬を受けて業務行為を行なうことと解される。事業者が受任
業務をする際に暗黙裡にしろ報酬を見込まないはずはない。

b)「第 1 条の 2 に規定する業務」は、同条のコメントに述べられた内容の行
政書士の原則的な“独占業務”である。

c)「他の法律に別段の定めがある場合」とは、1 条の 2 のコメントで述べら
れた“他士業との共同法定業務”がそれである。この場合に従前、法定業
務の“付随業務”のことがよく論じられたが、それは法定業務の具体的範
囲の条理解釈のテーマにほかならないと考えられる。

d) その作成が「定型的かつ容易に行える」「電磁的記録」とは、やはり 1 条
の 2 のコメントに述べられたとおり、コンピュータシステムの開放性から、
電子申請されるデジタル記録の作成のうちで他士業者や一般事業者に開放
することが適切であると総務省令で公認されたデータ作成を、行政書士の
業務独占の対象からはずす趣旨である（詳解 233-4 頁参照。このしくみに対
する批判論として阿部・未来像 28-9 頁参照）。その後 2005（平成 17）年 12
月 26 日施行等の本法施行規則（施規）の改正（20 条 1・2 項）によって、
型式指定の新自動車の新規登録・検査および車庫証明にかかる一定の電子
的申請手続を、日本自動車販売協会連合会（自販連）に公認するところと
なっている。

　さらに、2017(平成 29)年の施規改正による登録自動車の継続審査の申請
能力が日本自動車整備振興会連合会（日整連）に認められ、2019 年（平成
31）年 4 月改正により「軽自動車」にかかる継続審査能力を、自販連・日
整連のほか全国軽自動車協会連合会（全軽自動）にも認めることとされた。

【本条の改正沿革】
①　1960（昭和 35）年 5 月 20 日公布・10 月 1 日施行改正で「行政書士会に入会している
行政書士でない者」と変更　②　1964（昭和 39）年 6 月 2 日公布・10 月 1 日施行改正で、
ただし書中の「正当の業務に附随して行う場合」を削除　③　1985（昭和 60）年 6 月 14
日公布・翌年 4 月 1 日施行改正で「行政書士会に入会している」を削除　④　2002（平成
14）年 12 月 13 日公布・翌年 2 月 3 日施行の行政手続オンライン化整備法としての改正で、

1項ただし書に「電磁的記録」作成上の特例余地を追加および2項を新設し旧2項を3項に変更　⑤　2003（平成15）年7月30日公布・翌年8月1日施行改正で旧3項を削除（新19条の2第1項とする）

（名称の使用制限）

第19条の2　　行政書士でない者は、行政書士又はこれと紛らわしい名称を用いてはならない。

2　行政書士法人でない者は、行政書士法人又はこれと紛らわしい名称を用いてはならない。

3　行政書士会又は日本行政書士会連合会でない者は、行政書士会若しくは日本行政書士会連合会又はこれらと紛らわしい名称を用いてはならない。

【関係条項】

　　第22条の4　第19条の2の規定に違反した者は、100万円以下の罰金に処する。

行政書士・行政書士法人の名称独占

　法定の専門職種であっても、業務独占を保障されずに"名称独占"だけ法定されている段階のものがある。たとえば社会福祉士・介護福祉士がそうである（社会福祉士及び介護福祉士法48条、53条3号）。それに対し行政書士・法人の場合は、他の専門士業と同様に、業務独占に伴なう形で名称独占を法定されており、より発達した専門職種に属している。

　依頼者国民の誤解を防止しその権利利益を保障するためには、本条とその罰則による「紛らわしい名称」の使用禁止が肝要と言える（同旨、詳解240頁）。が、もとより前条の業務独占の方が実質的・制度的に国民の権利利益を保障するしくみにちがいない。

　なお、「東京行政書士政治連盟」（東政連）等と「日本行政書士政治連盟」（日政連）が存しているが、これはその名のとおり行政書士の政治活動団体であっ

て業務を行なうものではなく、紛らわしさは全くないであろう。

【本条の改正沿革】

① 2003（平成 15）年 7 月 30 日公布・翌年 8 月 1 日施行改正で、1 項を旧 19 条 3 項から移設し、2・3 項を新設

（行政書士の使用人等の秘密を守る義務）

第 19 条の 3　　行政書士又は行政書士法人の使用人その他の従業者は、正当な理由がなく、その業務上取り扱つた事項について知り得た秘密を漏らしてはならない。行政書士又は行政書士法人の使用人その他の従業者でなくなつた後も、また同様とする。

【関係条項】

　　第 22 条第 1 項　第 12 条又は第 19 条の 3 の規定に違反した者は、1 年以下の懲役又は 100 万円以下の罰金に処する。

行政書士・法人事務所における「使用人・従業者」の法定

　1）　2003（平成 15）年改正で本条が行政書士・法人事務所の「使用人・従業者」の守秘義務を定める以前は、事務「補助者」に関する行政書士会届出義務が省令規定されていたのにとどまった（本法施行規則 5 条）。そこで本条には、行政書士の補助者に法律的根拠をもたらす意味あいが含まれている（使用人行政書士については、前述した 1 条の 4 に根拠づけられている）。

　2）　本条にいう「使用人」は、所属事務所の行政書士・法人と雇用関係にある者（被用者）を指す。「その他の従業者」は、雇用関係なく書士業務を手伝う者である。省令で書士会届出を義務づけられた「補助者」は、継続的な業務従事者として雇用関係のある使用人であることが通常であろう。もっとも本条は、雇用関係のない「従業者」でも書士業務に関する守秘義務者（退職後においても）と法定していることに、十分注意しなければならない。

3)「行政書士は、事務に従事する補助者又は事務員をしてその職務を包括的に処理させてはならない」(行政書士倫理11条2項) と定められているのだが、補助者が行政書士・法人の業務補助をする必要は、次のように認められよう。

① 秘書的役割、② 事務所経理、③ 受発信の管理、④ 出張調査・資料収集、⑤ 簡易文書の下書き、⑥ 官公署書類提出代行、⑦ 文書・文献の整理保管 (青山・業務必携109頁以下参考)。

なお、日行連の「行政書士徽章等規則」[巻末資料3] の2004年改正で、「補助者章」の交付とその業務上着用とが定められるにいたっており (8・9条)、大いに注目される。

行政書士・法人の使用人・従業者の守秘義務

かつて補助者が省令規定されていた段階では、罰則づきの守秘義務は定められえなかった。本条は法律規定として、22条と相まって、使用人・従業者の守秘義務を行政書士と同じ罰則づきで厳しく定めるにいたったのである。

補助者等が、依頼者との関係でも秘書的役割を演じ業務内容に精通する可能性がある以上、すでに行政書士の守秘義務条項 (12条) のコメントで述べたように、補助者などの使用人・従業者の守秘義務とその内容は重要であり、その違反は雇用主である行政書士・法人の責任にも連動しやすいところと解される。

なお、使用人行政書士の義務違反は、本条前段と前出12条前段とに競合して当ることになる (罰則22条は共通) と解されるが、登録行政書士でなくなった使用人には本条前段と12条後段が併せ適用になる。

【本条の改正沿革】
① 2003 (平成15) 年7月30日公布・翌年8月1日施行改正で新設

（資質向上のための援助）

第19条の4　　総務大臣は、行政書士の資質の向上を図るため、講習会の開催、資料の提供その他必要な援助を行うよう努めるものとする。

（総務省令への委任）

第20条　　この法律に定めるもののほか、行政書士又は行政書士法人の業務執行、行政書士会及び日本行政書士会連合会に関し必要な事項は、総務省令で定める。

行政書士の資質向上への国の側面的援助

本19条の4は1985（昭和60）年改正によって新設されたのだが（旧19条の2による自治大臣権限）、同改正において行政書士の日行連登録と「資格審査会」制が規定されている。いわゆる"第二臨調行革"の時代にあって、専門士業制度のあり方も注目されだしていた。

しかし同時に、行政書士・法人の品位保持・業務改善という資質向上は、各行政書士会および日行連の指導課題であるむね法定されている（15条2項、18条2項）のであって、国は側面的援助を旨とする（詳解241-2項）。それも財政的助成ではなく情報提供面での援助とされる。

本法細目の総務省令への委任

本20条は、本法に基づく総務省令への一般的委任規定にほかならない。政令への委任でなく省令への委任である点に、本法が議員立法を主にしてきた経緯が表われていると見られよう。

本法の個別条項で「総務省令で定める」としている場合、個別の省令もありうるが、指定試験機関の指定申請、試験委員の要件、試験事務規程の記載事項などの委任は、本法施行規則に盛られている（2条の2〜2条の7など）。本法の

個別委任が省令でなく「総務大臣が定める」とされている場合（法3条1項）には、個別の「告示」の形式が採られている（平成11年自治省告示、平成17年総務省告示「行政書士試験の施行に関する定め」）。

　こうした個別委任条項がなくても、行政書士・法人の業務執行や行政書士会・日行連に関する事項の細目であれば、本条の一般的委任に基づいて省令で規定できる。

　なお本法施行規則［巻末資料1］は、1951（昭和26）年の制定当初は総理府令だったものが、1960（昭和35）年に自治省令となり、2001（平成13）年1月から総務省令に変っている。

【本2か条の改正沿革】
○　本19条の4は、①　1985（昭和60）年6月14日公布・翌年4月1日施行改正で新設　②　1999（平成11）年12月22日公布・2001（平成13）年1月6日施行の中央省庁等改革関係法施行法により「自治大臣」を「総務大臣」に改正
○　本20条は、①　1960（昭和35）年7月1日公布・10月1日施行の自治省設置法整理法により「総理府令」を「自治省令」に改正　②　1971（昭和46）年6月4日公布・12月1日施行で、「行政書士会連合会」を「日本行政書士会連合会」に改正　③　上記②の中央省庁改革関係法施行法により「自治省令」を「総務省令」に改正

第 9 章　罰　　　則

第 20 条の 2　　第 4 条の 7 第 1 項の規定に違反した者は、1 年以下の懲役又は 50 万円以下の罰金に処する。

第 20 条の 3　　第 4 条の 14 第 2 項の規定による試験事務の停止の命令に違反したときは、その違反行為をした指定試験機関の役員又は職員は、1 年以下の懲役又は 50 万円以下の罰金に処する。

［順不同］

第 22 条の 2　　第 4 条の 7 第 2 項の規定に違反して不正の採点をした者は、30 万円以下の罰金に処する。

第 22 条の 3　　次の各号のいずれかに該当するときは、その違反行為をした指定試験機関の役員又は職員は、30 万円以下の罰金に処する。
一　第 4 条の 10 の規定に違反して帳簿を備えず、帳簿に記載せず、若しくは帳簿に虚偽の記載をし、又は帳簿を保存しなかつたとき。
二　第 4 条の 12 第 1 項又は第 2 項の規定による報告を求められて、報告をせず、若しくは虚偽の報告をし、又はこれらの規定による立入り若しくは検査を拒み、妨げ、若しくは忌避したとき。
三　第 4 条の 13 第 1 項の規定による許可を受けないで試験事務の全部を廃止したとき。

本法における罰則の意義および体系

　本法に対する違反は、監督行政処分の対象になるわけだが、関係する国民の利害にかかわる重要な義務違反には併せて刑事罰則が必要とされる（詳解243頁）。刑事罰の適用はほんらい刑事訴訟法に基づき、行政機関や行政書士会などは告発（刑訴法239条）ないし是正指導をなしうるにとどまるが、関係者に対する罰則の心理的圧力による違反の防止が期待され、そこに行政書士の制度・業務を向上させる罰則の底支え効果が予定されている。

　本法における罰則の章の内容を体系的に見ると、① 指定試験機関の役職員の処罰、② 行政書士・法人または関係国民の処罰、③ 行政書士会等の代表者または行政書士法人社員等に対する過料の定め、に分れる。そこで①と②との関係では条文が順不同になるが、コメントの対象を①からとしたい。

指定試験機関の役職員に対する罰則

　1999（平成11）年の試験制度改革に関する本法改正の際に、「指定試験機関」制が設けられ、その役員・職員に重要な諸義務が法定され、それらにかかわる違反罰則が新設された（前述）。

　本20条の3と22条の3が定める、試験センターによる試験事務停止命令（4条の14第2項）の違反、帳簿虚偽記載（4条の10違反）、報告・検査拒否（4条の12違反）、無許可試験停止（4条の13第1項違反）などは現実味がないと見られる。が、同じく有ってはならない重大犯罪として、本20条の2が本法上最高の懲役1年以下・罰金50万円以下とするセンター役職員の守秘義務（4条の7第1項）の違反、22条の2が罰金30万円とする試験の不正採点（4条の7第2項）、が要注意である。それらは受験者国民の権利利益と国家試験の公正とにかかわるからである。（なお罰金は、刑法15条により原則として1万円以上である。）

【本4か条の改正沿革】
①　1999（平成11）年7月16日公布・翌年4月1日施行の地方分権一括法により新設
②　2003（平成15）年7月30日公布・翌年8月1日施行改正で本22条の3の罰金が「20万円以下」から「30万円以下」に変更

第 21 条　　次の各号のいずれかに該当する者は、1 年以下の懲役又は 100 万円以下の罰金に処する。

一　行政書士となる資格を有しない者で、日本行政書士会連合会に対し、その資格につき虚偽の申請をして行政書士名簿に登録させたもの

二　第 19 条第 1 項の規定に違反した者

第 22 条　　第 12 条又は第 19 条の 3 の規定に違反した者は、1 年以下の懲役又は 100 万円以下の罰金に処する。

2　前項の罪は、告訴がなければ公訴を提起することができない。

第 22 条の 4　　第 19 条の 2 の規定に違反した者は、100 万円以下の罰金に処する。

第 23 条　　第 9 条又は第 11 条の規定に違反した者は、100 万円以下の罰金に処する。

2　行政書士法人が第 13 条の 17 において準用する第 9 条又は第 11 条の規定に違反したときは、その違反行為をした行政書士法人の社員は、100 万円以下の罰金に処する。

第 23 条の 2　　次の各号のいずれかに該当する者は、30 万円以下の罰金に処する。

一　第 13 条の 20 の 2 第 6 項において準用する会社法第 955 条第 1 項の規定に違反して、同項に規定する調査記録簿等に同項に規定する電子公告調査に関し法務省令で定めるものを記載せず、若しくは記録せず、若しくは虚偽の記載若しくは記録をし、又は当該調査記録簿等を保存しなかつた者

二　第 13 条の 22 第 1 項の規定による当該職員の検査を拒み、妨げ、

又は忌避した者

第23条の3　法人の代表者又は法人若しくは人の代理人、使用人その他の従業者が、その法人又は人の業務に関し、前条第一号の違反行為をしたときは、その行為者を罰するほか、その法人又は人に対して同条の刑を科する。

行政書士・法人の業務関係違反罪と第三者の犯罪行為の可能性

本6か条は、行政書士・法人の業務関係の罰則として、行政書士法制上肝要な定めにちがいないが、その違反犯罪者が行政書士に限られず、非行政書士である第三者が該当することが案外多いことに注意しなければならない。

a) 本21条二号がやはり本法上最高の懲役1年以下・罰金100万円以下とする行政書士の業務独占違反者は、事の性質上「行政書士でない者」である。

b) 本22条が前述の「親告罪」ながら同上の刑を定める守秘義務違反罪は、行政書士のほかその廃業者に及び、また法人事務所を含む使用人・従業者とその退職者にも課されるにいたっている。

c) 本22条の4が行政書士・法人の名称独占（19条の2）違反を罰金100万円以下とする場合、個人行政書士の法人僭称を除けばやはり非行政書士の犯罪にほかならない。

d) 本23条で、行政書士・法人の帳簿備付け義務（9条）・業務依頼応諾義務（11条）の違反が罰金100万円以下とされているのは、主には行政書士の犯罪だが実行行為者が使用人・従業者であることもありうる。逆に、法人の業務執行でそれらの違反を生じた場合、本法には両罰規定が一般にはないもので、社員行政書士の犯罪となる（23条2項）。

e) 本23条の2第一号（2004年改正で新設）で、行政書士法人の調査記録等の電子公告調査に関して不実記載や不保存等の違反行為者に罰金30万円以下の定めをした。

本 23 条の 2 第二号でやはり罰金 30 万円以下とされる事務所立入検査拒否罪も、行政書士本人に限らず、立会いに臨んだ第三者行政書士や、事務所に居た使用人・従業者ないし家族でも犯罪行為者となりうる（詳解 251頁）ので、要注意であろう。

f) 本 23 条の 3（2004 年改正で新設）では、上記第一号の犯罪行為者が属する行政書士法人または雇用主書士に対しても両罰とする旨を、例外的に定めている。

21 条による非行政書士の業務違反罪等について

「行政書士・行政書士法人でない者」が前述した 19 条に違反して行政書士・法人の独占業務を敢行した場合について、本法が最高の罰則を規定している（21 条二号）のは、当然と言えよう。

法制度的に問題をはらむのが、無資格虚偽登録者の場合である。すでに「本法上の行政書士」のイレギュラーな場合として論じているが、無資格者の虚偽登録によって日行連の行政書士名簿に登載、行政書士証票を携帯している場合、日行連によって登録の取消し・抹消となるまでは、本法の制度上「行政書士」と位置づけるべきことになると解される。無資格虚偽登録者というときわめて悪質と思われて不思議ではないが、たとえば行政公務員が出資法人等へ「退職派遣」となっていた期間の計算などのケースを考えると、無資格登録の取消しに先きだって日行連における資格審査会の議決と本人聴聞とを要するというしくみも首肯されえよう。

そこでその間に当該「行政書士」が業務を行なったとき、行政書士としての本法上の義務（守秘義務・帳簿備付け・依頼拒否不可・立入検査受忍）とその違反罰則を免れないものとする一方、業務・名称独占（19 条、19 条の 2）には反しないものとしてその罰則（21 条二号、22 条の 4）にも該当しないと解される。しかしながら、本 21 条二号に該当しないとだけすることは、やはり無資格登録「行政書士」にふさわしくないので、1997（平成 9）年改正において、本 21条に一号を起こして無資格虚偽登録行為を処罰できるようにしたのであった（それ以前にも現 21 条二号を適用できなかったか解釈の余地はありえたが、現 21 条

一号により二号違反とは並列的に立法解決されたものと見られる）。この件は、実在することは芳しくないが、手続法と実体法という解釈視点にもかかわり重要な法制度問題と考えられるのである。

【本6か条の改正沿革】

○　本21条は、①　1980（昭和55）年7月30日公布・9月1日施行改正で現二号の罰金「1万円」を「10万円」に変更　②　1997（平成9）年6月27日公布・7月18日施行改正で、現一号を追加するとともに罰金を「50万円」に変更　③　2008（平成20）年1月17日公布・7月1日施行＝左記50万円を「100万円」に変更

○　本22条は、①　1980年同上改正で罰金「5千円」を「5万円」に変更　②　1997年同上改正で懲役「6月」を「1年」に罰金を「10万円」に変更　③　2003（平成15）年7月30日公布・翌年8月1日施行改正で罰金を「50万円」に変更するとともに19条の3（使用人・従業者の守秘義務）違反を追加　④　本21条の上記③に同じ

○　本22条の4は、①　1997年同上改正で旧22条の2を新設、罰金（当初5千円）を「10万円」と変更　②　2003年同上改正で現22条の4に移設、罰金「30万円」に変更　③　本21条の③改正で、左記30万円を「100万円」に変更

○　本23条は、①　1980年同上改正で旧一号の罰金「5千円」を「5万円」に変更　②　2003年同上改正で新1項の罰金を「30万円」に変更、2項（行政書士法人関係）を新設　③　本22条の4の③改正と同じく2項を改正　④　第1項につき本22条の4の③改正と同じ

○　本23条の2は、①　1980年同上改正で旧23条二号の罰金を「5千円」から「5万円」に変更　②　2003年同上改正で本条に移設するとともに、罰金を「30万円」に変更　③　2004（平成16）年6月9日公布・翌年2月1日施行の電子公告導入の商法改正にともなう第一号新設　④　2005（平成17）年7月26日公布・翌年5月1日施行の会社法の整備法による「調査記録等」への改正　⑤　2006年（平成18）年6月7日公布・翌年4月1日施行の地方自治法一部改正にともない「吏員」を「職員」に改正

○　本23条の3は、①　上記③の商法改正にともない新設

第 24 条　　行政書士会又は日本行政書士会連合会が第 16 条の 3 第 1 項（第 18 条の 5 において準用する場合を含む。）の規定に基づく政令に違反して登記をすることを怠つたときは、その行政書士会又は日本行政書士会連合会の代表者は、30 万円以下の過料に処する。

第 25 条　　次の各号のいずれかに該当する者は、100 万円以下の過料に処する。

一　第 13 条の 20 の 2 第 6 項において準用する会社法第 946 条第 3 項の規定に違反して、報告をせず、又は虚偽の報告をした者

二　正当な理由がないのに、第 13 条の 20 の 2 第 6 項において準用する会社法第 951 条第 2 項各号又は第 955 条第 2 項各号に掲げる請求を拒んだ者

第 26 条　　次の各号のいずれかに該当する場合には、行政書士法人の社員又は清算人は、30 万円以下の過料に処する。

一　この法律に基づく政令の規定に違反して登記をすることを怠つたとき。

二　第 13 条の 20 の 2 第 2 項又は第 5 項の規定に違反して合併をしたとき。

三　第 13 条の 20 の 2 第 6 項において準用する会社法第 941 条の規定に違反して同条の調査を求めなかつたとき。

四　定款又は第 13 条の 21 第 1 項において準用する会社法第 615 条第 1 項の会計帳簿若しくは第 13 条の 21 第 1 項において準用する同法第 617 条第 1 項若しくは第 2 項の貸借対照表に記載し、若しくは記録すべき事項を記載せず、若しくは記録せず、又は虚偽の記載若しくは記録をしたとき。

五　第 13 条の 21 第 2 項において準用する会社法第 656 条第 1 項の規定に違反して破産手続開始の申立てを怠つたとき。

　　六　第13条の21第2項において準用する会社法第664条の規定に
　　　違反して財産を分配したとき。

　　七　第13条の21第2項において準用する会社法第670条第2項又
　　　は第5項の規定に違反して財産を処分したとき。

行政書士法人社員の会社法等の違反に対する過料の制裁

　「過料」は、科料（刑法9・17条）とちがい刑罰ではないので、過料の定めを
「罰則」（憲法73条六号ただし書き参照）の中に位置づけることには問題がある。
そしてここでの過料は、行政処分で課される地方自治法上の過料とも異なって、
会社法等の違反に対するそれとして非訟事件手続法に基づく。すなわち、過料
の裁判は地方裁判所の決定により、原則として当事者の陳述と検察官の意見を
求めて為され、検察官の命令によって執行される（同法206条〜208条の2）。

　本24条が定める場合は現実味が少ないので省略し、本25・26条が規定する
のは、主に行政書士法人に関して準用された会社法の義務規定に対する「過
料」制裁である（2005年改正）。

　社員行政書士が違反を問われうるのは、主に会計帳簿・貸借対照表の不記
載・不実記載や不報告・虚偽報告などであろう。清算人については、弁済をし
ない財産分配や破産請求を怠ることが追及される。

【本3か条の改正沿革】
○　本24条は、①　1971（昭和46）年6月4日公布・12月1日施行改正により新設　②
1980（昭和55）年7月30日公布・9月1日施行改正で過料「1万円」を「10万円」に変更
③　1997（平成9）年6月27日公布・7月18日施行改正で過料を「30万円」に変更
○　本25条は、①　2003（平成15）年7月30日公布・翌年8月1日施行改正で新設　②
2004（平成16）年6月9日公布・翌年2月1日施行の電子公告導入の商法改正にともない
第五号新設　③　前記23条の2の④と同じ会社法にともなう大幅改正
○　本26条は、①　上記②の商法改正にともない新設　②　上記③の会社法にともなう
大幅改正

附　則（抄）

附　則

1　この法律は、昭和26年3月1日から施行する。

2　この法律施行の際、現に第1条に規定する業務を行つている者（……）で、同条に規定する業務を行つた年数を通算して3年以上になるものは、この法律の規定による行政書士とみなす。

6　都道府県知事は、この法律施行の日から6月以内に、最初の行政書士試験を行わなければならない。

附　則　［昭和35年5月20日法律第86号］

1（施行期日）　この法律は、昭和35年10月1日から施行する。ただし、附則第2項から第5項までの規定は、公布の日から施行する。

2（行政書士会に関する経過規定）　この法律の公布の際現に存する行政書士会は、この法律の施行前に、この法律による改正後の行政書士法（以下「新法」という。）第16条及び第16条の2の規定の例により、会則を変更し、都道府県知事の認可を受けることができる。

6（行政書士会連合会の設立）　新法の規定による行政書士会は、この法律の施行後3月以内に、新法第18条の規定による行政書士会連合会を設立しなければならない。

附　則　［昭和46年6月4日法律第101号］

第1条（施行期日）　この法律中、次条第2項及び第4項の規定は公布の日から、第1条、次条第1項、第3項及び第5項並びに附則第3条の規定は公布の日から起算して6月をこえない範囲内で政令で定める日から、第2条、附則第4条及び附則第5条の規定は第1条の規定の施行の日から起算して1年を経過した日から施行する。

第2条（第1条の規定による改正に伴う経過措置）

3　第1条の規定の施行と同時に、旧法による行政書士会連合会（以下「旧連合会」という。）は、新法による法人たる日本行政書士会連合会（以下「新連合会」という。）となり、旧連合会の役員は、退任するものとする。

　　附　則　[昭和 55 年 4 月 30 日法律第 29 号]

1（施行期日）　この法律は、昭和 55 年 9 月 1 日から施行する。

（経過措置）

2　この法律の施行の際現に行政書士会に入会している行政書士である者は、当分の間、この法律による改正後の行政書士法第 1 条の 2 第 2 項の規定にかかわらず、他人の依頼を受け報酬を得て、社会保険労務士法（昭和 43 年法律第 89 号）第 2 条第 1 項第一号及び第二号に掲げる事務を業とすることができる。

3　この法律の施行前にした行為に対する罰則の適用については、なお従前の例による。

　　附　則　[昭和 58 年 1 月 10 日法律第 2 号]

1（施行期日）　この法律は、昭和 58 年 4 月 1 日から施行する。

2（経過措置）　この法律施行の際現に行政書士である者及びこの法律による改正前の行政書士法第 4 条の規定による行政書士試験に合格した者は、この法律による改正後の行政書士法（以下「新法」という。）第 2 条の規定による行政書士となる資格を有するものとみなす。

　　附　則　[昭和 60 年 6 月 14 日法律第 58 号]

1（施行期日）　この法律は、公布の日から起算して 1 年を超えない範囲内において政令で定める日から施行する。ただし、附則第 9 項の規定は、公布の日から施行する。

（経過措置）

2　この法律の施行の際現に改正前の行政書士法（以下「旧法」という。）の規定により行政書士会にされている登録の申請は、改正後の行政書士法（以下「新法」という。）の規定により日本行政書士会連合会にされた登録の申請とみなす。

　　附　則　[平成 9 年 6 月 18 日法律第 84 号]

（施行期日等）

1　この法律は、公布の日から起算して 1 月を経過した日から施行する。

2　この法律による改正後の行政書士法第 5 条第三号の規定は、この法律の施行の日以後に破産者となった者に係る行政書士の資格について適用する。

　　附　則　[平成 11 年 7 月 16 日法律第 87 号]

第 1 条（施行期日）　この法律は、平成 12 年 4 月 1 日から施行する。……

第153条（行政書士法の一部改正に伴う経過措置）　施行日前に第464条の
　規定による改正前の行政書士法第4条の規定による行政書士試験に合格
　した者は、第464条の規定による改正後の同法第3条の規定による行政
　書士試験に合格したものとみなす。

　　附　則　〔平成13年6月29日法律第77号〕

第1条（施行期日）　この法律は、平成14年7月1日から施行する。
第2条（経過措置）　日本行政書士会連合会は、この法律の施行の際現に行
　政書士である者に対し、その会則の定めるところにより、行政書士証票
　を交付しなければならない。ただし、この法律の施行の際現に行政書士
　法第14条第1項の規定により業務の停止の処分を受けている行政書士に
　対しては、当該行政書士が行政書士の業務を行うことができることとな
　る前に行政書士証票を交付してはならない。

　　附　則　〔平成15年7月30日法律第131号〕

第1条（施行期日）　この法律は、平成16年8月1日から施行する。ただ
　し、附則第5条の規定は、公布の日から施行する。
第2条（行政書士法人の業務の特例）　行政書士法の一部を改正する法律
　（昭和55年法律第29号）附則第2項の規定により社会保険労務士法（昭
　和43年法律第89号）第2条第1項第一号及び第二号に掲げる事務を業
　とすることができる行政書士をその社員とする行政書士法人は、当該事
　務を業とすることができる。
2　行政書士法人が前項の事務を業とする場合においては、当該事務をこ
　の法律による改正後の行政書士法（以下「新法」という。）第13条の6
　ただし書に規定する特定業務とみなし、当該事務を業とすることができ
　る行政書士を新法第13条の8第3項第四号に規定する特定社員とみなし
　て、新法の規定を適用する。
第3条（日本行政書士会連合会に対する懲戒手続開始の通告に関する経過
　措置）　新法第14条の4第1項の規定は、この法律の施行の日（以下
　「施行日」という。）前に行政手続法（平成5年法律第88号）第15条第
　1項の通知を発送し、又は同条第3項前段の掲示をした場合については、
　適用しない。
第4条（行政書士の懲戒処分の公告に関する経過措置）　新法第14条の5
　の規定は、施行日前にこの法律による改正前の行政書士法第14条第1項
　の規定による処分をした場合については、適用しない。

第5条（行政書士会及び日本行政書士会連合会の会則の変更に関する経過措置）　行政書士会及び日本行政書士会連合会は、施行日までに、この法律の施行に伴い必要となる会則の変更をし、かつ、当該変更に伴い必要となる都道府県知事又は総務大臣の認可を受けなければならない。この場合において、当該変更及び当該認可の効力は、施行日から生ずるものとする。

第6条（名称の使用制限に関する経過措置）　この法律の施行の際現にその名称中に行政書士法人、行政書士会若しくは日本行政書士会連合会又はこれらと紛らわしい名称を用いている者については、新法第19条の2第2項又は第3項の規定は、この法律の施行後6月間は、適用しない。

第7条（税理士法の一部改正）　税理士法（昭和26年法律第237号）の一部を次のように改正する。

　　第51条の2の見出し中「行政書士」を「行政書士等」に改め、同条中「行政書士は、行政書士」を「**行政書士又は行政書士法人は、それぞれ行**政書士又は行政書士法人」に改める。

　　附　則　［平成17年7月26日法律第87号、会社法の施行に伴う関係法律整備法］

　　この法律は、会社法の施行の日［平成18年5月1日］から施行する。

　　附　則　［平成26年6月27日法律第89号］

（施行期日）

1　この法律は、公布の日から起算して6月を経過した日［平成26年12月27日］から施行する。ただし、次項の規定は、公布の日から施行する。

（行政不服審査法の施行に伴う関係法律の整備等に関する法律の一部改正）

2　行政不服審査法の施行に伴う関係法律の整備等に関する法律（平成26年法律第69号）の一部を次のように改正する。

　　第43条中行政書士法第4条の18の改正規定の前に次のように加える。

　　　第1条の3第1項第二号中「異議申立て」を「再調査の請求」に改める。

経過規定としての附則の意義

（1）　附則とは

　法規が制定または改廃（改正・廃止）された場合、施行期日をはじめ、その効力発生の前後に関する経過的な定めを必要とし、それが附則の役目である。

附則も当該法規の一部にほかならない。

　ここでは、行政書士法の制定以降における主だった附則を抄録したが、その個々の内容コメントは、関係本条のそれにゆずって省略することにしたい。

　（2）　附則の主たる規定内容

　a）法規の制定・改廃による制度の新設・変更・廃止と、既存の制度的しくみや状況との関係づけについて定めることを主とする。この場合、罰則をはじめ"不利益法規の不遡及の原則"をふまえて、"既存不適格"（新法規に適合しないことになる既存の物事）に対し不利益変更をしない又はそれを緩和する定めにするのが普通である（たとえば2008年改正による欠格条項・懲戒・罰則の一部強化の定めに関しては、その適用を原則的に施行日後に生じた事由に限っている）。

　b）1980（昭和55）年改正法の附則第2項が、当時の行政書士に既得権的に社会保険労務士の業務資格を「当分の間」法認したり[1]、また2003（平成15）年改正法の附則第2条2項が、その業務を行政書士法人の「特定業務」、その社員書士を「特定社員」とみなす規定をしているなど、附則条項で行政書士制度の根幹的しくみを定めることすらある。なお、本法の改正附則で他の税理士法などの一部改正を定めることによって、行政書士・法人の業務を左右する例もある。

[注1]　「当分の間」という定めは、一定時点で当然失効する限時的しくみと異なり、廃止規定が生じない限り長く続く例も有る。

補論

"まちの法律家" 行政書士職の繁栄を祝う
——行政書士法 70 周年にちなんで——

東京都立大学名誉教授　　兼　子　　　仁

はじめに——登録行政書士の 5 万人規模を支えるもの

　1)　「行政書士」職が法定されたのは、1951 年の行政書士法によってで、その 70 周年に当たる 2021 年までの間における同法の諸改正を踏まえて、"まちの法律家" 行政書士職は歴史社会的な発展を遂げてきている。

　元来、法的専門士業の中で、「行政書士」は、司法書士・税理士・社会保険労務士などのように業務分野が限定されず、行政手続代理のほか民事「権利義務」業務にも通ずる点で、弁護士に準ずる一般法律専門職に当たる。

　ただし、"訴訟代理" 弁護士に比べて法律専門度が下がるだけ、"まちの法律家" として住民生活や事業実務に日常的に役立つ「法律事務」代理に任じているのだと目されている。

　2)　しかし、今日の「行政書士」登録者が 5 万人規模に達しつつあることは、資格試験制との関わりで弁護士と比較評価されても、一般法律職としての繁栄を全国的に象徴しているであろう。

　後で本論として論ずるように、2000・平成 12 年から始まった「行政書士試験研究センター」試験の合格者を主に、「行政書士」登録者・「行政書士会」の会員が 2001・平成 13 年 1 月に約 3.5 万人だったのが 2021・令和 3 年 6 月末には 5 万人超えとなっている（『月刊日本行政』2021 年 8 月号に、同年 6 月末には 50,147 人と報ぜられた）。

　これは、弁護士の登録者数が、1999・平成 11 年の約 1.6 万人から、2003 年以降の法科大学院・現司法試験制を経た 2020 年の 4.2 万人超え（日弁連『自由

と正義』同年 10 月号 54 頁・同年 7 月末日に 42,116 人）に上ったと報ぜられるのと比
べても、誠に興味深い。わけても、法科大学院修了の「法務博士」が相当数、
行政書士試験合格・登録者に含まれつつあることが留意されてよかろう。

　3）　たまたま筆者は、1997 年度から東京都行政書士会の顧問を仰せつかり、
98 年の行政書士法制の立法改革に携った後、同年 10 月からの「試験研究セン
ター」試験の初代委員長を務める次第となった。そして、試験委員長退任直後
から『行政書士法コンメンタール』を書き下ろし出版させてもらっており（北
樹出版、2004 年初版、2023 年新 13 版・本書）、行政書士の皆様に数多く御熟読いた
だき感謝申し上げている。

　こうした筆者にとっては、行政書士法 70 周年の今日、「行政書士」の登録者
が 5 万人規模に達しているという繁栄を支えているはずの制度状況の要因を、
本論において法学的に分かりやすく分説したいと思う。

1　行政書士試験の国家事務化から指定センター試験制へ
——行政書士の全国通用資格を支える試験制度の改革史

　1）　行政書士法（以下、適宜「本法・書士法」という。）当初の、都道府県知事に
よる行政書士試験に基づく行政書士資格は、各都道府県の区域内に限られてい
た。

　それを全国通用資格に改革する 1983 年の本法改正によって、「試験を行う」
主体が自治大臣と書かれ、ただし都道府県知事への「機関委任事務」と定めら
れるに至った。

　ところが、1999 年地方分権改正の本法によって、「試験の施行」が国の機関
委任事務から都道府県の「自治事務」に戻され、ただし「総務大臣が定める」
試験編制として、指定機関である「行政書士試験研究センター」への施行委任
が可能と定められた（現 3 条 1 項、4 条 1 項）。そして「行政書士試験合格証」は、
大臣と知事の共同著名・公印づきとされる（同年の自治省告示）。

　2）　そもそも「行政書士」士業は、戦前の代書人以来他の士業職と違って主
に各地方業務として自然成長したという特色があり（地域密着型）、第二次世界
大戦後の「行政書士法」も、日本行政書士政治連盟（日政連、1981 年以降）を含

む自主的立法運動に基づく改正を経てきており、上記の試験制度が国・自治省の政府提案改正立法に依ったのは異例であった（兼子仁『行政書士法コンメンタール』新13版・本書9〜11頁、68〜72頁、参考）。

　しかし、そうしてもたらされた指定国家試験制は、今後とも行政書士登録者を増やしていくであろう。そして、「日本行政書士会連合会」（以下、「日行連」という。）は、試験「指定機関」となった試験研究センターの法人設立者として働いたわけであった。

　3）　もっとも、無試験で行政書士の資格を有する者に、行政公務員の長期「行政事務」担当者（高校卒17年以上、本法2条6号）が位置付けられているという問題がある。

　これは、行政書士業務が自治体行政に日常コミットしてその専門性を地域的に生かしていることと連なっているわけだが、今後に争訟代理職として弁護士と協働していけるためには、試験制度の再改革に連なる行政公務員退職者の新入会員研修の役割がそこに絡んでいよう。

2　"まちの法律家"らしい代理「法律事務」の拡充
──業際問題を乗り越えて

（1）　行政書士法改正に示された「代理」法律事務の法定

　1）　1993年「行政手続法」を踏まえた行政書士法の諸改正が、以下のように行政書士の法律行為「代理」業務を法定するところとなったと解される（本書35頁以下、参考）。

　①　2001年──官公署「書類提出手続の代理」、「契約」書類の「代理人作成」（行政書士法1条の3第1項1号・3号）

　②　2008年──「聴聞」・申請手続の「代理」（行政書士法1条の3第1項1号）

　③　2014年──「特定行政書士」の行政「不服申立て」代理権（行政書士法1条の3第1項2号・第2項）

　2）　行政書士法が当初的に規定していた官公署提出書類の作成（1条の2第1項）は、独占業務だが、"事実行為代行"であった。

　それに対し、今世紀における行政書士法の上記改正による法認業務と解され

るのは、法律効果を伴う"法律行為代理"という「法律事務」なのである。

　それはしかも、「行政処分」手続と「契約」手続の代理にわたり、民事「契約代理」も行政書士の伝統的な業務とされる（1920・大正9年内務省令・代書人規則で「権利義務」書類作成が共同独占業務と位置付けられていた）。今日、民事契約代理の専門資格は、行政書士試験中の「民・商法」科目で裏付けられている。

　もっとも、大手の契約例とされる交通事故示談や遺産分割協議の取りまとめにあっては、後述する弁護士法72条にいう紛争「法律事件」に関与しない範囲にとどまらなくてはならない。

　3）　それ以上に、許認可等の「行政処分」手続としての「申請」代理は、申請の「受理」効果を目指すわけで、文書提出より以上の法律事務にほかならない。

　そこにおいて実は、申請代理人書士にとっては、処分行政庁との「口頭」協議によって、申請「受理」と望ましい許認可処分内容を目指すという「口頭」代理法律行為がむしろ肝要なのである。

　とはいえ、「口頭」業務が大事なのは、「聴聞」代理の方に違いない。事業停止命令や許認可取消処分といった「不利益処分」に先立つ「聴聞」にあっては、弁明書を出すだけの「弁明の機会」とは違って、処分行政庁との協議に及ぶ「口頭」意思表示代理が重要になる。

　このように行政書士にとって「口頭」業務は大事なのだが、本来、依頼者住民がアプローチしてくる「相談」業務（書士法1条の3第1項4号）において、まず明らかだろう。

　法律専門職としては、書類作成において専門性が顕著と思われやすいが、弁護士の法廷弁論に代表されるとおり、行政書士の「相談」や申請・聴聞「代理」に伴う「口頭」業務こそ、専門的な報酬源に値しているはずなのだ。

（2）　「特定行政書士」に対する行政「不服申立て」代理権の創設

　1）　申請拒否・受理不作為や許認可停止・取消しなどの不利益処分等に対する不服申立て・「審査請求」代理は、紛争「法律事件」に関わるため、後述する弁護士法72条によって特別法律根拠が不可欠と定められた事項に当たる。

　2014 年改正の書士法 1 条の 3 第 1 項 2 号は、「行政不服審査」に臨む「不服申立て」代理権（"行服代理権"）を特別法定したもので、しかも当面、行服代理は日行連の特別研修過程を修了した「特定行政書士」のみに授権されている（同条第 2 項）。この日行連研修制度の大改革によって、将来「行政書士」全員が行服代理できるような法改正が望まれるところである。

　2）　本来、"行服代理"は、行政処分の申請・聴聞代理に次ぐワンストップサービスのはずなので、現書士法下で、一般行政書士が申請・聴聞代理をしたケースの"行服"代理を「特定行政書士」だけに委ねなくてはならないようでは、正に「行政書士」職の専門資格レベルの向上が問われるのだと言えよう。

（3）　弁護士・税理士・司法書士との業際問題をめぐって

　1）　弁護士法 72 条本文によると、「弁護士……でない者は、報酬を得る目的で訴訟事件、……行政庁に対する不服申立事件その他一般の法律事件に関して……代理……その他の法律事務を取り扱（う）ことを業とすることができない」。ここにいう「法律事件」は"法的紛争事件"と解釈するのが、文理上も条理上も正しいであろう（本書 52〜54 頁、参考）。

　そして、同条本文に続くただし書きで、「他の法律に別段の定めがある場合は、この限りでない」とされ、それに該当した一例が、特定行政書士の"行服代理"である。それに比して行政書士会が現に取り組んでいる ADR 調停人の資格認定は ADR 法で根拠付けられているが、調停申込代理には目下のところ法定根拠がない（本書 55・56 頁、参照）。

　2）　それに対し、税理士は税務訴訟に弁護士代理人の「補佐人」として出廷陳述できる、と税理士法改正で裏付けられている（2001 年改正 2 条の 2 第 1 項）。

　司法書士にあっては、司法書士法（2002 年改正）によって、簡易裁判所での一定民事訴訟代理権までが特別法定されている。

　こうして見ると現行法では行政書士の訴訟代理適格は不十分と目されており、争訟代理である ADR 調停申込代理を含めて将来テーマに残されてしまっている。

　3）　「司法書士」業務との関係では、「登記」申請代理は司法書士の独占ゆえ

（司法書士法73条1項）、行政書士は為しえない。他方、登記申請添付書類であっても、不動産売買・賃貸借契約書の作成代理の方は弁護士・行政書士の共同独占と解される。

なお、2017年不動産登記規則の改正によって、「法定相続情報一覧図」の登記所保管・写し交付申出の代理は、他士業者とともに行政書士も共同業務と新規定され、所有者調査の手立てと注目されている（法務省令247条1・2項。本書30〜31頁。参考）。

3　各都道府県「行政書士会」の地域的業務指導と"日行連"の総括活動

1）　"まちの法律家"行政書士と言う場合の"まち"とは、商店街・オフィス地区の都市「街」中と、農村地方町村内とを指していよう。

いずれにしてもその場合の書士業務は、「行政書士会」が各府県内で仕切っている下で、各"まち"の地域的活動として行われている事実を意味する。

「行政書士事務所」の多くが書士の自宅営業であっても、その地域的業務実態は、住民生活や事業実務の日常的代理として、地方弁護士事務所とのプラス落差を示していると知られる。

都道府県弁護士会の実勢は、大都市圏に集中し、地方府県の弁護士会との落差が著しかった点は、都道府県行政書士会が全国各地方にわたって書士会員数を相当に確保している実情に示されていよう（上述のように全国登録者数の規模が今日かなり似ていても、地方分散状況に大きな差が存じた）。

行政書士事務所に若手書士が「使用人として勤務する」仕組み（2003年改正法1条の4）は、この地方分散増を後押ししていると認められる。

また、弁護士法が法律事務所員について規定していないのに、行政書士法は事務所「補助者」を根拠付け（19条の3、「従業者」の守秘義務。後述する日行連の補助者章も）、その補助的働きも行政書士業の地方分散の一助であろう。

2）　改めて、都道府県"単位会"としての「行政書士会」制は、1971年単位会登録制から85年に"日行連"「登録」制へ昇化しても、依然繁栄し続け、2003年・書士事務所「法人」化による複数事務所制のメリットをも示していよう（なお、2019年・条件付き1人法人制）。

　1999 年・地方分権改革法制に基づく「地域」自治体行政とのコミットが、各地域の「行政書士」業務を活性化させてきた（兼子仁『地域自治の行政法』北樹出版、2017 年、103〜106 頁、参考）。各単位会による自治体行政への直接貢献が盛んな様子はもとよりである（庁内無料相談会の受託、各種委員推薦など）。

　3)　そもそも行政書士の事務所所在地の単位会の「入会」は、単位会経由の日行連「登録」を受けた時に成る（書士法 6 条の 2、16 条の 5 第 1 項）。そして各単位会の「会員」書士に対する指導・監督が行政書士業務の適正・公正を日常的に保証していることは間違いなかろう。

　その具体的仕組みは、次に論ずる"日行連"による書士「登録・研修」制を別にすると、単位会の重要な働きは以下のようであろう。

　①　行政書士の報酬額掲示・会費納入・帳簿備付けや事務所・補助者の届出等をめぐって、会則に基づく「業務研修」・業務調査指導（本書 105〜109 頁、参考）。

　②　都道府県知事に対する年次会員事項報告及び会員書士懲戒事項報告（書士法 17 条 1・2 項）など（本書 165・166 頁、173 頁、参考）。ここには、2004 年改正で創られた、一般住民からの知事に対する行政書士「懲戒請求」制が深く関わっていよう。

　4)　日行連は、専門仕様の全国団体として、単位会を媒介に、各行政書士の専門的業務責任について指導・総括し、全国書士の社会的責任体制を保障する立場にある。上述した業際問題について関係他団体と協議することを別として、その働きは下記のように整理されよう。

　①　日行連は 1985 年から行政書士を所管名簿に「登録」させる機関であり（書士法 6 条 1・2 項。8 条 1 項の事務所登録も）、不適格者の登録拒否を議決する「資格審査会」を設けている（6 条の 2 第 2 項。18 条の 4 第 1 項）。不正行為者には登録取消処分をしなくてはならない（6 条の 5）。

　　これにより日行連は、行政書士の専門資格を公証しており、「行政書士証票」の交付（6 条の 2 第 4 項。会則に基づく「行政書士登録証」も）、「行政書士徽章」と「補助者章」の着用義務（徽章会則 3 条・7 条）がそれを目立たせている。

② 日行連の会則を守ることは行政書士の法定「義務」であり（書士法13条）、会則順守の指導が単位会のそれと並んで、書士業務の信用・品位確保を裏付ける（本書113～6頁、参考）。

　　そこには、「行政書士倫理」（2006年日行連制定）における、依頼者にかかる書士業務規律が深く関わっていよう。

③ 日行連の「研修」を受ける書士責務（書士法2003年改正13条の2。単位会研修と並んで）が、書士業務の適正・公正を支える力も当然大きい（倫理研修を含めて、本書115～8頁、参考）。

　　2007年設置の「中央研修所」が、新入会員研修を始め、2014年法改正に基づく"行服代理権"に関する「特定行政書士法定研修」（1条の3第2項）が加わって重きを成している。

　　なお、2005年入管法施行規則改正に基づく日行連の「申請取次行政書士」管理委員会による実務研修会が、地方入管局長への届出要件となっている（本書39頁、参考）。ここでは、取次書士が入国外国人の出頭に代って入管申請代理できるという、国際的メリットを示す。

4　デジタル行政・事業をサポートするデジタル書士業務を進める

1）国の「デジタル庁」創設及び後述のスーパーシティ法に象徴されるデジタル化時代に、行政書士の専門業務もデジタル手続に深くつながらなくてはならない。

　　既に早く行政書士法の2002年改正によって、行政手続オンライン化法（「行政手続等における情報通信の技術の利用に関する法律」）に関連して、行政書士の作成業務対象に「電磁的記録」が規定された（書士法1条の2第1項括弧書き）。

　　しかしそれとともに、今世紀の書士法改正で法定された「代理」法律事務には、前述した「口頭」の相談・協議が関連し、そのデジタル・オンラインにあっては「メール交換」として可視化される次第となり、これは文書作成と口頭業務の合流とも申せよう。そうした「メール交換」では、情報表現に書類作成に類する書士の専門性が生かされる必要が大であろう。

2）加えて、今日のデジタルガバメントとして、行政及び民間事業における

「デジタル手続」にコミットする行政書士の"デジタル業務体制"が大いに専門性の向上を求められていよう。

　既に、2000 年の電子署名法（「電子署名及び認証業務に関する法律」）に基づく、「公開鍵暗号」方式による電子署名・デジタル署名が、行政手続における代理電子申請を裏付ける「電子委任状」制を生み出した。

　2004 年には日本商工会議所発行の「行政書士電子証明書」が、日行連認定を受けて広まった（日行連「行政書士電子証明書の発行開始について」『月刊日本行政』同年 4 月号 31 頁）。2010 年からは、日行連認証局下の東京都行政書士会が電子入札コアシステム認証局として「IC カード電子証明書」を発行している（『行政書士とうきょう』2009 年 11 月号 7 頁）。

　さらに、2019 年末の法改正による"デジタル手続法"（前記・行政手続オンライン化法改め「情報通信技術を活用した行政の推進に関する法律」）に基づいて、行政手続のオンライン化が進展し、行政書士電子証明書を用いた申請代理では、住民票写しや登記事項証明などの添付書類が不要となっている（内閣官房 IT 総合戦略室「デジタル手続法の概要」『月刊日本行政』2020 年 3 月号 3～5 頁、参照）。

　なお、2020 年 6 月の"スーパーシティ法"（国家戦略特別区域法の一部改正）において、自治体や事業者による AI 等の「データ連携基盤整備事業」が新規定され（西上治「国家戦略特別区域法の一部改正──いわゆるスーパーシティ法」有斐閣『法学教室』2020 年 11 月号 49 頁以下、参考）、これは行政書士の先端デジタル業務を進展させるに違いない。

　3）　そもそも、前述した行政申請代理手続のオンライン化は、行政書士のデジタル専門性に支えられるとともに、その一層の向上を求めていよう。

　その際に、申請代理手続がデジタルガバメントとして諸行政部門間でワンストップサービス（OSS）化しているようだと、電子証明行政書士のデジタル手続専門性もそれに即応することが当然に違いない。

　加えて、先に述べた「メール交換」における表現法の工夫が、書類とオンラインデータとの比較・調整としてコンプライアンス上も肝要なことが改めて問われる。

　この点は、スマートフォンを含めてデジタル表現の専門レベルを問われる行

政書士職にとって、重要な研修テーマであろう。事務所「補助者」の業務補助にあっても、タッチしやすいデジタルデータとなるが故に、行政書士職の専門的指導・監督においてしっかり踏まえている必要があると考えられるのである。

（日本行政書士会連合会『月刊日本行政』579 号、2021 年 2 月号 10〜14 頁より）

Ⅲ 資 料 編

【資料1】

行政書士法施行規則

(1951 年 2 月 28 日総理府令、1960 年
自治省令、2001 年総務省令・2004 年
7 月 12 日大改正、2017 年 総務省令、
最終改正：2023 年 3 月 28 日総務省令)

目次

第 1 章　総　則

（目的）
第 1 条　行政書士試験、行政書士及び行政書士法
人の事務所及び業務執行、行政書士会並びに日
本行政書士会連合会については、行政書士法
（昭和 26 年法律第 4 号。以下「法」という。）
その他の法令に定めるもののほか、この規則の
定めるところによる。

第 2 章　行政書士試験

（試験事務の範囲）
第 2 条　法第 4 条第 1 項の総務省令で定めるもの
は、合格の決定に関する事務とする。
（指定試験機関の指定の申請）
第 2 条の 2　法第 4 条第 2 項の規定により申請を
しようとする者は、次の事項を記載した申請書
を総務大臣に提出しなければならない。
　一　名称及び主たる事務所の所在地
　二　指定を受けようとする年月日
2　前項の申請書には、次に掲げる書類を添付し
なければならない。
　一　定款及び登記事項証明書
　二　申請の日の属する事業年度の前事業年度に
　　おける財産目録及び貸借対照表（申請の日の
　　属する事業年度に設立された法人にあっては、

その設立時における財産目録）
　三　申請の日の属する事業年度及び翌事業年度
　　における事業計画書及び収支予算書
　四　現に行つている業務の概要を記載した書類
　五　組織及び運営に関する事項を記載した書類
　六　役員の氏名、住所及び経歴を記載した書類
　七　指定の申請に関する意思の決定を証する書
　　類
　八　試験事務を取り扱う事務所の名称及び所在
　　地を記載した書類
　九　試験用設備の概要及び整備計画を記載した
　　書類
　十　試験事務の実施の方法の概要を記載した書
　　類
　十一　法第 4 条の 6 第 1 項に規定する試験委員
　　の選任に関する事項を記載した書類
　十二　その他参考となる事項を記載した書類
（指定試験機関の名称等の変更の届出）
第 2 条の 3　法第 4 条の 3 第 2 項の規定による指
定試験機関の名称又は主たる事務所の所在地の
変更の届出は、次に掲げる事項を記載した届出
書によつて行わなければならない。
　一　変更後の指定試験機関の名称又は主たる事
　　務所の所在地
　二　変更しようとする年月日
　三　変更の理由
2　前項の規定は、法第 4 条の 4 第 2 項の規定に
よる指定試験機関の名称、主たる事務所の所在
地又は試験事務を取り扱う事務所の所在地の変
更の届出について準用する。この場合において、
前項第一号中「又は主たる事務所の所在地」と
あるのは、「、主たる事務所の所在地又は試験
事務を取り扱う事務所の所在地」と読み替える
ものとする。
（役員の選任又は解任の認可の申請）
第 2 条の 4　指定試験機関は、法第 4 条の 5 第 1
項の規定により役員の選任又は解任の認可を受
けようとするときは、次に掲げる事項を記載し
た申請書を総務大臣に提出しなければならない。
　一　役員として選任しようとする者の氏名、住
　　所及び経歴又は解任しようとする役員の氏名
　二　選任し、又は解任しようとする年月日
　三　選任又は解任の理由
（試験委員の要件）
第 2 条の 5　法第 4 条の 6 第 1 項の総務省令で定

める要件は、次の各号のいずれかに該当する者であることとする。

一　学校教育法（昭和22年法律第26号）による大学において法学に関する科目を担当する教授若しくは准教授の職にあり、又はあつた者

二　前号に掲げる者と同等以上の知識及び経験を有する者

（試験委員の選任又は解任の届出）

第2条の6　法第4条の6第2項の規定による試験委員の選任又は解任の届出は、次に掲げる事項を記載した届出書によつて行わなければならない。

一　選任した試験委員の氏名及び経歴又は解任した試験委員の氏名

二　選任し、又は解任した年月日

三　選任又は解任の理由

2　前項の場合において、選任の届出をしようとするときは、同項の届出書に、当該選任した試験委員が前条に規定する要件を備えていることを証明する書類の写しを添付しなければならない。

（試験事務規程の記載事項）

第2条の7　法第4条の8第1項の総務省令で定める試験事務の実施に関する事項は、次のとおりとする。

一　試験事務を取り扱う日及び時間に関する事項

二　試験事務を取り扱う事務所及び当該事務所が担当する試験地に関する事項

三　試験事務の実施の方法に関する事項

四　試験の手数料の収納の方法に関する事項

五　試験委員の人数及び担当科目に関する事項

六　試験委員の選任及び解任に関する事項

七　試験事務に関する秘密の保持に関する事項

八　試験事務に関する帳簿及び書類の管理に関する事項

九　その他試験事務の実施に関し必要な事項

（試験事務規程の認可の申請）

第2条の8　指定試験機関は、法第4条の8第1項前段の規定により試験事務規程の認可を受けようとするときは、その旨を記載した申請書に当該試験事務規程を添付して、これを総務大臣に提出しなければならない。

2　指定試験機関は、法第4条の8第1項後段の

規定により試験事務規程の変更の認可を受けようとするときは、次に掲げる事項を記載した申請書を総務大臣に提出しなければならない。

一　変更しようとする事項

二　変更しようとする年月日

三　変更の理由

四　法第4条の8第2項の規定による委任都道府県知事の意見の概要

（事業計画及び収支予算の認可の申請）

第2条の9　指定試験機関は、法第4条の9第1項前段の規定により事業計画及び収支予算の認可を受けようとするときは、その旨及び同条第2項の規定による委任都道府県知事の意見の概要を記載した申請書に事業計画書及び収支予算書を添付して、これを総務大臣に提出しなければならない。

2　前条第2項の規定は、法第4条の9第1項後段の規定による事業計画及び収支予算の変更の認可について準用する。この場合において、前条第2項第四号中「第4条の8第2項」とあるのは、「第4条の9第2項」と読み替えるものとする。

（帳　簿）

第2条の10　法第4条の10の総務省令で定めるものは、次のとおりとする。

一　委任都道府県知事

二　試験を実施した年月日

三　試験地

四　受験者の受験番号、氏名、住所、生年月日及び得点

2　法第4条の10の帳簿は、委任都道府県知事ごとに備え、試験事務を廃止するまで保存しなければならない。

3　前項の規定による帳簿の備付け及び保存は、電磁的記録（電子的方式、磁気的方式その他人の知覚によつては認識することができない方式で作られた記録をいう。以下同じ。）に係る記録媒体により行うことができる。この場合においては、当該記録を必要に応じ電子計算機その他の機器を用いて直ちに表示することができなければならない。

（試験結果の報告）

第2条の11　指定試験機関は、試験を実施したときは、遅滞なく、次に掲げる事項を記載した報告書を委任都道府県知事に提出しなければな

らない。

一　試験を実施した年月日

二　試験地

三　受験申込者数

四　受験者数

2　前項の報告書には、受験者の受験番号、氏名、住所、生年月日及び得点を記載した受験者一覧表を添付しなければならない。

（試験事務の休止又は廃止の許可の申請）

第2条の12　指定試験機関は、法第4条の13第1項の規定により試験事務の休止又は廃止の許可を受けようとするときは、次に掲げる事項を記載した申請書を総務大臣に提出しなければならない。

一　休止し、又は廃止しようとする試験事務の範囲

二　休止しようとする年月日及びその期間又は廃止しようとする年月日

三　休止又は廃止の理由

（試験事務の引継ぎ等）

第2条の13　法第4条の17の規定による総務省令で定める事項は、次のとおりとする。

一　試験事務を委任都道府県知事に引き継ぐこと。

二　試験事務に関する帳簿及び書類を委任都道府県知事に引き渡すこと。

三　その他委任都道府県知事が必要と認める事項を行うこと。

第3章　行政書士

（事務所の表示）

第2条の14　行政書士は、その事務所に行政書士の事務所であることを明らかにした表札を掲示しなければならない。

2　行政書士は、法第14条の規定により業務の停止の処分を受けたときは、その停止期間中は、前項の表札を撤去しておかなければならない。

（報酬）

第3条　法第10条の2第1項（法第13条の17において準用する場合を含む。）の規定による報酬の額の掲示は、日本行政書士会連合会の定める様式に準じた表により行うものとする。

2　行政書士は、依頼人の依頼しない書類（その作成に代えて電磁的記録を作成する場合における当該電磁的記録を含む。第9条第1項におい

て同じ。）を作成して報酬を受け、又はみだりに報酬の増加を図るような行為をしてはならない。

（他人による業務取扱の禁止）

第4条　行政書士は、その業務を他人に行わせてはならない。ただし、その使用人その他の従業者である行政書士（以下この条において「従業者である行政書士」という。）に行わせる場合又は依頼人の同意を得て、他の行政書士（従業者である行政書士を除く。）若しくは行政書士法人に行わせる場合は、この限りでない。

（補助者）

第5条　行政書士は、その事務に関して補助者を置くことができる。

2　行政書士は、前項の補助者を置いたとき又は前項の補助者に異動があつたときは、遅滞なく、その者の住所及び氏名を行政書士会に届け出なければならない。補助者を置かなくなつたときも、また同様とする。

（業務の公正保持等）

第6条　行政書士は、その業務を行うに当つては、公正でなければならず、親切丁寧を旨としなければならない。

2　行政書士は、不正又は不当な手段で、依頼を誘致するような行為をしてはならない。

（業務取扱の順序及び迅速処理）

第7条　行政書士は、正当な事由がない限り、依頼の順序に従つて、すみやかにその業務を処理しなければならない。

（依頼の拒否）

第8条　行政書士は、正当な事由がある場合において依頼を拒むときは、その事由を説明しなければならない。この場合において依頼人から請求があるときは、その事由を記載した文書を交付しなければならない。

（書類等の作成）

第9条　行政書士は、法令又は依頼の趣旨に反する書類を作成してはならない。

2　行政書士は、作成した書類に記名して職印を押さなければならない。

（領収証）

第10条　行政書士は、依頼人から報酬を受けたときは、日本行政書士会連合会の定める様式により正副二通の領収証を作成し、正本は、これに記名し職印を押して当該依頼人に交付し、副

本は、作成の日から5年間保存しなければならない。

（職　印）

第11条　行政書士は、日本行政書士会連合会の会則の定めるところにより、業務上使用する職印を定めなければならない。

（届出事項）

第12条　行政書士が、第一号又は第二号に該当する場合にはその者、第三号に該当する場合にはその者の四親等内の親族又はその者と世帯を同じくしていた者は、遅滞なく、その旨を、当該行政書士の事務所の所在地の属する都道府県の区域に設立されている行政書士会を経由して、日本行政書士会連合会に届け出なければならない。

一　法第2条の2第二号から第四号まで、又は第六号から第八号までに掲げる事由のいずれかに該当するに至つたとき。

二　その業を廃止しようとするとき。

三　死亡したとき。

第4章　行政書士法人

（業務の範囲）

第12条の2　法第13条の6の総務省令で定める業務は、次の各号に掲げるものとする。

一　出入国関係申請取次業務（出入国管理及び難民認定法（昭和26年政令第319号）第7条の2第1項、第19条第2項、第19条の2第1項、第19条の11第1項及び第2項、第19条の12第1項、第19条の13第1項及び第3項、第20条第2項、第21条第2項、第22条第1項、第22条の2第2項（第22条の3において準用する場合を含む。）並びに第26条第1項の規程による申請、同法第19条の10第1項の規程による届出並びに同法第19条の10第2項（第19条の11第3項、第19条の12第2項及び第19条の13第4項において準用する場合を含む。）、第20条第4項第一号（第21条第4項及び第22条の2第3項において準用する場合を含む。）、第22条第3項（第22条の2第4項において準用する場合を含む。）、第50条第3項及び第61条の2の2第3項第一号の規定により交付される在留カードの受領に係る業務、日本国との平和条約に基づき日本の国籍を離脱し

た者等の出入国管理に関する特例法（平成3年法律第71号）第12条第1項及び第2項、第13条第1項並びに第14条第1項及び第3項の規定による申請、同法第11条第1項の規定による届出並びに同法第11条第2項（第12条第3項、第13条第2項及び第14条第4項において準用する場合を含む。）の規定により交付される特別永住者証明書の受領に係る業務並びに出入国管理及び難民認定法及び日本国との平和条約に基づき日本の国籍を離脱した者等の出入国管理に関する特例法の一部を改正する等の法律（平成21年法律第79号）附則第16条第1項、第28条第3項及び第29条第1項の規定による申請並びに同法附則第16条第3項、第27条第5項、第28条第4項及び第29条第3項の規定により交付される在留カード又は特別永住者証明書の受領に係る業務をいう。）

二　労働者派遣事業の適正な運営の確保及び派遣労働者の就業条件の整備等に関する法律（昭和60年法律第88号）第2条第三号に規定する労働者派遣事業（その事業を行おうとする行政書士法人が同法第5条第1項に規定する許可を受け、又は同法第16条第1項に規定する届出書を厚生労働大臣に提出して行うものであつて、当該行政書士法人の使用人である行政書士が労働者派遣（同法第2条第一号に規定する労働者派遣をいう。）の対象となり、かつ、派遣先（同法第31条に規定する派遣先をいう。）が行政書士又は行政書士法人であるものに限る。）

三　行政書士又は行政書士法人の業務に関連する講習会の開催、出版物の刊行その他の教育及び普及の業務

四　行政書士又は行政書士法人の業務に附帯し、又は密接に関連する業務

（会計帳簿）

第12条の2の2　法第13条の21第1項において準用する会社法（平成17年法律第86号）第615条第1項の規定により作成すべき会計帳簿については、この条の定めるところによる。

2　会計帳簿に計上すべき資産については、この条に別段の定めがある場合を除き、その取得価額を付さなければならない。ただし、取得価額を付すことが適切でない資産については、事業

年度の末日（事業年度の末日以外の日において評価すべき場合にあつては、その日。以下この条において同じ。）における時価又は適正な価格を付すことができる。

3　償却すべき資産については、事業年度の末日において、相当の償却をしなければならない。

4　次の各号に掲げる資産については、事業年度の末日において当該各号に定める価格を付すべき場合には、当該各号に定める価格を付さなければならない。

一　事業年度の末日における時価がその時の取得原価より著しく低い資産（当該資産の時価がその時の取得原価まで回復すると認められるものを除く。）　事業年度の末日における時価

二　事業年度の末日において予測することができない減損が生じた資産又は減損損失を認識すべき資産　その時の取得原価から相当の減額をした額

5　取立不能のおそれのある債権については、事業年度の末日においてその時に取り立てることができないと見込まれる額を控除しなければならない。

6　会計帳簿に計上すべき負債については、この条に別段の定めがある場合を除き、債務額を付さなければならない。ただし、債務額を付すことが適切でない負債については、事業年度の末日における時価又は適正な価格を付すことができる。

7　のれんは、有償で譲り受け、又は合併により取得した場合に限り、資産又は負債として計上することができる。

8　前各項の用語の解釈及び規定の適用に関しては、一般に公正妥当と認められる会計の基準その他の会計の慣行を斟酌しなければならない。

（貸借対照表）

第12条の2の3　法第13条の21第1項において準用する会社法第617条第1項及び第2項の規定により作成すべき貸借対照表については、この条の定めるところによる。

2　前項の貸借対照表に係る事項の金額は、一円単位、千円単位又は百万円単位をもつて表示するものとする。

3　第1項の貸借対照表は、日本語をもつて表示するものとする。ただし、その他の言語をもつて表示することが不当でない場合は、この限りでない。

4　法第13条の21第1項において準用する会社法第617条第1項の規定により作成すべき貸借対照表は、成立の日における会計帳簿に基づき作成しなければならない。

5　法第13条の21第1項において準用する会社法第617条第2項の規定により作成すべき各事業年度に係る貸借対照表は、当該事業年度に係る会計帳簿に基づき作成しなければならない。

6　各事業年度に係る貸借対照表の作成に係る期間は、当該事業年度の前事業年度の末日の翌日（当該事業年度の前事業年度がない場合にあつては、成立の日）から当該事業年度の末日までの期間とする。この場合において、当該期間は、1年（事業年度の末日を変更する場合における変更後の最初の事業年度については、1年6月）を超えることができない。

7　第1項の貸借対照表は、次に掲げる部に区分して表示しなければならない。

一　資産

二　負債

三　純資産

8　前項各号に掲げる部は、適当な項目に細分することができる。この場合において、当該各項目については、資産、負債又は純資産を示す適当な名称を付さなければならない。

9　前各項の用語の解釈及び規定の適用に関しては、一般に公正妥当と認められる会計の基準その他の会計の慣行を斟酌しなければならない。

（電磁的記録に記録された事項を表示する方法）

第12条の2の4　法第13条の21第1項において準用する会社法第618条第1項第二号に規定する総務省令で定める方法は、法第13条の21第1項において準用する会社法第618条第1項第二号の電磁的記録に記録された事項を紙面又は映像面に表示する方法とする。

（財産目録）

第12条の2の5　法第13条の21第2項において準用する会社法第658条第1項又は第669条第1項若しくは第2項の規定により作成すべき財産目録については、この条の定めるところによる。

2　財産目録に計上すべき財産については、その処分価格を付すことが困難な場合を除き、法第

資 料 1 223

13条の19第1項各号又は第2項に掲げる場合に該当することとなつた日における処分価格を付さなければならない。この場合において、会計帳簿については、財産目録に付された価格を取得価額とみなす。

3 財産目録は、次に掲げる部に区分して表示しなければならない。この場合において、第一号及び第二号に掲げる部は、その内容を示す適当な名称を付した項目に細分することができる。
一 資産
二 負債
三 正味資産

（清算開始時の貸借対照表）
第12条の2の6 法第13条の21第2項において準用する会社法第658条第1項又は第669条第1項若しくは第2項の規定により作成すべき貸借対照表については、この条の定めるところによる。

2 前項の貸借対照表は、財産目録に基づき作成しなければならない。

3 第1項の貸借対照表は、次に掲げる部に区分して表示しなければならない。この場合において、第一号及び第二号に掲げる部は、その内容を示す適当な名称を付した項目に細分することができる。
一 資産
二 負債
三 純資産

4 処分価格を付すことが困難な資産がある場合には、第1項の貸借対照表には、当該資産に係る財産評価の方針を注記しなければならない。

（行政書士に関する規定の準用）
第12条の3 第2条の14、第3条第2項及び第4条から第11条までの規定は、行政書士法人について準用する。この場合において、第2条の14第2項中「法第14条の規定により業務の停止の処分を受けたときは」とあるのは「法第14条の2の規定により業務の全部の停止の処分を受けたときは」と読み替えるものとする。

第5章 監 督

（懲戒処分の通知）
第12条の4 行政書士法人の主たる事務所を管轄する都道府県知事（以下この条及び次条において「主たる事務所の都道府県知事」という。）

は、法第14条の2第1項の規定による処分を行つたときは、その従たる事務所を管轄する都道府県知事（以下この条及び次条において「従たる事務所の都道府県知事」という。）に処分の内容を通知しなければならない。

2 従たる事務所の都道府県知事は、法第14条の2第2項の規定による処分を行つたときは、その主たる事務所の都道府県知事に処分の内容を通知しなければならない。

（都道府県知事の間の連絡調整）
第12条の5 行政書士法人に関する法第14条の3第1項の規定による通知及び求め（以下「懲戒の通知及び請求」という。）が当該行政書士法人の主たる事務所の都道府県知事に対してされた場合において、同項に規定する事実（以下この条において「違反事実」という。）が当該行政書士法人の従たる事務所に関するものであるときは、当該主たる事務所の都道府県知事は、当該従たる事務所の都道府県知事に対し、当該懲戒の通知及び請求の内容を知らせなければならない。

2 懲戒の通知及び請求が当該行政書士法人の従たる事務所の都道府県知事に対してされた場合において、違反事実が当該行政書士法人の他の従たる事務所に関するものであるときは、当該懲戒の通知及び請求を受けた従たる事務所の都道府県知事は、当該事実が生じた他の従たる事務所の都道府県知事に対し、当該懲戒の通知及び請求の内容を知らせなければならない。

3 懲戒の通知及び請求が当該行政書士法人の従たる事務所の都道府県知事に対してされたときは、当該従たる事務所の都道府県知事は、当該行政書士法人の主たる事務所の都道府県知事に対し、当該懲戒の通知及び請求の内容を知らせなければならない。

第6章 行政書士会及び
日本行政書士会連合会

（会員証）
第13条 行政書士会は、会員に対して会員証を交付しなければならない。

（記録及び帳簿）
第14条 行政書士会は、役員の選任及び解任、会員の入会及び退会、会議の次第その他重要な会務に関する事項を記録するとともに、会計帳

簿を備えて経理を明らかにしておかなければな
らない。

2 行政書士会は、会員から請求があつたときは、
前項の記録及び帳簿を閲覧させなければならな
い。

3 第1項の規定による帳簿の備付けは、電磁的
記録に係る記録媒体により行うことができる。
この場合においては、当該記録を必要に応じ電
子計算機その他の機器を用いて直ちに表示する
ことができなければならない。

第15条 削除[平成11年総務省令第43号]

(行政書士会の会則の認可)

第16条 行政書士会は、法第16条の2の規定に
よる認可を申請しようとするときは、認可申請
書に次に掲げる書面を添えて都道府県知事に提
出しなければならない。

一 認可を受けようとする会則

二 会則の変更の認可を申請する場合には、そ
の変更が会則の定めるところによりなされた
ことを証する書面

第17条 法第16条の2ただし書に規定する総務
省令で定める事項は、行政書士会の事務所の所
在地とする。

(都道府県知事への報告事項)

第17条の2 法第17条第1項に規定する総務省
令で定める事項は、行政書士である会員につい
ては、次に掲げるものとする。

一 住所

二 氏名

三 事務所の名称及び所在地(行政書士法人の
社員である場合は、事務所の名称及び所在地
並びに当該行政書士法人の名称)

四 行政書士法人の社員又は行政書士若しくは
行政書士法人の使用人である場合は、その旨

五 特定行政書士である旨の付記を受けた場合
は、その旨

六 その他都道府県知事の定める事項

2 法第17条第1項に規定する総務省令で定め
る事項は、行政書士法人である会員については、
次に掲げるものとする。

一 名称

二 主たる事務所及び従たる事務所の名称及び
所在地

三 その他都道府県知事の定める事項

(資格審査会の組織及び運営)

第18条 資格審査会の会長は、資格審査会の委
員に欠員が生じたときは、遅滞なく、その欠員
を補充しなければならない。

2 資格審査会の委員は、再任されることができ
る。

3 資格審査会の会長は、会務を総理する。

4 資格審査会は、委員の過半数の出席がなけれ
ば、会議を開き、議決をすることができない。

5 資格審査会の議事は、出席委員の過半数で決
し、可否同数のときは、会長の決するところに
よる。

6 前各項に規定するもののほか、資格審査会の
組織及び運営に関し必要な事項は、日本行政書
士会連合会の会則で定める。

(行政書士会に関する規定の準用)

第19条 第14条及び第16条の規定は、日本行
政書士会連合会に準用する。この場合におい
て、第14条第2項中「会員」とあるのは「行政
書士会」と、第16条中「法第16条の2」とあ
るのは「法第18条の5において準用する法第
16条の2」と、「都道府県知事」とあるのは
「総務大臣」と読み替えるものとする。

第7章 雑 則

(法第19条第1項ただし書に規定する総務省令で
定める手続及び総務省令で定める者)

第20条 法第19条第1項ただし書に規定する総
務省令で定める手続は、次の各号に定める手続
とする。

一 道路運送車両法(昭和26年法律第185号)
第4条に規定する自動車であつて、同条に規
定する登録を受けたことがなく、かつ、同法
第75条第1項の規定によりその型式につい
て指定を受けたものについて、次に掲げる申
請を同時に行う場合における当該申請(自動
車の保管場所の確保に関する法律(昭和37
年法律第145号)附則第2項の規定により同
法第4条の規定が適用されない場合にあつて
は、ロに掲げる申請)の手続(イに掲げる申
請の手続にあつては、当該手続のうち自動車
の保管場所の確保等に関する法律施行規則
(平成3年国家公安委員会規則第一号)第2
条第2項の規定による同規則第1条第1項の
申請書に記載すべき事項の入力に係る部分に

限る。)
　イ　自動車の保管場所の確保等に関する法律
　　　第 4 条第 1 項ただし書に規定する申請
　ロ　行政手続等における情報通信の技術の利
　　　用に関する法律（平成 14 年法律第 151 号）
　　　第 3 条第 1 項の規定により同項に規定する
　　　電子情報処理組織を使用して行う道路運送
　　　車両法第 7 条第 1 項に規定する新規登録及
　　　び同法第 59 条第 1 項に規定する新規検査
　　　の申請
二　道路運送車両法第 13 条第 1 項に規定する
　　登録自動車（次項において単に「登録自動
　　車」という。）又は同法第 59 条第 1 項に規定
　　する検査対象軽自動車（次項において単に
　　「検査対象軽自動車」という。）であつて、同
　　法第 94 条の 5 第 1 項の規定により保安基準
　　に適合する旨を自動車検査員が証明したもの
　　について、行政手続等における情報通信の技
　　術の利用に関する法律第 3 条第 1 項の規定に
　　より同項に規定する電子情報処理組織を使用
　　して行う道路運送車両法第 62 条第 1 項に規
　　定する継続検査の申請の手続
2　法第 19 条第 1 項ただし書に規定する総務省
　令で定める者は、次の各号に掲げる手続の区分
　に応じ、当該各号に定める者とする。
　一　前項第一号の手続　一般社団法人日本自動
　　　車販売協会連合会
　二　前項第二号の手続　次のイ又はロに掲げる
　　　手続の区分に応じ、当該イ又はロに定める者
　　イ　登録自動車に係る手続　一般社団法人日
　　　本自動車販売協会連合会及び一般社団法人
　　　日本自動車整備振興会連合会
　　ロ　検査対象軽自動車に係る手続　一般社団
　　　法人日本自動車販売協会連合会、一般社団
　　　法人日本自動車整備振興会連合会及び一般
　　　社団法人全国軽自動車協会連合会

　　附　　則
1　この府令は、昭和 26 年 3 月 1 日から施行す
　る。
　[以下、略]

別記様式　削除[平成 16 年 7 月総務省令第 104 号]

【資料2】

組合等登記令　[抄]

（昭和 39 年 3 月 23 日政令第 29 号、最終改
正：平成 30 年 9 月 27 日政令第 270 号）

（適用範囲）
第 1 条　別表の名称の欄に掲げる法人（以下「組
　合等」という。）の登記については、他の法令
　に別段の定めがある場合を除くほか、この政令
　の定めるところによる。
（設立の登記）
第 2 条　組合等の設立の登記は、その主たる事務
　所の所在地において、設立の認可、出資の払込
　みその他設立に必要な手続が終了した日から 2
　週間以内にしなければならない。
2　前項の登記においては、次に掲げる事項を登
　記しなければならない。
　一　目的及び業務
　二　名称
　三　事務所の所在場所
　四　代表権を有する者の氏名、住所及び資格
　五　存続期間又は解散の事由を定めたときは、
　　　その期間又は事由
　六　別表の登記事項の欄に掲げる事項
（変更の登記）
第 3 条　組合等において前条第 2 項各号に掲げる
　事項に変更が生じたときは、2 週間以内に、そ
　の主たる事務所の所在地において、変更の登記
　をしなければならない。
2　前項の規定にかかわらず、出資若しくは払い
　込んだ出資の総額又は出資の総口数の変更の登
　記は、毎事業年度末日現在により、当該末日か
　ら 4 週間以内にすれば足りる。
3　第 1 項の規定にかかわらず、資産の総額の変
　更の登記は、毎事業年度末日現在により、当該
　末日から 3 月以内にすれば足りる。
（他の登記所の管轄区域内への主たる事務所の移転
の登記）
第 4 条　組合等がその主たる事務所を他の登記所
　の管轄区域内に移転したときは、2 週間以内に、
　旧所在地においては移転の登記をし、新所在地
　においては第 2 条第 2 項各号に掲げる事項を登
　記しなければならない。

（職務執行停止の仮処分等の登記）

第5条　組合等を代表する者の職務の執行を停止し、若しくはその職務を代行する者を選任する仮処分命令又はその仮処分命令を変更し、若しくは取り消す決定がされたときは、その主たる事務所の所在地において、その登記をしなければならない。

（代理人の登記）

第6条　組合等のうち、別表の根拠法の欄に掲げる法律の規定により主たる事務所又は従たる事務所の業務に関し一切の裁判上又は裁判外の行為をする権限を有する参事その他の代理人を選任することができるものが、当該代理人を選任したときは、2週間以内に、その主たる事務所の所在地において、代理人の氏名及び住所並びに代理人を置いた事務所を登記しなければならない。

2　組合等のうち、別表の根拠法の欄に掲げる法律の規定により業務の一部に関し一切の裁判上又は裁判外の行為をする権限を有する代理人を選任することができるものが、当該代理人を選任したときは、2週間以内に、その主たる事務所の所在地において、代理人の氏名及び住所、代理人を置いた事務所並びに代理権の範囲を登記しなければならない。

3　前二項の規定により登記した事項に変更が生じ、又はこれらの項の代理人の代理権が消滅したときは、2週間以内に、その登記をしなければならない。

（解散の登記）

第7条　組合等が解散したときは、合併、破産手続開始の決定及び第8条第2項に規定する承継があつたことによる解散の場合を除き、2週間以内に、その主たる事務所の所在地において、解散の登記をしなければならない。

（継続の登記）

第7条の2　組合等のうち、別表の根拠法の欄に掲げる法律の規定により継続することができるものが、継続したときは、2週間以内に、その主たる事務所の所在地において、継続の登記をしなければならない。

（合併等の登記）

第8条　組合等が合併をするときは、合併の認可その他合併に必要な手続が終了した日から2週間以内に、その主たる事務所の所在地において、合併により消滅する組合等については解散の登記をし、合併後存続する組合等については変更の登記をし、合併により設立する組合等については設立の登記をしなければならない。

2　前項の規定は、組合等が承継（組合等を会員とする他の組合等（以下この項において「連合会」という。）において、会員が一人になつた連合会の会員たる組合等が別表の根拠法の欄に掲げる法律の規定により当該連合会の権利義務を承継することをいう。第13条において同じ。）をする場合について準用する。

（分割の登記）

第8条の2　組合等が分割をするときは、分割の認可その他分割に必要な手続が終了した日から2週間以内に、その主たる事務所の所在地において、分割をする組合等及び当該組合等がその事業に関して有する権利義務の全部又は一部を当該組合等から承継する他の組合等（第13条及び第21条の2において「吸収分割承継組合等」という。）については変更の登記をし、分割により設立する組合等については設立の登記をしなければならない。

（移行等の登記）

第9条　組合等が種類を異にする組合等となるときは、定款又は寄附行為の変更の認可その他必要な手続が終了した日から2週間以内に、その主たる事務所の所在地において、新たに登記すべきこととなつた事項を登記し、登記を要しないこととなつた事項の登記を抹消しなければならない。

（清算結了の登記）

第10条　組合等の清算が結了したときは、清算結了の日から2週間以内に、その主たる事務所の所在地において、清算結了の登記をしなければならない。

（従たる事務所の所在地における登記）

第11条　次の各号に掲げる場合（当該各号に規定する従たる事務所が主たる事務所の所在地を管轄する登記所の管轄区域内にある場合を除く。）には、当該各号に定める期間内に、当該従たる事務所の所在地において、従たる事務所の所在地における登記をしなければならない。

一　組合等の設立に際して従たる事務所を設けた場合（次号及び第三号に掲げる場合を除く。）　主たる事務所の所在地における設立の

登記をした日から２週間以内

二　合併により設立する組合等が合併に際して従たる事務所を設けた場合　合併の認可その他合併に必要な手続が終了した日から３週間以内

三　分割により設立する組合等が分割に際して従たる事務所を設けた場合　分割の認可その他分割に必要な手続が終了した日から３週間以内

四　組合等の成立後に従たる事務所を設けた場合　従たる事務所を設けた日から３週間以内

2　従たる事務所の所在地における登記においては、次に掲げる事項を登記しなければならない。ただし、従たる事務所の所在地を管轄する登記所の管轄区域内に新たに従たる事務所を設けたときは、第三号に掲げる事項を登記すれば足りる。

一　名称

二　主たる事務所の所在場所

三　従たる事務所（その所在地を管轄する登記所の管轄区域内にあるものに限る。）の所在場所

3　前項各号に掲げる事項に変更が生じたときは、３週間以内に、当該従たる事務所の所在地において、変更の登記をしなければならない。

（他の登記所の管轄区域内への従たる事務所の移転の登記）

第12条　組合等がその従たる事務所を他の登記所の管轄区域内に移転したときは、旧所在地（主たる事務所の所在地を管轄する登記所の管轄区域内にある場合を除く。）においては３週間以内に移転の登記をし、新所在地（主たる事務所の所在地を管轄する登記所の管轄区域内にある場合を除く。以下この条において同じ。）においては４週間以内に前条第２項各号に掲げる事項を登記しなければならない。ただし、従たる事務所の所在地を管轄する登記所の管轄区域内に新たに従たる事務所を移転したときは、新所在地においては、同項第三号に掲げる事項を登記すれば足りる。

（従たる事務所における変更の登記等）

第13条　第８条、第８条の２及び第10条に規定する場合には、これらの規定に規定する日から３週間以内に、従たる事務所の所在地においても、これらの規定に規定する登記をしなければ

ならない。ただし、合併（承継を含む。次条第２項及び第３項並びに第20条において同じ。）後存続する組合等、分割をする組合等又は吸収分割承継組合等についての変更の登記は、第11条第２項各号に掲げる事項に変更が生じた場合に限り、するものとする。

（登記の嘱託）

第14条　次に掲げる訴えに係る請求を認容する判決が確定した場合には、裁判所書記官は、職権で、遅滞なく、組合等の主たる事務所（第三号に規定する場合であつて当該決議によつて第11条第２項各号に掲げる事項についての登記がされているときにあつては、主たる事務所及び当該登記に係る従たる事務所）の所在地を管轄する登記所にその登記を嘱託しなければならない。

一　組合等の設立の無効の訴え

二　組合等の出資一口の金額の減少の無効の訴え

三　組合等の創立総会、総会、総代会、会員総会、議員総会又は常議員会の決議した事項についての登記があつた場合におけるこれらの決議の不存在若しくは無効の確認又は取消しの訴え

2　組合等の合併の無効の訴えに係る請求を認容する判決が確定した場合には、裁判所書記官は、職権で、遅滞なく、各組合等の主たる事務所の所在地を管轄する登記所に、合併後存続する組合等については変更の登記を嘱託し、合併により消滅する組合等については回復の登記を嘱託し、合併により設立する組合等については解散の登記を嘱託しなければならない。

3　前項に規定する場合において、同項の訴えに係る請求の目的に係る合併により第11条第２項各号に掲げる事項についての登記がされているときは、各組合等の従たる事務所の所在地を管轄する登記所にも前項に規定する登記を嘱託しなければならない。

4　官庁は、組合等を代表する者の解任又は組合等の解散を命ずる処分をしたときは、遅滞なく、その主たる事務所の所在地を管轄する登記所にその登記を嘱託しなければならない。

（登記簿）

第15条　登記所に、組合等登記簿を備える。

（設立の登記の申請）

第16条　設立の登記は、組合等を代表すべき者の申請によつてする。

2　設立の登記の申請書には、定款又は寄附行為及び組合等を代表すべき者の資格を証する書面を添付しなければならない。

3　第2条第2項第六号に掲げる事項を登記すべき組合等の設立の登記の申請書には、その事項を証する書面を添付しなければならない。

（変更の登記の申請）

第17条　第2条第2項各号に掲げる事項の変更の登記の申請書には、その事項の変更を証する書面を添付しなければならない。ただし、代表権を有する者の氏、名又は住所の変更の登記については、この限りでない。

2　組合等のうち、別表の根拠法の欄に掲げる法律中に、出資一口の金額の減少をする場合には、債権者に対し異議があれば異議を述べるべき旨の公告及び催告をすることを要する旨の規定があるものの出資一口の金額の減少による変更の登記の申請書には、その公告及び催告をしたこと並びに異議を述べた債権者があるときは、当該債権者に対し弁済し、若しくは相当の担保を提供し、若しくは当該債権者に弁済を受けさせることを目的として相当の財産を信託したこと又は当該出資一口の金額の減少をしても当該債権者を害するおそれがないことを証する書面を添付しなければならない。

3　前項の規定にかかわらず、組合等のうち、別表の根拠法の欄に掲げる法律中に、出資一口の金額の減少をする場合には、同項の公告を官報のほか定款に定めた時事に関する事項を掲載する日刊新聞紙又は電子公告（公告の方法のうち、電磁的方法（会社法（平成17年法律第86号）第2条第三十四号に規定する電磁的方法をいう。）により不特定多数の者が公告すべき内容である情報の提供を受けることができる状態に置く措置であつて同号に規定するものをとる方法をいう。以下同じ。）によつてすることができる旨の規定があるものがこれらの方法による公告をしたときは、同項の登記の申請書には、同項の公告及び催告をしたことを証する書面に代えて、これらの方法による公告をしたことを証する書面を添付しなければならない。

（代理人の登記の申請）

第18条　第6条第1項の登記の申請書には、代理人の選任を証する書面を添付しなければならない。

2　第6条第2項の登記の申請書には、代理人の選任及び代理権の範囲を証する書面を添付しなければならない。

3　第6条第3項の登記の申請書には、登記事項の変更又は代理権の消滅を証する書面を添付しなければならない。ただし、代理人の氏、名又は住所の変更の登記については、この限りでない。

（解散の登記の申請）

第19条　第7条の解散の登記の申請書には、解散の事由の発生を証する書面を添付しなければならない。

（継続の登記の申請）

第19条の2　継続の登記の申請書には、組合等が継続したことを証する書面を添付しなければならない。

（合併による変更の登記の申請）

第20条　合併による変更の登記の申請書には、合併により消滅する組合等（当該登記所の管轄区域内にその主たる事務所があるものを除く。）の登記事項証明書を添付しなければならない。

2　組合等のうち、別表の根拠法の欄に掲げる法律の規定により合併をする場合には、債権者に対し異議があれば異議を述べるべき旨の公告及び催告をすることを要するものの合併による変更の登記の申請書には、その公告及び催告をしたこと並びに異議を述べた債権者があるときは、当該債権者に対し弁済し、若しくは相当の担保を提供し、若しくは当該債権者に弁済を受けさせることを目的として相当の財産を信託したこと又は当該合併をしても当該債権者を害するおそれがないことを証する書面を添付しなければならない。

3　前項の規定にかかわらず、組合等のうち、別表の根拠法の欄に掲げる法律の規定により合併をする場合には、同項の公告を官報のほか定款に定めた時事に関する事項を掲載する日刊新聞紙又は電子公告によつてすることができるものがこれらの方法による公告をしたときは、同項の登記の申請書には、同項の公告及び催告をしたことを証する書面に代えて、これらの方法に

よる公告をしたことを証する書面を添付しなければならない。

（合併による設立の登記の申請）

第21条　合併による設立の登記の申請書には、第16条第2項及び第3項並びに前条に規定する書面を添付しなければならない。

（分割による変更の登記の申請）

第21条の2　吸収分割承継組合等がする吸収分割による変更の登記の申請書には、次の書面を添付しなければならない。

　一　分割をする組合等（当該登記所の管轄区域内にその主たる事務所があるものを除く。）の登記事項証明書

　二　債権者に対し異議があれば異議を述べるべき旨の公告及び催告をしたこと並びに異議を述べた債権者があるときは、当該債権者に対し弁済し、若しくは相当の担保を提供し、若しくは当該債権者に弁済を受けさせることを目的として相当の財産を信託したこと又は分割をしても当該債権者を害するおそれがないことを証する書面

（分割による設立の登記の申請）

第21条の3　分割による設立の登記の申請書には、第16条第2項及び第3項に規定する書面並びに前条各号に掲げる書面を添付しなければならない。

2　前項の規定にかかわらず、組合等のうち、別表の根拠法の欄に掲げる法律の規定により分割をする場合には、前条第二号の公告を官報のほか定款に定めた時事に関する事項を掲載する日刊新聞紙又は電子公告によつてすることができるものがこれらの方法による公告をしたときは、同項の登記の申請書には、同号の公告及び催告をしたことを証する書面に代えて、これらの方法による公告をしたことを証する書面を添付しなければならない。

（移行等の登記の申請）

第22条　第9条の登記の申請書には、同条に規定する手続がされたことを証する書面を添付しなければならない。

（清算結了の登記の申請）

第23条　清算結了の登記の申請書には、清算が結了したことを証する書面を添付しなければならない。

（登記の期間の計算）

第24条　登記すべき事項であつて官庁の認可を要するものについては、その認可書の到達した時から登記の期間を起算する。

（商業登記法の準用）

第25条　商業登記法（昭和38年法律第125号）第1条の3から第5条まで、第7条から第15条まで、第17条から第23条の2まで、第24条（第十六号を除く。）、第25条から第27条まで、第48条から第53条まで、第71条第1項、第79条、第82条から第84条まで、第87条、第88条及び第132条から第148条までの規定は、組合等の登記について準用する。この場合において、同法第25条中「訴え」とあるのは「訴え又は官庁に対する請求」と、同条第3項中「その本店の所在地を管轄する地方裁判所」とあるのは「その主たる事務所の所在地を管轄する地方裁判所又は官庁」と、同法第48条第2項中「会社法第930条第2項各号」とあるのは「組合等登記令第11条第2項各号」と、同法第79条中「吸収合併による」とあるのは「吸収合併若しくは組合等登記令第8条第2項に規定する承継（以下「承継」という。）による」と、「合併を」とあるのは「合併又は承継を」と、「吸収合併により」とあるのは「吸収合併若しくは承継により」と、同法第82条第1項中「合併による」とあるのは「合併又は承継による」と、「吸収合併後」とあるのは「吸収合併若しくは承継後」と、同法第83条第2項中「吸収合併に」とあるのは「吸収合併若しくは承継に」と読み替えるものとする。

（特則）

第26条　次に掲げる法人については、第2条第2項第一号に掲げる事項は、登記することを要しない。

　一　行政書士会及び日本行政書士会連合会

　二　司法書士会及び日本司法書士会連合会

　三　社会保険労務士会及び全国社会保険労務士会連合会

　四　税理士会及び日本税理士会連合会

　五　土地家屋調査士会及び日本土地家屋調査士会連合会

　六　水先人会及び日本水先人会連合会

2～20　〔略〕

21　第17条第1項ただし書の規定は、外国法事

務弁護士法人、監査法人、行政書士法人、司法書士法人、社会保険労務士法人、税理士法人、土地家屋調査士法人、特許業務法人又は弁護士法人の社員でこれらの法人を代表すべき社員以外のものの氏、名又は住所の変更の登記に準用する。

　　　附　則［抄］
（施行期日）
第1条　この政令は、商業登記法の施行の日（昭和39年4月1日）から施行する。
　　［以下、略］

別表　（第1条、第2条、第6条、第17条、第20条関係）［抄］

名　称	根拠法	登記事項
行政書士会 日本行政書士 会連合会	行政書士法 （昭和26年 法律第4号）	
行政書士法人	行政書士法	社員（行政書士法人を代表すべき社員を除く。）の氏名及び住所 社員が行政書士法第13条の8第3項第四号に規定する特定社員であるときは、その旨及び当該社員が行うことができる特定業務（同法第13条の6に規定する特定業務をいう。） 代表権の範囲又は制限に関する定めがあるときは、その定め 合併の公告の方法についての定めがあるときは、その定め 電子公告を合併の公告の方法とする旨の定めがあるときは、電子公告関係事項

日本行政書士会連合会行政書士徽章等規則

　　　第一章　総　則

（目　的）
第1条　この規則は、行政書士徽章（以下「徽章」という。）及び補助者章に関し、必要な事項を定めることを目的とする。
（用語の定義）
第2条　この規則に用いる用語の意義は、次のとおりとする。
　一　第二章における会員とは、行政書士会の行政書士である会員をいう。
　二　第三章における会員とは、行政書士の使用人である行政書士又は行政書士法人の社員若しくは使用人である行政書士を除く行政書士会の会員をいう。

　　　第二章　徽　章

（徽章の着用）
第3条　会員は、徽章を会員の身分を象徴するものとして認識し、行政書士業務を行うときは、常にこれを着用しなければならない。
2　徽章の形状及び制式は、別記様式第1によるものとし、実物見本を日本行政書士会連合会（以下「連合会」という。）に保管する。
（徽章の交付）
第4条　行政書士会は、会員に連合会が調製した徽章を交付する。
2　徽章は、有償とする。
（徽章着用の制限）
第5条　会員は、業務の停止の処分を受けた期間には、徽章を着用してはならない。
（徽章の再交付）
第6条　会員が、徽章を紛失または破損したときは、速やかにその旨を行政書士会に届出て、徽章の再交付を受けなければならない。
2　徽章の再交付を受けようとする者は、実費を納付しなければならない。
3　前項の額は、行政書士会において定める。

　　　第三章　補助者章

（補助者章の着用）
第7条　会員は、その補助者に対し、補助者章を

補助者の身分を象徴するものとして認識させる
とともに、補助業務を行わせるときは、常にこ
れを着用させなければならない。
2　補助者章の形状及び制式は、別記様式第2に
よるものとし、実物見本を連合会に保管する。
（補助者章の交付）
第8条　行政書士会は、補助者を置いた会員に連
合会が調製した補助者章を交付する。
2　補助者章は有償とする。
（補助者章着用の制限）
第9条　会員は、業務の停止の処分を受けた場合、
当該処分の期間を経過するまで、その補助者に
補助者章を着用させてはならない。
（補助者章の再交付）
第10条　会員は、その補助者が補助者章を紛失
又はき損等したときは、速やかにその旨を行政
書士会に届出て、補助者章の再交付を受けなけ
ればならない。
2　補助者章の再交付を受けようとする者は、実
費を納付しなければならない。
3　前項の額は、行政書士会において定める。
（補助者章の返納）
第11条　会員は、その補助者が補助者でなくな
った場合、当該補助者に着用させていた補助者
章を返却させなければならない。

　　　附　則

（施行期日）
1　この規則は、平成5年4月22日から施行す
る。
2　この規則施行の際、現に会員である者が、第
2条第二号で定める徽章の交付を求める場合は、
第3条第2項の規定を準用する。

　　　附　則

（施行期日）
1　この規則は、平成16年8月1日から施行す
る。
（経過措置）
2　この規則施行の際、本規則第2条第二号にい
う会員が、現に補助者である者に対する第7条
第2項で定める補助者章の交付を求める場合は、
第8条第2項の規定を準用する。

［様式第1］
　　行政書士徽章仕様

1　形　状　　直径　16mm　厚さ　3mm

表　面

裏　面

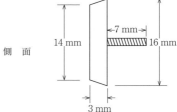

側　面

2　制　式
　材　質　純銀製
　仕上げ　台表面　金張仕上げ
　　　　　　　　　行政書士マークプラチナ差
　　　　　　　　　し仕上げ
　　　　　裏　面　行政書士徽章の文字を刻印
　　　　　留め貝　裏面ねじ式及びタイタック
　　　　　　　　　式

［様式第2］（略）

著者略歴

兼子 仁（かねこ まさし）

現肩書　東京都立大学名誉教授　　　専攻　行政法学
1935年　東京生まれ。
1957年　東京大学法学部卒業、助手就任
1960年　東京都立大学講師
1965年　東京大学法学博士（新制論文）
1975年　東京都立大学法学部教授
1994～7年　日本学術会議会員
1998年　東京都立大学定年退職、名誉教授
2000～4年　行政書士試験委員長
2001～7年　川崎市市民オンブズマン就任
主　著　自治体行政法入門〈法務研修・学習テキスト〉（2011年改訂版、北樹出版）、地方公務員法〈同上〉（2006年初刷、北樹出版）、自治体・住民の法律入門（岩波新書、2001年初刷）、変革期の地方自治法（岩波新書、2012年初刷）、政策法務の新しい実務Q&A（2017年、第一法規）、地域自治の行政法（2017年、北樹出版）

行政書士法コンメンタール　新14版

2004年 7 月20日	初版第 1 刷発行	2018年 4 月20日	新 9 版第 1 刷発行
2005年 6 月15日	新版第 1 刷発行	2018年 7 月10日	新 9 版第 2 刷発行
2007年 3 月15日	新 2 版第 1 刷発行	2019年 9 月20日	新10版第 1 刷発行
2008年 3 月15日	新 3 版第 1 刷発行	2021年 4 月25日	新11版第 1 刷発行
2008年 6 月15日	新 3 版第 2 刷発行	2022年 3 月31日	新12版第 1 刷発行
2010年 2 月15日	新 4 版第 1 刷発行	2023年 5 月15日	新13版第 1 刷発行
2010年10月15日	新 4 版第 2 刷発行	2024年 5 月10日	新14版第 1 刷発行
2011年 9 月10日	新 5 版第 1 刷発行		
2013年 7 月 1 日	新 6 版第 1 刷発行		
2015年 1 月26日	新 7 版第 1 刷発行		
2016年 9 月10日	新 7 版第 3 刷発行		
2017年 6 月15日	新 8 版第 1 刷発行		

著　者　兼　子　　仁

発行者　木　村　慎　也

・定価はカバーに表示

印刷　中央印刷／製本　和光堂

発行所　株式会社　北樹出版

〒153-0061　東京都目黒区中目黒1-2-6
電話(03)3715-1525(代表)　FAX(03)5720-1488